深埋越岭隧道
勘察技术研究与实践

胡惠华　王跃飞　彭凌星　张志龙◎编著

CSK 湖南科学技术出版社 ·长沙·

工程勘察是工程建设的根基。目前，我国越岭隧道正朝着深埋方向发展，工程地质问题越来越突出。采用常规方法对深埋越岭隧道进行勘测，存在探测深度不够、探测精度偏低、地质条件难以准确查明等技术瓶颈。塌方、岩爆、突水等隧道地质灾害频发，如何科学合理地预测预报这些地质灾害，急需深入研究。

湖南省交通规划勘察设计院有限公司胡惠华研究员级高级工程师牵头的技术团队，围绕深埋越岭隧道工程发展的需求，依托交通运输部科研课题及重大工程项目，联合成都理工大学、中南大学、中国地质科学院岩溶地质研究所等单位，开展了多年联合攻关。针对典型复杂地形地质条件的深埋越岭隧道，采用广泛调研、理论研究、室内外试验及数值分析相结合的方式对勘察技术进行了研究，形成了高分辨率工程地震勘探、地应力测试及岩爆预测、空气潜孔锤钻探及孔内摄像等创新技术，提高了深埋越岭隧道工程地质条件识别和工程地质问题判断的准确性，建立了典型深埋越岭隧道勘察技术体系。研究成果达到国际先进水平，并获得中国公路学会科学技术奖一等奖，依托工程湖南省邵阳至怀化高速公路和四川省雅安经石棉至泸沽高速公路获得中国土木工程詹天佑奖，先后获全国优秀工程勘察铜奖、建国 60 周年公路交通勘察设计经典工程等多项荣誉。

这本书全面介绍了我国深埋越岭隧道的地震勘探、电磁探测、孔内摄像等勘探技术及创新成果，探讨了隧道塌方、岩爆、突泥涌水等隧道地质灾害预测方法及评价体系，以及在典型复杂深埋越岭隧道中的创新应用情况。湖南邵怀高速公路雪峰山陡立岩（断）层隧道，实现了地质构造的准确判断、围岩级别的精确划分和岩爆的准确预测；四川雅泸高速公路基于勘察成果首创的双螺旋隧道，克服了高落差、高活动性断层以及高海拔冰冻等"三高"困扰；湖南张官高速公路沅古坪岩溶隧道，查明了隧址复杂的岩溶地下水特征，选择在地下岩溶分水岭布设，大大降低了隧道突泥涌水风险。

该书系统性论述了深埋越岭隧道的勘察技术，以及对断层构造、岩溶与地下水等不同目标体的应用创新，有力地推动了深埋越岭隧道勘察技术的进步和推广应用。同时，该书也可以为从事隧道工程勘察设计与施工的科技人员在解决科研、工程实际问题时提供参考。

中国工程院院士

2023 年 5 月 20 日

前言

随着我国高速公路路网的建设发展，在山岭地区修建深埋越岭隧道难以避免。在我国西部地震高烈度区，隧道工程具有抗震韧性优势，因此西部山区深埋越岭隧道越来越多，规模也随之越来越大。同时，深埋越岭隧道勘察的目标体埋深很大，存在较多工程地质问题，具体表现在围岩大变形、塌方、岩爆、突水、突泥、高地温、岩溶、膨胀岩、有害气体等。

对于深埋越岭隧道突出的地质问题，以地球物理探测为代表的间接勘探方法可以高效获取丰富的地下介质信息。但这些信息具有多解性，需要与地质调查、深孔钻探测试等直接勘探成果进行多方位的比对验证，才能准确识别深埋地质体的工程特性。对于地质条件复杂、地形陡峻的山区，准确查明深部地质条件的难度更大。因而，为了提高复杂条件下深埋越岭隧道勘察的效率和精度，需开展研究与创新，建立典型深埋越岭隧道勘察技术体系。

在"雪峰山特长公路隧道关键技术研究""深埋隧道勘察技术研究"等科研课题的资助下，以湖南省邵阳至怀化高速公路雪峰山隧道、四川省雅安经石棉至泸沽高速公路双螺旋隧道、湖南省张家界至官庄高速公路沅古坪隧道为依托，基于湖南省盾构隧道与地下空间工程技术研究中心的研究规划，湖南省交通规划勘察设计院有限公司胡惠华、王跃飞、彭凌星联合成都理工大学张志龙（现就职于四川大学）以及中南大学、中国地质科学院岩溶地质研究所等单位的研究人员，对岩层及断裂陡立区、地震高烈度区、岩溶强发育区、高地应力区等复杂深埋越岭隧道的勘察技术进行了创新，取得了大量科研成果，最终完成本书的撰写。

本书系统总结了上述主要成果。全书由胡惠华编写提纲并负责统稿和修改。各章节分工情况如下：绪论由胡惠华、王跃飞、彭凌星撰写；第2至8章由彭凌星、胡惠华撰写，主要介绍几种隧道勘察方法的理论基础及数据采集技术；第9章由胡惠华、王跃飞撰写，介绍了几种适用于深埋越岭隧道深孔的钻探技术及孔内测试方法；第10章由张志龙、胡惠华、彭凌星撰写，介绍了隧道超前地质预测预报的主要方法；第11章第11.1至11.5节由胡惠华、张志龙、王跃飞撰写，第11.6节由张志龙、王兰生、徐进、王跃飞、赵其华撰写，介绍了湖南省邵阳至怀化高速公路雪峰山隧道勘察创新示范；第12章由胡惠华、王跃飞撰写，介绍了四川省雅安经石棉至泸沽高速公路双螺旋隧道勘察创新示范；第13章由胡惠华、彭凌星撰写，介绍了湖南省张家界至官庄高速公路沅古坪隧道勘察创新示范；第14章由胡惠华撰写。本书研究成果获得中国公路学会科学技术奖一等奖，依托工程湖南省邵阳至怀化高速公路和四川省雅安经石棉至泸沽高速公路获得中国土木工程詹天佑奖。邵怀高速公路雪峰山隧道工程地质勘察获全国优秀工程勘察铜奖，雅泸高速公路工程地质勘察获湖南省优秀工程勘察一等奖。

刘义虎、彭建国、王兰生、席振铢、张鹏、李军、龚道平、徐进、赵其华、吴建宁、丁国华、蔡大江、黄戡、李天斌、沈军辉、柳建新、徐爱民、马德青、骆伟、邬远明、潘晓东、吴华英等研究人员为本书成果的凝结付出了心血与智慧，在此一同致谢！

著者

2023 年 4 月 25 日

CONTENTS 目录

深埋越岭隧道勘察技术研究与实践

第1章 绪 论

1.1 研究背景

　　1960年之前，国内修建的公路隧道只有30余座，总里程为2.5km左右，且单洞长度都较短。20世纪80年代以后，我国开始加速推进公路隧道建设，比较著名的隧道有G104鼓山隧道、G212七道梁隧道等。进入21世纪之前，国内公路隧道已多达1 782座，总里程达704km，最长单洞达4.7km，有13座长3km以上的特长隧道和5座长1.5km以上的三车道公路隧道通车，我国逐步发展为世界上的隧道大国。

　　现今，我国已是世界上隧道修建规模和难度最大的国家。在交通工程领域，随着我国铁路网、公路网不断向崇山峻岭延伸，交通隧道总量和建设规模持续增加。截至2020年底，我国已投入运营铁路隧道有16 798座，总长19 630km，其中，10km以上的特长铁路隧道总长达2 811km；我国公路隧道有21 316座，总长21 999.3 km，其中，3km以上的特长公路隧道总长达6 235.5 km。根据国家发展和改革委员会发布的《中长期铁路网规划》和《国家公路网规划》，到2030年我国将建成高速铁路4.5万千米、高速公路11.8万千米。在水利水电领域，随着重点水电工程和跨流域调水工程的建设规划，将建设一批深埋长大引水隧道。例如：滇中引水隧道输水干线总长664.24km，受水区包括35个县（市、区），总面积3.69万平方千米；规划的南水北调西线工程，隧道全长720km，最长隧道段长度达73km，最大埋深为1 600m。这也导致隧道的设计逐步向深埋和长大方向发展，大大增加了勘察的难度。断面大、埋深大、跨度大将成为我国隧道发展的总体趋势。

　　深埋长大隧道是一项高风险、高投入的地下工程。因地下深部地质情况具有模糊性、复杂性和不确定性等特点，使隧道施工作业经常遭遇各种地质灾害，例如软岩大变形、硬岩岩爆、高地温、瓦斯、突水、涌水等。这些灾害将导致人员伤亡、工期延长及设备损失等重大工程事故。只有采用准确、快速的探测手段，在隧道勘察阶段基本查明地下一定深度范围内的围岩、溶洞、断层、地下水等地质条件，在隧道施工阶段开展超前地质预测预报，才能保证施工过程中人员、设备的安全。特别是深、大、长隧道的勘察更是当今世界各国工程界亟待解决的重大科研课题。

传统的工程地质调查通过对地表进行观察，进而推断分析深部的地质情况，再辅以少量的钻探验证，为设计和施工提供必要的工程地质资料。对当前普遍遇到的埋深达几百米的深埋越岭隧道，这种工作方法所获取的资料不能满足设计和施工的需要，所以采用深层勘察方法对深埋长隧道进行探测是必然的，而且几乎成为不可缺少的勘察手段。

地球物理探测具有速度快、可沿线追踪、提供信息量大以及对地下不良地质体调查较全面等特点，适合深埋越岭隧道可行性、初勘、详勘及补勘阶段工程地质勘察。其作用主要有以下三个方面：

（1）作为钻探的先行手段。在工作区的工程地质调查测绘完成之后，钻探开始之前，有必要用地球物理探测方法了解一下隐蔽的地质界限、界面或异常点。在地球物理探测工作基础上，有针对性地布设钻探点对地下地质情况进行验证，可以节省钻探工作量，加快工作进度。

（2）作为钻探的辅助手段。在钻探点之间增加地球物理探测点，为钻探成果的内插、外推提供依据。这样就可以增大钻孔间距、减少补孔工作、节约费用和时间。

（3）作为原位测试手段。可以用地球物理探测方法测定岩土体的波速、动弹性模量、特征周期等参数，用于岩土工程及工程抗震的计算。

将地球物理探测的结果与隧道工程地形地质特征相结合，能够更准确地判断出地质构造的规模及走向，可以有效识别地质体工程特征。

1.2 隧道勘察主要方法

我国公路隧道地质勘察从20世纪50至80年代中期基本以地质调查测绘和钻探为主，这一时期技术力量薄弱，工作效率低。80年代中期至90年代初，随着我国改革开放和国民经济的高速发展，公路隧道地质勘察工作，除地质调查测绘和钻探外，还增加了静力触探、室内外测试工作等。90年代初到现在，随着高速公路的发展和地球物理探测方法技术的成熟，公路隧道地质勘察的手段也在不断更新，在原有地质调查测绘方法的基础上，还引进、运用了先进的地球物理探测方法。主要方法包括：

地震波法：用于调查隧道覆盖层、风化带和基岩面的起伏形态，探测断裂构造空间分布及发育特征，辅助调查岩溶构造，提供岩土体的波速，进行隧道围岩类别划分。

高频大地电磁法：用于查明隧址区域的软弱层、断层破碎带宽度及含水情况、岩溶和岩溶裂隙水发育程度和位置。

可控源音频大地电磁法：用于调查电性差异大的构造和岩性。

高密度电阻率法：主要用于查明浅埋隧道的基岩埋深、隐伏构造、断裂破碎带及其含水情况。

瞬变电磁法：该方法在隧道勘察中的应用相对较少，主要用于查明隧址区域含水（泥）断层、岩溶等不良地质体的分布情况，并能查明电性差异明显的岩层界面。

其他应用于隧道勘察的地球物理探测方法有地震映像法、瞬态面波法、地球物理测井法、钻孔地质雷达法等，这些地球物理探测方法在隧道勘察的某些方面取得了不错的效果。目前地球物理探测方法应用于隧道勘察的研究多倾向于描述其所取得的应用效果，对于隧道勘察时，具体的地形地质条件下地球物理探测方法如何选取，野外工作如何布设，资料如何处理解译，探测信息如何有效挖掘，与隧道工程地质如何有效结合这些方面的论述相对较少，研究也不足，大多是凭经验来进行。

除了以地球物理探测为主的间接勘察手段外，在地质调查、钻探等直接勘察手段方面，还有水平定向钻探、空气潜孔锤钻探、综合测井、地应力测试、岩爆预测等勘察手段。需要将两类勘察手段相结合，才能准确识别异常地质体的工程特性。

1.3 隧道主要地质问题及勘察重点

深埋越岭隧道往往是整条陆路通道的关键工程，如湖南省邵阳至怀化高速公路上的雪峰山隧道，长 6.9km，最大埋深达 840m，在当时为我国第二长公路隧道。

我国在低等级公路上修建了大量的中、短隧道，积累了不少成功的经验。这些低等级公路上的隧道，其特点是隧道埋深较浅、长度短，依据常规的勘探手段及现行的《公路工程地质勘察规范》即可做好相应的勘察工作。

深埋长隧道可能存在的工程地质问题主要有：围岩大变形、塌方、岩爆、突水、突泥、高地温、岩溶、膨胀岩、有害气体等。

大断层带围岩失稳及涌水问题较为普遍。断层破碎带是诸多问题的关键所在，如大变形、塌方、突水、涌水等，往往与断层有直接或间接的关联。湖南省邵阳至怀化高速公路雪峰山特长隧道穿越宽大的区域性断层破碎带的概率很高，这些断层破碎带是关系到工程成败的关键地质因素，需要勘察阶段探明其准确位置与规模。

岩爆和围岩大变形是深埋越岭隧道中比较常见的两类工程地质问题。岩爆是在一定的地层岩性、地质构造、岩体结构、地应力场和深埋洞室施工开挖临空条件变化造成瞬间围岩压力集中，改变了围岩周围的应力状态和性质等条件下产生的。随着越岭隧道的埋深越来越大，围岩变形及其稳定性控制问题越来越突出。雪峰山特长隧道初步分析具有发生岩爆和围岩大变形的可能。为了控制工程投资，优化设计，保证隧道工程的施工安全，对隧道围岩岩爆和大变形问题列项进行专题研究是十分必要的。

隧道工程对活断层抗断能力在已建工程中尚未见到。四川省雅安经石棉至泸沽高速公路石棉县境段，线路纵坡过陡且存在活动性强的安宁河断裂，场地稳定性问题十分突出。考虑到强烈的地震破坏性，对短时间内可能形成较大错距的区域性活断层应尽力绕避。基于此项研究成果，为避让安宁河活动断层并降低长大纵坡的坡度，需创新高速公路线位设计。

岩溶及突水突泥问题在灰岩地区十分突出，隧道围岩失稳与突水、突泥危害性大。湖南省张家界至官庄高速公路沅古坪隧道，岩溶发育且岩溶水水头压力大，隧道突水、突泥的问题严重。需要开展精细化勘察技术研究，在初步设计阶段，在岩溶发育的台地中为公路隧道找到风险最小线位；在施工图设计阶段，需详细勘察查明地下岩溶的特征，并据此优化公路隧道的纵坡指标和岩溶水疏排措施。

针对深埋越岭隧道存在的复杂工程地质问题，开展深埋越岭隧道勘察技术研究，建立一套先进、高效、准确的深埋越岭隧道勘察技术，以及深埋越岭隧道主要工程地质问题的分析评价体系，为隧道设计和施工提供可靠的地质依据是十分必要的。

第2章 地质调查测绘

地质调查测绘的目的是查明隧道位置所处的工程地质条件和水文地质条件，以及隧道施工对环境的影响，为规划、设计、施工提供所需的勘察资料，并对存在的岩土工程问题、环境问题进行分析评价，提出合理的设计方案和施工措施，从而使隧道工程经济合理、安全可靠。

2.1 既有资料收集

隧道工程地质勘察的准备工作，是根据勘察任务的要求，收集及研究有关资料，了解现场情况。其中，收集和研究隧道所处地区的既有资料，不仅是外业工作之前准备工作的重要内容，也是隧道勘察的一个主要方法。收集的资料一般应包括以下几个方面的内容：

（1）区域地质资料，如地层、地质构造、岩性等；

（2）地形地貌资料，如区域地貌类型及主要特征，不同地貌单元与不同地貌部位的工程地质评价等；

（3）区域水文地质资料，如地下水的类型、分带及分布、埋藏深度、变化规律等；

（4）各种特殊地质地段及不良地质现象的分布情况、发育程度与活动特点等；

（5）地震资料，如沿线及其附近地区的历史地质情况，地震烈度、地震破坏情况及其与地貌、岩性、地质构造的关系等；

（6）气象资料，如气温、降水、蒸发、温度、积雪、冻结深度及风速、风向等；

（7）航空照片、卫星照片的解译成果；

（8）工程经验，区内已有公路等其他土建工程的工程地质问题及其防治措施等。

上述资料，应包括政府和生产、科研、教学等部门所出的一切有参考价值的地质图、文献、调查报告及与工程有关的法令、法规、方针、政策等；对收集到的资料进行分析研究和判断，可以初步掌握隧道所经地区的工程地质条件概况和特点，粗略判定可能遇到的主要工程地质问题，并了解这些问题的研究现状和工程经验。

这对于前期准备工作和外业工作是十分必要的。在隧道勘察工作中，正确运用这种方法，可以有效减少外业工作的盲目性，提高工作质量。

2.2　调查与测绘

调查与测绘是工程地质勘察的主要方法。通过观察和访问，对隧道通过地区的工程地质条件进行综合性的全面研究，将查明的地质现象和获得的资料，填绘于有关的图表与记录本中，这种工作统称为调查测绘（调绘）。隧道工程地质调绘，通常采用沿线调查的方法，对不良地质地段及地质条件复杂的路段，应扩大调绘范围，以提出完整可靠的地质资料。工程地质调查测绘的基本内容主要有以下几个方面：

（1）地形、地貌

地形、地貌的类型、成因、特征与发展过程；地形、地貌与岩性、构造等地质因素的关系；地形、地貌与工程地质条件的关系，对路线布设的影响等。

（2）地层、岩性

地层的层序、厚度、时代、成因及其分布情况；岩性、风化破碎程度及风化层厚度；土石的类别、工程性质及其对工程的影响等。

（3）地质构造

断裂、褶皱的位置、构造线走向、产状等形态特征和地质力学特征；岩层的产状和接触关系，软弱结构面的发育情况及其与路线的关系等。

（4）第四纪地质

第四纪沉积物的成因类型，土的工程分类及其在水平与垂直方向上的变化规律；土的物理、水理、化学、力学性质；特殊土及地区性土的研究和评价。

（5）地表水及地下水

河、溪的水位、流量、流速、冲刷、淤积、洪水位与淹没情况，地下水的类型、化学成分与分布情况，地下水的补给、径流与排泄条件，地下水的埋藏深度，水位变化规律与变化幅度，地表水及地下水对隧道工程的影响。

（6）特殊地质、不良地层

各种不良地质现象及特殊地质问题的分布、形成条件、发育程度、分布规律及其对隧道工程的影响。

（7）地震

根据沿线地震基本烈度的区域资料，结合岩性、构造、水文地质等条件，确定隧道工程的地震烈度分界线。

（8）工程经验

对所在地区既有地下工程及其他建筑物的稳定情况和工程措施进行调查访问，以便借鉴。

第3章 地震波法

3.1 基本理论

3.1.1 地震波的反射和透射

地震波从一种介质传到另一种介质时，遇到界面会产生反射和透射。在弹性界面上，入射、反射和透射波都具有相同的射线参量，这就是著名的Snell定律。

$$\frac{\sin\alpha}{v_1} = \frac{\sin\alpha_1}{v_1} = \rho \qquad (3-1)$$

$$\frac{\sin\alpha}{v_1} = \frac{\sin\alpha_1}{v_1} = \rho = \frac{\sin\alpha_2}{v_2} \qquad (3-2)$$

3.1.2 地震波的衰减

地震波从激发、传播到接收过程中，能量会不断削弱，这是由于受到波前扩散、地层吸收、透射等衰减所造成的。

1. 波前扩散

设均匀介质中某一时刻球面波的波前面为S，总能量为E，单位面积能量为ε，则：

$$\varepsilon = \frac{E}{S} = \frac{E}{4\pi r^2} \qquad (3-3)$$

其中r为球面半径。

单位面积能量ε与振幅A的平方成正比，即

$$A^2 \propto \frac{1}{4\pi r^2} \qquad (3-4)$$

因而可以得知：

$$A = C \cdot \frac{1}{r} \qquad (3-5)$$

C为常数，在均匀介质中，反射波的振幅与传播距离成反比。

对于折射波，其振幅与距离的关系为：

$$A = \frac{C}{\sqrt{r \cdot r_0^3}} \qquad (3-6)$$

折射波振幅随距离的衰减比反射波更快。

2. 透射损失

入射波在每一个弹性界面上都把能量分为两部分，一部分为反射波，其余部分为透射波，反射波的能量相对小一些。对于勘察来说，地震波透过界面所发生的能量损耗称为透射损失。双程透射系数为：

$$T_d = T_1 T_1' = (1 - R_1)(1 + R_1) \tag{3-7}$$

以此类推，对于来自第 n 个界面上的反射波振幅为：

$$A_n = A_0 \prod_{i=1}^{n=1} (1 - R_i^2) R_n = A_0 R_n T \tag{3-8}$$

由以上公式得知，反射波振幅 A_n 与反射系数 R_i 的平方成反比。若反射系数过大，将会对地层深部的探测产生不利影响。

3.1.3 地震探测的分辨率

在地震波法勘察中，探测资料的分辨率决定了探测结果是否足够精确。地震波法勘察的分辨率包括纵向分辨率和横向分辨率。

1. 纵向分辨率

纵向分辨率也称作垂直分辨率，主要指可以分辨出垂直方向上最薄地层的厚度。纵向分辨率的关系式为：

$$\Delta \tau = \frac{2\Delta h}{v_2} \tag{3-9}$$

如果 $\Delta \tau \geqslant \Delta t$ ，则：

$$\frac{2\Delta h}{v_2} \geqslant \Delta t \tag{3-10}$$

如果 $\Delta t = n T_n$ ，则：

$$\Delta h \geqslant \frac{v_2 \Delta t}{2} = \frac{n T_a v_2}{2} = \frac{n \lambda_a}{2} \tag{3-11}$$

所以，地震波的延续时间越短，波长越短，分辨率越高。

2. 横向分辨率

横向分辨率主要是指地震记录沿水平方向上能够分辨最小地质体的宽度。由于不同点发出的绕射波旅行时不同，旅行时差为：

$$\Delta t = \frac{2(l - h)}{v} \tag{3-12}$$

由数学公式，可以得知：

$$l = \sqrt{h^2 + r^2} \tag{3-13}$$

从而可以得到：

$$\frac{T}{2} = \Delta t = \frac{2(l-h)}{v} \tag{3-14}$$

所以，菲涅尔带半径 r 为：

$$r = \sqrt{\left(\frac{\lambda}{4} + h\right)^2 - h^2} \tag{3-15}$$

$$r \approx \sqrt{\frac{\lambda h}{2}} = \sqrt{\frac{vh}{2f}} \tag{3-16}$$

其中 f 为地震波频率。

菲涅尔带的大小是指地震记录的横向分辨率。所以通过提高地震波的激发频率，可以提高地震记录的横向分辨率。

3.2 数据采集

地震数据采集是整个地震勘察重要的基础工作，主要包括地震波的激发、接收以及地震测线、激发点、接收点的测定等一系列工作。

3.2.1 地震数据采集步骤

地震数据采集极易受到野外地质条件、地下构造等因素的影响。所以需要进行试验来选取最适合本工区的采集技术，了解这一地区的地质构造特点和干扰波的情况。试验工作包括以下几个方面：

（1）干扰波的调查：了解工区内干扰波的类型和特性；

（2）地震地质条件的了解：低速带、潜水面、地质构造特性等；

（3）选择激发的最佳条件：岩性、激发方式和炸药量；

（4）选择接收和记录地震波的最佳条件：观测系统、检波器放置和仪器参数等。

当试验完成，取得本工区标准剖面后，可转入正式数据采集工作。其基本内容及步骤如下：

（1）炮点和接收点的定位：将室内设计的测线位置具体布设到野外工区，定出炮点和检波点的位置，并进行标记；

（2）地震波激发：在规定的位置放炮，陆地主要是钻孔埋炸药；

（3）地震波接收：按测线上的桩号摆好、排列，在检波点上埋好检波器，由地震仪（包括检波器）完成，每炮都要检查地震记录的质量。

3.2.2　地震测线的布设

地震勘察采集是根据地质情况、干扰波与有效波特点、地表施工条件等诸方面因素确定的，通常在勘察区域内布设多条测线进行观测。

所有的地震道都需要进行叠加，共中心点或共反射点，需要在地面上精确地定出激发点和接收点的位置。

1. 测线的布设和基本要求

地震测线是指沿着地面进行地震勘察工作的路线。测线的布设对于了解地下构造有很大的关系。

测线布设的要求有路线普查、面积普查、面积详查等布线要求；测线要垂直于施工地区地质构造的走向，尽可能穿过多个地质构造单元，且尽量呈直线状。

2. 确定探测位置

探测位置是地球物理探测工作的基础和先行，其主要任务是通过测量设备和相应测量方法，将勘察部署图上的点、线、网放样到实地，为探测的野外实施、资料处理和解译提供符合一定要求的测量成果和图件。

地震勘察测量工作与工程测量有着非常密切的关系，测区内三角点加密工作需要布设高精度网点；可以采用三角交会法、精密水准导线、静态 GPS 定位等方法进行测量。

3.2.3　地震波的激发和接收

地震记录数据的质量关键在于地震波的激发和接收，激发和接收条件的选择对数据的精确记录十分重要。

1. 地震波的激发

为确保地震波能传播到一定距离，对震源激发有一定的要求：有足够的能量、持续时间短、可重复性、减少干扰波。

爆炸震源以炸药为主，用雷管引爆，产生能量强、频带宽的尖脉冲。常用的炸药主要为 TNT，它激发的地震波具有良好的脉冲特性及较高的能量，因而被认为是一种理想的地震能源。对爆炸震源的选择主要是考虑激发条件和激发方式，激发条件包括炸药量、激发深度和岩性；激发方式有孔中、坑中和水中激发，以孔中爆炸的效果最好。

野外作业时，通常将炸药装在圆柱状塑料袋内密封后置于孔内引爆。孔中爆炸的优点主要有：降低面波强度、减少炸药量、缩短爆炸时间。影响爆炸震源的几个因素主要有以下几点：

（1）激发点的岩性：爆炸时产生的波的频谱取决于炸药埋放处岩层的岩性，岩层过软或过硬都不是最好，应选用可塑性岩层；

（2）激发的深度：应选在潜水面以下，利用潜水面的较强声阻抗使能量向下传播；

（3）炸药量的控制：实验表明，爆炸能量与介质的几何耦合及阻抗耦合关系影响波的能量，当爆炸包的直径与爆炸井的直径相等时，几何耦合为100%，炸药的特性阻抗（炸药密度 × 炸药起爆速度）与介质的特性阻抗（岩石密度 × 岩石中纵波的波速）之比称为阻抗耦合，该比值等于 1 时，激发的波能量最大。

2. 地震波的接收

地震波的接收由两部分组成：检波器和地震仪。针对地震波的特点对仪器有如下要求：

（1）检波器有较好的灵敏度，地震波引起地面位移只有微米级；

（2）记录仪有放大、选频功能，突出有效波，压制干扰波；

（3）较大的动态范围；

（4）用时标显示传播时，可用来推断反射界面的深度。

检波器是安置在地面、水中或井下以拾取大地振动的地震接收器，它实质是将机械振动转换为电信号的一种传感器。目前使用的地震检波器几乎完全是动圈式（用于陆地工作）和压电式（用于海洋和沼泽）两种。同时，地震波接收时要注意道间距的选择，避免产生空间假频。

第4章 高频大地电磁测深法

4.1 基本理论

高频大地电磁测深法与大地电磁测深法没有太大区别，它们仅仅在工作频率方面存在些许差异。两者都是凭借电磁感应原理来研究地球电性结构的一种探测手段。简而言之，高频电磁测深法是在地面接收相应的电场、磁场信号，通过对这些信号的频率特征进行分析可以得出相应的地下介质物性，进而了解地质结构状况。

4.1.1 电磁场基本方程

电磁场的 Maxwell 方程组数学表达式为：

$$\nabla \times E = -\frac{\partial B}{\partial t} \tag{4-1}$$

$$\nabla \times H = j + \frac{\partial D}{\partial t} \tag{4-2}$$

$$\nabla \cdot B = 0 \tag{4-3}$$

$$\nabla \cdot D = \rho \tag{4-4}$$

E 为电场强度，单位为 V/m；B 为磁感应强度，单位为 T；H 为磁场强度，单位为 A/m；j 为电流密度，单位为 A/m^2；D 为电位移，单位为 C/m^2；ρ 为电荷密度，单位为 C/m^3。

式（4-1）称为微分形式的法拉第电磁感应定律；式（4-2）称为安培电流环路定律，其中 $\frac{\partial D}{\partial t}$（由 Maxwell 引入）称为位移电流密度 J_d；式（4-3）为磁荷不存在定律；式（4-4）为电场高斯定理。∇ 为哈密顿微分算子，它是矢量微分算符，在直角坐标系中为：

$$\nabla = \frac{\partial}{\partial x}\vec{i} + \frac{\partial}{\partial y}\vec{j} + \frac{\partial}{\partial z}\vec{k} \tag{4-5}$$

在各向同性介质中，电磁场的关系是：

$$\vec{D} = \varepsilon \vec{E} \tag{4-6}$$

$$\vec{H} = \frac{1}{\mu}\vec{B} \tag{4-7}$$

其中 ε 和 μ 分别称为介质的介电常数和导磁率。一般都以相对介电常数 ε_r 和相对导磁率 μ_r 的形式给出，它们是介质的参数 ε 或 μ 与真空中相应参数 ε_0 或 μ_0 的比值：

$$\varepsilon_r = \frac{\varepsilon}{\varepsilon_0} \tag{4-8}$$

$$\mu_r = \frac{\mu}{\mu_0} \tag{4-9}$$

ε_r 和 μ_r 是无量纲，但 ε 和 μ 在国际单位制中都有量纲，真空中 ε_0 或 μ_0 分别为：

$$\varepsilon_0 = \frac{1}{36\pi}\times10^{-9}F/m \tag{4-10}$$

$$\mu_0 = 4\pi\times10^{-7}H/m \tag{4-11}$$

电磁场中电流密度 $\vec{j}$ 和 $\vec{E}$ 的关系为：

$$\vec{j} = \sigma\vec{E} \tag{4-12}$$

式中：

$$\sigma = \frac{1}{\rho}S/m \tag{4-13}$$

利用傅里叶变换可将任意随时间变化的电磁场分解为一系列谐变场的组合，通常以 $e^{-i\omega t}$ 表示谐变场的时间因子，根据欧拉公式可知：

$$e^{-i\omega t} = \cos\omega t - i\sin\omega t \tag{4-14}$$

设谐变场为 A，其初相位为 φ，则有：

$$A = |A_0|e^{-i(\omega t+\varphi)} = |A_0|e^{-i\omega t}e^{-i\varphi} = A_0 e^{-i\omega t} \tag{4-15}$$

其中

$$A_0 = |A_0|e^{-i\varphi} \tag{4-16}$$

当研究大地电磁波时，Maxwell 方程组进一步表示为：

$$\nabla\times\vec{E} = i\omega\mu\vec{H} \tag{4-17}$$

$$\nabla\times\vec{H} = \sigma\vec{E} \tag{4-18}$$

$$\nabla\cdot\vec{H} = 0 \tag{4-19}$$

$$\nabla\cdot\vec{E} = 0 \tag{4-20}$$

对式（4-17）两边取旋度，得到：

$$\nabla\times\nabla\times\vec{E} = i\omega\mu(\nabla\times\vec{H}) \tag{4-21}$$

由相关公式推算得式（4-21）左边：

$$\nabla \times \nabla \times \vec{E} = \nabla(\nabla \cdot \vec{E}) - \nabla^2 \vec{E} = -\nabla^2 \vec{E} \qquad （4-22）$$

式（4-21）右边用式（4-18）代入，得：

$$-\nabla^2 \vec{E} = i\omega\mu\sigma \vec{E} \qquad （4-23）$$

或者写为：

$$\nabla^2 \vec{E} - k^2 \vec{E} = 0 \qquad （4-24）$$

其中

$$k = \sqrt{\frac{-i\omega\mu}{\rho}} \qquad （4-25）$$

k 称为传播常数，利用相同的方式可得：

$$\nabla^2 \vec{H} - k^2 \vec{H} = 0 \qquad （4-26）$$

式（4-24）和式（4-26）称为 Helmhotz 方程。∇^2 称为 Laplace 算符，它在 Decare 坐标系中为：

$$\nabla^2 = \frac{\partial^2}{\partial x^2} + \frac{\partial^2}{\partial y^2} + \frac{\partial^2}{\partial z^2} \qquad （4-27）$$

矢量场的 Laplace 算符运算，按矢量加法分别对其分量进行运算，例如：

$$\nabla^2 \vec{E} = \nabla^2 E_x \vec{i} + \nabla^2 E_y \vec{j} + \nabla^2 E_z \vec{k} \qquad （4-28）$$

其中

$$\nabla^2 E_x = \frac{\partial^2 E_x}{\partial x^2} + \frac{\partial^2 E_x}{\partial y^2} + \frac{\partial^2 E_x}{\partial z^2} \qquad （4-29）$$

$$\nabla^2 E_y = \frac{\partial^2 E_y}{\partial x^2} + \frac{\partial^2 E_y}{\partial y^2} + \frac{\partial^2 E_y}{\partial z^2} \qquad （4-30）$$

$$\nabla^2 E_z = \frac{\partial^2 E_z}{\partial x^2} + \frac{\partial^2 E_z}{\partial y^2} + \frac{\partial^2 E_z}{\partial z^2} \qquad （4-31）$$

4.1.2 电磁波在介质中的传播

引入 Decare 坐标系，令 z 轴垂直向下，x-y 轴位于地表水平面上，把 Maxwell 旋度方程展成分量形式，如下所示。

$$\begin{cases} \dfrac{\partial E_x}{\partial y} - \dfrac{\partial E_y}{\partial z} = i\omega\mu H_x \\[2mm] \dfrac{\partial E_x}{\partial z} - \dfrac{\partial E_z}{\partial x} = i\omega\mu H_y \\[2mm] \dfrac{\partial E_y}{\partial x} - \dfrac{\partial E_x}{\partial y} = i\omega\mu H_z \end{cases} \qquad (4-32)$$

$$\begin{cases} \dfrac{\partial H_z}{\partial y} - \dfrac{\partial H_y}{\partial z} = \dfrac{1}{\rho} E_x \\[2mm] \dfrac{\partial H_x}{\partial z} - \dfrac{\partial H_z}{\partial x} = \dfrac{1}{\rho} E_y \\[2mm] \dfrac{\partial H_y}{\partial x} - \dfrac{\partial H_x}{\partial y} = \dfrac{1}{\rho} E_z \end{cases} \qquad (4-33)$$

假定电磁波在均匀各向同性介质中传播，则其电磁场沿水平方向上不发生变化，有：

$$\frac{\partial \vec{E}}{\partial x} = \frac{\partial \vec{E}}{\partial y} = 0, \frac{\partial \vec{H}}{\partial x} = \frac{\partial \vec{H}}{\partial y} = 0 \qquad (4-34)$$

将式（4-34）代入到式（4-32）、式（4-33）中，可以得到：

$$\begin{cases} -\dfrac{\partial E_y}{\partial z} = i\omega\mu H_x \\[2mm] \dfrac{\partial E_x}{\partial z} = i\omega\mu H_y \\[2mm] H_z = 0 \end{cases} \qquad (4-35)$$

$$\begin{cases} -\dfrac{\partial H_y}{\partial z} = \dfrac{1}{\rho} E_x \\[2mm] \dfrac{\partial H_x}{\partial z} = \dfrac{1}{\rho} E_y \\[2mm] E_z = 0 \end{cases} \qquad (4-36)$$

由式（4-35）和式（4-36）可以得知，电磁场分量 E_x 只和 H_y 有关，E_y 只和 H_x 有关，它们都沿 z 轴传播，物理学上称之为线性偏振波。习惯以沿 y 方向的分量来命名线性偏振波，称（$E_y - H_x$）组为 E 偏振波，（$H_y - E_x$）组为 H 偏振波，两组线性偏振波中电磁场的关系和相应的波动方程如下所示。

E 偏振波：

$$\begin{cases} -\dfrac{\partial E_y}{\partial z} = i\omega\mu H_x \\[2mm] \dfrac{\partial H_x}{\partial z} = \dfrac{1}{\rho} E_y \\[2mm] \dfrac{\partial^2 E_y}{\partial z^2} - k^2 E_y = 0 \\[2mm] \dfrac{\partial^2 H_x}{\partial z^2} - k^2 H_x = 0 \end{cases} \qquad (4\text{-}37)$$

H 偏振波：

$$\begin{cases} \dfrac{\partial E_x}{\partial z} = i\omega\mu H_y \\[2mm] -\dfrac{\partial H_y}{\partial z} = \dfrac{1}{\rho} E_x \\[2mm] \dfrac{\partial^2 H_y}{\partial z^2} - k^2 H_y = 0 \\[2mm] \dfrac{\partial^2 E_x}{\partial z^2} - k^2 E_x = 0 \end{cases} \qquad (4\text{-}38)$$

其中

$$k = \sqrt{\dfrac{-i\omega\mu}{\rho}} \qquad (4\text{-}39)$$

而且，两组波中均无场的垂直分量。

由于在均匀各向同性介质中对坐标轴 x 和 y 的方位并未作任何限制，上述两组线性偏振波的分解是任意的，说明在均匀各向同性介质中平面波电场 E 和磁场 H 呈正交。在水平不均匀或各向异性介质中，偏振波的分解将受到介质电性轴的限制，介质中电场 E 和磁场 H 不正交。

以 H 偏振波为例探讨波的传播问题。通过式（4-39）可以得知，这是一个偏微分方程，其一般解为：

$$H_y = A\mathrm{e}^{-kz} + B\mathrm{e}^{kz} \qquad (4\text{-}40)$$

式（4-40）中的 A 和 B 均为待定的积分常数，它由边界条件和初始条件来确定。考虑到无穷远处的 H_y 为 0，则要求常数 B 也为 0，则式（4-40）可以改写为：

$$H_y = A\mathrm{e}^{-kz} \qquad (4\text{-}41)$$

$Z=0$ 处则有：

$$H_y = H_{0y}\mathrm{e}^{-i\omega t} = A \qquad (4\text{-}42)$$

假定 H_{0y} 为磁场分量的振幅，$\mathrm{e}^{-i\omega t}$ 为磁场分量的时间因子。传播常数 k 改写为复数形式：

$$\begin{cases} k = \sqrt{\dfrac{-i\omega\mu}{\rho}} = (1-i)\sqrt{\dfrac{\omega\mu}{2\rho}} = \alpha - i\beta \\ \alpha = \beta = \sqrt{\dfrac{\omega\mu}{2\rho}} \end{cases} \tag{4-43}$$

将式（4-42）、式（4-43）代入到式（4-41）中，得：

$$H_y = H_{0y}e^{-i\omega t}e^{i\beta z}e^{-\alpha z} \tag{4-44}$$

式中 $e^{-i\omega t}$ 表示任一点的场随时间是谐变的；$e^{i\beta z}$ 表示场沿传播方向 z 是谐变的；波长 λ 为沿传播方向上两相邻同相点之间的距离，可以通过场的频率因子和介质的电性参数的函数来进行表示：

$$\lambda = \frac{2\pi}{\beta} = \frac{2\pi}{\sqrt{\dfrac{\omega\mu}{2\rho}}} = \frac{2\pi}{\sqrt{\dfrac{\pi\mu}{\rho T}}} \tag{4-45}$$

$\mu = \mu_0 = 4\pi\times10^{-7}$ H/m，代入式（4-45），可以得到：

$$\lambda = \sqrt{10^7 \rho T} \tag{4-46}$$

式（4-44）中的 $e^{-\alpha z}$ 表示场振幅沿传播方向 z 是呈指数衰减的。α 为介质的吸收系数，它是传播常数 k 的实数部分。由上文推导可知，吸收系数 α 和传播常数 k 可以用波长来表示：

$$\alpha = \frac{2\pi}{\lambda} = \frac{2\pi}{\sqrt{10\rho T}} \tag{4-47}$$

$$k = \frac{2\pi}{\lambda}(1-i) \tag{4-48}$$

则公式（4-44）可以改写为：

$$H_y = H_{0y}e^{-i\omega t}e^{-\frac{2\pi}{\lambda}(1-i)z} \tag{4-49}$$

它表示随时间谐变的电磁场在均匀各向同性大地介质中传播时沿传播方向是谐变的，并且按指数规律衰减。

考虑到介质对电磁波的吸收作用，还需引入穿透深度的概念。穿透深度 δ 表示振幅衰减为地面值的 e^{-1} 时电磁波所传播的距离，可以表示为：

$$\delta = \frac{\lambda}{2\pi} = \frac{\sqrt{10\rho T}}{2\pi} \tag{4-50}$$

穿透深度与波长成正比，或者说介质的导电性越好，信号频率越高，场衰减得越快，这时场将集中在介质的浅部，物理学中称这种现象为趋肤效应，因而穿透深度也称趋肤深度。趋肤深度越大，大地电磁测深法的勘察深度越深。

4.1.3　大地电磁场特征

作为大地电磁测深的场源——大地电磁场（又称天然场），具有很宽的频率范围，它主要由太阳风与地球磁层、电离层之间复杂的相互作用，以及雷电活动等一些地球外层空间场源引起的区域性乃至全球性的天然交变电磁场，不同频率的电磁场相互叠加在一起，是一个非常复杂的电磁振荡。大地电磁场入射到地下时，一部分被介质吸收衰减，一部分反射到地面。它带有反映地下介质电性特征的电磁场信息，人们通过观测地表的电磁场分量，来研究地下地质结构及其分布特征。频率不同的大地电磁场的激发机制、振幅强度、振动形式及分布特征等也各有特点。

图 4-1 是一幅反映全球电磁场强度平均振幅的特征图。它取自 1967 年 Compbell 的研究成果，是一幅经典图件。

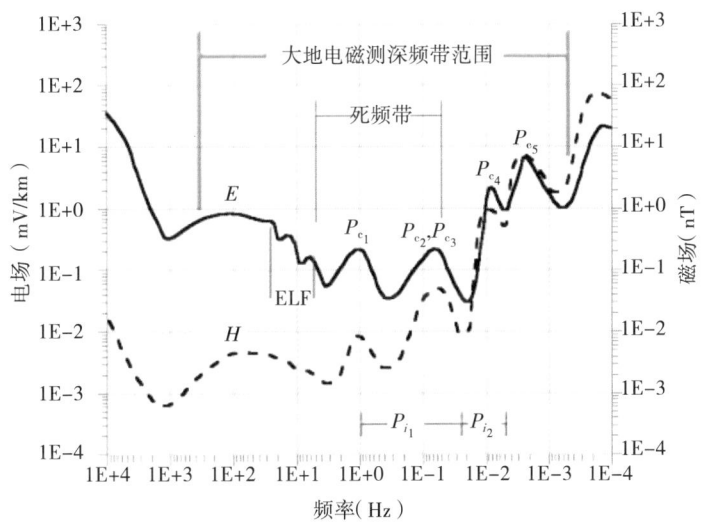

图 4-1　全球电磁场强度平均振幅特征

大地电磁测深法所观测的电磁场信号十分微弱，电场振幅最低仅有 0.01mV/km，磁场的振幅最低为 10^{-3}nT。对于如此微弱的信号，即使在一般的干扰情况下，也会使得微弱的电磁信号淹没在噪声之中，以至于无法提取真实的大地电磁信息。对此，一方面要求观测仪器要有很高的精度，另一方面如何有效地识别、抑制干扰噪声也是至关重要的。

天然场的 EH-4 电磁测深是高频大地电磁测深（HMT），其工作频率为 0.01~100kHz；音频大地电磁测深（AMT）的工作频率为 0.25~8 192Hz；大地电磁测深（MT）工作频率为 0.001~340Hz，如图 4-2 所示。

国内外对 0.001~1 000Hz 大地电磁信号的研究很多，这是因为油气田勘查的需要，但是对 1~10kHz 大地电磁信号的研究相对较少，而这一段频率正好是工程勘察中最需要的，本书列出了部分雪峰山地区高频大地电磁实测信号。

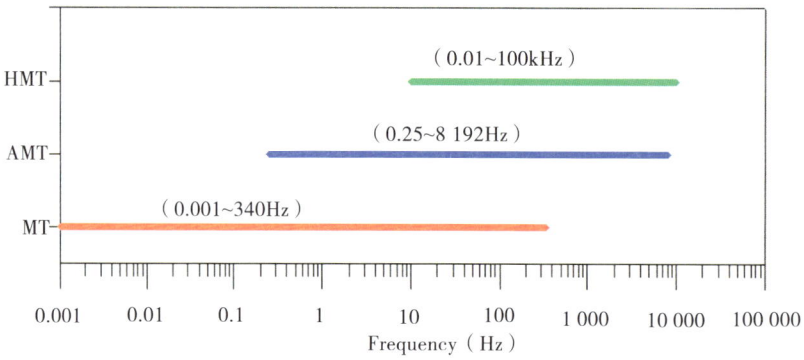

图 4-2　MT、AMT、HMT 频率范围

如图 4-3、图 4-4 所示，EH-4 电磁测深天然场高频大地电磁场特征如下。

在 0.01~100kHz 的频带内，在不同地区和时间观测的高频大地电磁信号的电场和磁场规律一致，说明大地电磁的高频信号同低频信号一样是基本稳定可靠的；在 0.01~100kHz 的频带内，有两个突起、两个凹陷，突起在 4~60kHz 与 200~800Hz，最大值分别约 20kHz 和 300Hz，凹陷在 0.8~4kHz 与 80~300Hz，最低值分别约 2kHz 和 150Hz；两个突起电磁信号增强、两个凹陷电磁信号减弱；在 0.01~100kHz 两端，以及 60~100kHz 范围内电磁信号整体减弱，局部在 90~100kHz 电磁信号有所抬起。由此可见，在 EH-4 工作频率范围内，不需要人工场源来弥补高频段大地电磁信号不足的问题。

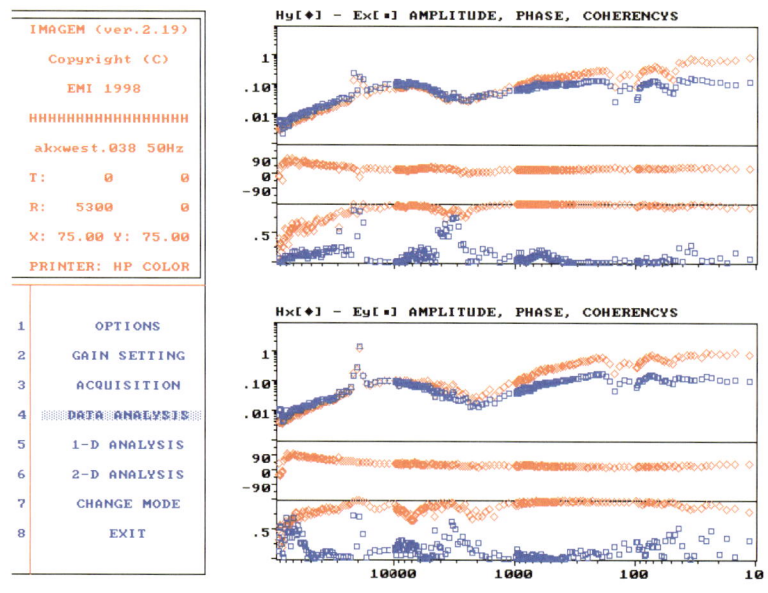

图 4-3　雪峰山隧道 AKX 线第 38 号测点 EH-4 天然场高频大地电磁信号

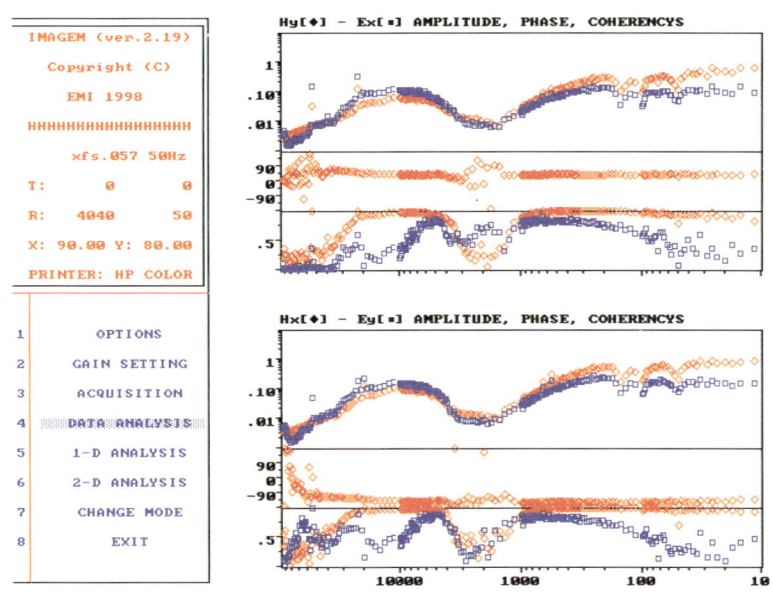

图 4-4　雪峰山隧道 KS 线第 57 号测点 EH-4 天然场高频大地电磁信号

4.2　EH-4 电磁测深系统

为了加强对地球浅层部分地电结构的研究和实践应用，更好地获得相关的地球浅层部分岩体物理参数，EH-4 电磁测深系统应运而生。与此同时，该系统在实践应用当中取得了较好的应用效果，展现出了它独具的特点与特色。此仪器设备系统的工作频率范围为 0.01~100kHz，也就是高频电磁测深频带范围。

4.2.1　EH-4 电磁测深系统工作方式

首先，从野外工区测点获得四个电场、磁场分量信息，利用前置放大器进行信号干扰去除、信号加强等处理，并将处理结果输送到主机，通过主机系统内部程序进行相关二次处理，最后输出系统盘中的相应数据格式文件，其主要过程如图 4-5 所示。

EH-4 电磁测深系统既有适用于待测区域的电性变化不大的单点测量方式，也有适用于待测区域的电性变化较大的剖面测量方式。对于实际情况而言，剖面测量的路线选择并不一定要按直线逐点测量。

4.2.2　EH-4 电磁测深系统野外布设

在野外数据采集之前，做好相应的准备工作是非常重要的。具体来说需要从以下几方面入手：在未开展外业之前，认真阅读技术实施方案，进而收集与待测工区相关的地质资料，对待测工区的地质状况做到大概的了解（包括认识岩石类型，查阅资料找出相应的物理参数估计值），更加准确的做法就是对待测区进行踏勘，随后根据实际地理、地形情况作出判断，并布设出相应的勘察测线。此外，在数据采集的过程中，还需选择合理的频段、最有效率的测点间距和满足设计要求的接收极距长度。

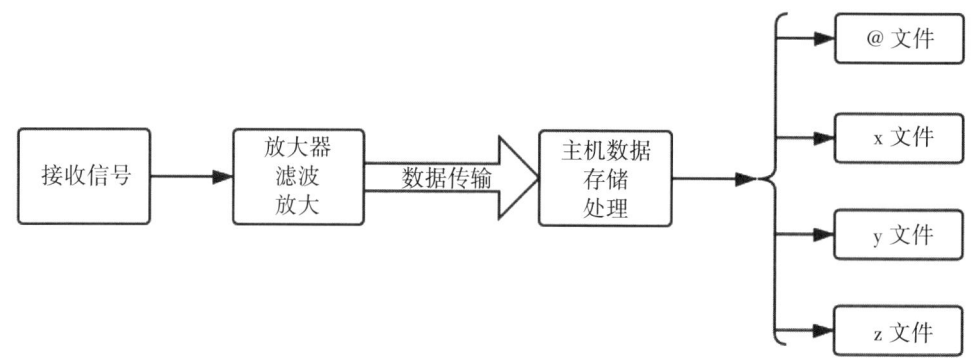

图 4-5　EH-4 电磁测深系统工作原理图

4.2.2.1　测点布设

在进行外业测量工作之时，测点的布设是相当重要的。选择好的测点位置及布设方式方法对数据的采集、解译工作较为重要，主要体现在采集速度、任务完成量、数据质量的控制、后续资料的整理、室内资料的处理与解译成图等方面。测点的选择首先要考虑的是尽量避开对微弱的电场、磁场产生严重干扰的地方，这些需要结合现场和实测资料来判断决定。普遍遇到的就是高压输电线干扰源、自然气流干扰以及不明电磁场源等，还应避开噪声干扰源，包括由流动河水以及钻探产生的强烈振动。

在无法避免的干扰区域进行测量时，尽量在增加迭代次数上作出改进；不能到达的地方，可以选择邻近的区域继续进行测量工作，保证应有的数据质量。

在数据采集之前或者在数据采集的过程中发现有明显的错误时，我们需要对设备进行自校。平行测试就是最为普遍和有效的自校方案。顾名思义，此时的电场、磁场分量接收器不是相互垂直布设，而是将电场、磁场分量接收器平行布设进行数据的采集实验工作。在理想状况下，对于平行放置的电场、磁场分量接收器进行测量时，得到的结果是相关的时间序列和类似的频谱特征。若平行放置的电场、磁场分量接收器各自的相关系数很高，则表明仪器设备系统是正常状态。

4.2.2.2　放大器布设

在进行野外数据采集的时候，站点的布设也尤为重要。一般而言，仪器放大器常常以待测目标点为基准，使得它们尽量地重合起来。有了仪器放大器作为布测的参考位置，其余仪器设备部件的布设就变得简单了。随之，主机位置的选择、电磁场分量接收器的安放就水到渠成。普遍而言，仪器放大器的移动方向是沿着主测线的方向（记为 X 方向），同时该方向是电磁场分量接收器所需方向之一；而另一与此垂直的方向（记为 Y 方向）则为其余电磁场分量接收器的安置方向。

4.2.2.3　发射器布设

发射器最简单的摆放就是放在水平、宽阔的场地上，把发射器的各个组件放在仪器包里一起挪动。通过连接垫圈把两个发射天线全部展开交叉放置呈"十"字形状。天线的其他部分通过滑动天线棒连接在套管中，把天线底端相对着的粗线勾在一起，这样就可以把绞合好的天线拉成拱形。依次把两根天线弯至垂直状态，当两根天线弯到与地面垂直时，它们就可以独立地立在平地上。连接天线的各根缆线到发射器中，每根缆线的端部接在发射器的各个相对侧面上。把发射器的控制开关接上，电源线接到发射器上，地线插入地下，电源线的另一端接到电瓶上。

4.2.2.4　接收器布设

1.电场分量接收器（电极）

（1）在测点处，利用罗盘找出安置电场分量接收器的 X、Y 两个方向；

（2）在确定好两个电场分量接收器方向后，沿着这两个方向把电缆线铺展开来，并达到数据采集所需的长度；

（3）将电极与土层结合固定，保持接地良好，检查不极化钢钉与电缆线之间的连接情况，注意在数据采集时，不要轻易对不极化钢钉进行挪动或者敲击；

（4）将四根电场接收器电缆线按照一定顺序与仪器放大器连接起来。

2.磁场分量接收器（磁棒）

（1）根据实际地形、地貌情况选择与主机距离大于 5 米的合理区域来准备安放磁场分量接收器；

（2）利用罗盘确定出磁场分量接收器的两个方向，紧接着开挖出沟槽并保持它们的间隔距离至少 2 米；

（3）将标有 Y 的磁探头连接仪器放大器的 H_Y 螺旋柱，标有 X 的磁探头安置与之相同，值得注意的是磁探头的连接一定要保持位置的准确性，切勿任意调换其应有的方向，并利用水平尺对两个磁探头进行水平校正；

（4）将磁场分量接收器进行掩埋以尽量减小风的干扰，磁探头电缆线应当保持直线展开，切勿出现回路，以避免不必要的异常信号的产生。

第 5 章 可控源音频大地电磁法

5.1 基本理论

可控源音频大地电磁法（CSAMT 法）中使用的偶极子场源所产生的电磁场可以通过 Maxwell 方程组完整地描述。因此求解偶极子场的分布问题，即求这种场源在一定边界条件下 Maxwell 方程组的解，就是 CSAMT 法的理论基础。

5.1.1 波动方程

Maxwell 方程组具有如下形式：

$$\nabla \times E = -\frac{\partial B}{\partial t} \tag{5-1}$$

$$\nabla \times H = J + \frac{\partial D}{\partial t} \tag{5-2}$$

$$\nabla \cdot E = 0 \tag{5-3}$$

$$\nabla \cdot H = 0 \tag{5-4}$$

$$D = \varepsilon E \tag{5-5}$$

$$B = \mu H \tag{5-6}$$

$$J = \sigma E \tag{5-7}$$

以上各式中，∇ 为哈密顿微分算子，$\nabla \times$ 表示旋度，$\nabla \cdot$ 表示散度。E 为电场强度，B 为磁感应强度，H 为磁场强度，J 为电流密度，D 为电位移，μ 为介质的磁导率，σ 为介质的电导率，ε 为介质的介电常数。

一般非铁磁性岩石的导磁率与真空中的值很接近，在此不做特别说明。

对式（5-1）两边取旋度，得到：

$$\nabla \times \nabla \times E = -\mu \frac{\partial(\nabla \times H)}{\partial t} \tag{5-8}$$

将式（5-2）、式（5-5）、式（5-6）、式（5-7）代入到式（5-8）后有：

$$\nabla \times \nabla \times E = -\mu(\sigma \frac{\partial E}{\partial t} + \varepsilon \frac{\partial^2 E}{\partial t^2}) \tag{5-9}$$

利用矢量分析中的恒等式：

$$\nabla \times \nabla \times E = \nabla(\nabla \cdot E) - \nabla^2 E = -\nabla^2 E \qquad (5-10)$$

式（5-9）可以简化为：

$$\nabla^2 E = \mu\varepsilon\frac{\partial^2 E}{\partial t^2} + \mu\sigma\frac{\partial E}{\partial t} \qquad (5-11)$$

式（5-11）称为波动方程。同理，对磁场有：

$$\nabla^2 H = \mu\varepsilon\frac{\partial^2 H}{\partial t^2} + \mu\sigma\frac{\partial H}{\partial t} \qquad (5-12)$$

在一般情况下谐变因子取 $e^{-i\omega t}$，这样式（5-11）就可以简化为：

$$\nabla^2 E = -i\omega\mu(\sigma - i\varepsilon\omega)E = -k^2 E \qquad (5-13)$$

其中 $k = \sqrt{\mu\varepsilon\omega^2 + i\mu\sigma\omega}$ 为传 k 播常数。式（5-13）称为 Helmhotz 方程，该式右侧的第一项表示传导电流的作用，第二项表示位移电流的作用。

在大地电磁法中应用的频率范围为 $0.001\sim1\,000$Hz，构成地球的介质的电阻率范围可取为 $1\sim1\,000\ \Omega\cdot m$，可求出位移电流与传导电流的最大比值为 5×10^{-5}。所以位移电流的影响可以忽略不计。因此在大地电磁法中，实际上处理的是稳定电磁场。此时，传播常数的表达式简化成 $k = \sqrt{i\mu\sigma\omega}$。

在笛卡尔坐标系中，将式（5-13）展开，并考虑到所讨论的问题只有 E_x 和 H_y 分量，而且它们对 x 和 y 的偏导为 0，所以可简化成：

$$\frac{\mathrm{d}^2 E_x}{\mathrm{d}z^2} + k^2 E = 0 \qquad (5-14)$$

根据式（5-12），类似地对磁场有：

$$\frac{\mathrm{d}^2 H_y}{\mathrm{d}z^2} + k^2 H = 0 \qquad (5-15)$$

则 Helmhotz 方程式（5-13）的一般解的形式为：

$$E = Ae^{-i\omega t + i(k_R + ik_I)r} + Be^{-i\omega t - i(k_R + ik_I)r} \qquad (5-16)$$

其中第一项表示入射波，第二项是反射波，A、B 是根据边界条件确定的两个常数，k_R 和 k_I 是传播矢量 k 的实部和虚部，r 是由坐标原点到观察点的矢径。由传播常数的简化公式可以得知：

$$k = k_R + k_I = \frac{\sqrt{\omega\mu\sigma}}{\sqrt{2}} + i\frac{\sqrt{\omega\mu\sigma}}{\sqrt{2}} \qquad (5-17)$$

根据式（5-17），可以将式（5-16）改写为：

$$E = Ae^{-i\omega t + i(k_x R_x + k_y R_y + k_z R_z)}e^{-(k_x I_x + k_y I_y + k_z I_z)} + Be^{-i\omega t - i(k_x R_x + k_y R_y + k_z R_z)}e^{k_x I_x + k_y I_y + k_z I_z} \qquad (5-18)$$

其中 x、y、z 为矢径 r 的三个分量，k_x、k_y、k_z 为 k 在 x、y、z 三个坐标轴上的投影，

三个分量的平方和等于 k 的平方。

假定波沿坐标系的 z 轴传播,这时传播的只有 z 分量。式(5-18)中的解可以简化为:

$$E = Ae^{-i\omega t + ik_z R_z} e^{-k_z} + Be^{-i\omega t - ik_z R_z} e^{k_z I_z} \qquad (5\text{-}19)$$

5.1.2　视电阻率公式

根据大地电磁理论,可以将平面电磁波的波阻抗定义为在地面观测到的两个正交的水平电磁场的比值,即:$Z = E_x / H_y$。

根据已有的地球物理探测理论,频率域中水平电偶极源在均匀半空间地面的电场及磁场分量公式分别为:

$$E_x = \frac{I \cdot AB \cdot \rho_1}{2\pi r^3}(3\cos^2\theta - 2) \qquad (5\text{-}20)$$

$$H_y = (1+i)\frac{I \cdot AB}{2\pi r^3}\sqrt{\frac{2\rho_1}{\mu_0\omega}}(3\cos^2\theta - 2) \qquad (5\text{-}21)$$

将式(5-20)除以式(5-21),可以得到:

$$\frac{E_x}{H_y} = \frac{2\rho_1}{(1+i)\sqrt{\dfrac{2\rho_1}{\mu_0\omega}}} \qquad (5\text{-}22)$$

式(5-22)两边乘方得到:

$$\frac{E_x^2}{H_y^2} = \frac{\rho_1\mu_0\omega}{i} \qquad (5\text{-}23)$$

式(5-23)两边同时进行取模运算,得到:

$$\rho_1 = \frac{1}{\mu_0\omega}\left|\frac{E_x}{H_y}\right|^2 \qquad (5\text{-}24)$$

由于平面电磁波的波阻抗的定义为:$Z = \dfrac{\mu_0\omega}{k}, k = \sqrt{-i\mu_0\sigma_1\omega}$,因此

$$Z = \frac{\mu_0\omega}{\sqrt{-i\mu_0\sigma_1\omega}} = \sqrt{i}\sqrt{\mu_0\omega\rho_1} = e^{i\frac{\pi}{4}}\sqrt{\mu_0\omega\rho_1} \qquad (5\text{-}25)$$

从式(5-25)可以知道,阻抗的相位是45°,即电场分量 E_x 与磁场分量 H_y 呈45°夹角,对阻抗的模取平方,得到:

$$\rho_1 = \frac{1}{\mu_0\omega}|Z|^2 \qquad (5\text{-}26)$$

令 $\mu_0 = 1$,然后把单位转化为常用单位,最后能够得到:

$$\rho_s = \frac{1}{5f}\left|\frac{E_x}{H_y}\right|^2 \qquad (5-27)$$

5.1.3 视相位公式

大地是电容、电阻、电感三种效应全都具备的介质体，所以视电阻率 ρ_s、视相位 ψ_s 都会随着地下介质的改变而发生变化。因此能够通过研究相位变化的规律来分析地下介质的状况。

通过研究电磁场的场强公式，可知实部和虚部两部分组成了电磁场的场强公式，即：

$$\begin{cases} E = \mathrm{Re}(E) + i\mathrm{lm}(E) \\ H = \mathrm{Re}(H) + i\mathrm{lm}(H) \end{cases} \qquad (5-28)$$

上列式中 $\mathrm{Re}(E)$ 和 $\mathrm{Re}(H)$ 分别为电场和磁场的实部，$\mathrm{lm}(E)$ 和 $\mathrm{lm}(H)$ 分别为电场和磁场的虚部。因此视相位的表达式为：

$$\psi_s = \tan^{-1}\frac{\mathrm{lm}(E,H)}{\mathrm{Re}(E,H)} \qquad (5-29)$$

式（5-29）表达的物理意义是电流发射源与观测点处电场的相位差，或者说观测点处的电场与磁场的相位差，所以也可以表示为：

$$\psi_s = \psi_E - \psi_H \qquad (5-30)$$

1976 年，贝尔等学者提出了用视电阻率估计相位的公式：

$$\psi_s \approx 45° \pm 45°\frac{\partial \ln \rho_s}{\partial \ln \omega} \qquad (5-31)$$

这个公式表示视电阻率随着频率的变化率就是视相位。因此，能够通过视相位对静态效应进行压制。

5.2 工作方法

5.2.1 数据采集

5.2.1.1 分辨率

地下介质构造的纵向分辨率取决于地质体的宽度、厚度、埋深和异常体与其围岩的电阻率差异，电阻率较高的地层比电阻率较低的地层更难分辨。如果地质体的层厚埋深比大于该层电阻率与围岩电阻率之比的平方根的 0.2 倍，导电层就可以分辨出来。如果电阻层的厚度埋深比为 0.2，与围岩电阻率之比为 10 : 1 或更大，则电阻层可以分辨出来。

横向分辨率主要与电场偶极的尺寸有关。一般而言，采用 TM 测量方式的横向分辨率的大小约等于电偶极矩，虽然也可以通过加大频率等办法来增加分辨率，但是电偶极矩仍是分辨它们位置的决定性因素。CSAMT 法的最小分辨率只受实际偶极的最小尺寸的限制，最小可达几米。深部的横向分辨率与发射电磁波的波长和排列尺寸的大小有关。当频率变小时，波长就会变大，因此勘察的深度范围就变大，相应的分辨率就会降低。

5.2.1.2 数据密度

数据密度与纵向、横向分辨率都有关系。要合理地确定勘察目标就必须要有足够的数据密度，但是需要考虑到高数据密度带来的高成本支出。

垂直密度一般取决于数字仪器的频率范围（1Hz，2Hz，4Hz，8Hz，…）。虽然按线性深度，低频时数据间隔比高频时要大，但是低频时分辨率更低，这就使得在低频时不宜采用过高的数据密度。通过增加频率个数或采用谐波分解技术可以提高分辨率。

水平密度受地质需求和成本的影响特别明显，普查时至少在要勘查的地质构造和背景地段上方都有足够的数据。一般而言，地质构造的数据要占 50%，测线两端背景则各占 25%，以求得响应的背景值。

确定异常体的大小主要通过选择偶极的尺寸小于最小异常体来实现。数据密度应保证能区分出真实的地质效应与地形、阴影以及 TE 和 TM 方式的差别所引起的假效应。最后，要求测站的间隔是规则的，从而避免解译出现偏移。

5.2.1.3 地形影响

任何电场测量都会受到地形引起的电流密度变化的影响，可控源音频大地电磁法也不例外。山谷中电流密度升高，造成人为的高电阻率；山峰上电流密度降低，造成人为的低电阻率。这些影响在野外是很难避免的，因此在布设测线选择位置时应当考虑这些影响。如果预计会有地形影响，那么测量人员应当获取足够的数据以区别地形和非地形引起的异常。地形影响了解译的精度，所以需要在地形图上标出所有测点位置。

在测量之前要仔细地研究地质走向。不管是只做标量测量，还是需要做矢量或张量测量，地质情况都是决定性的因素。实现 TE 或 TM 方式测量所需的方位也是由地质情况来确定的。正如所有需要接地的电法一样，必须小心避免场源和测深点接到同一导电物体上。这样将引起难以解译的电流通道效应。高导电的断层，含黏土或石墨的陡倾斜岩层以及线性蚀变带都是必须认真对待的地质构造。

不论是接地偶极还是回线场源，在均匀大地中，其远区电阻率和相位是相同的，但信号强度则不相同，一般来说，回线的信号比尺寸相同的接地偶极信号要弱一些，但是在个别情况下，要做到使一组电极有效工作并不容易。例如，在裸露的玄武岩或者非常干燥的风化冲积层中，高接地电阻限制了送入地下的电流强度，就会碰到这种情况。这时采用不接地回线做场源，可以避免接地电阻过大的问题。根据实际探测经验，在大多数野外条件下，偶极源输出的信号优于回线源，同时偶极还可以控制场的方向。所以在可控源音频大地电磁法中较少用到回线源。

5.2.1.4 导线阻抗

常规传输导线的自感约为 2.6mH/km，利用电抗公式：

$$X_L = 2\pi f L \tag{5-32}$$

式中：L 为导线的总感抗。

可以看到，在回线或偶极中使用的导线，其高频时的交流电阻或感抗，具有比其直流电阻大很多的阻抗值。例如，在 4kHz 时由于自感，其交流电阻将达到 $65\,\Omega/\mathrm{km}$，这就限制了在高频时所用电流的大小。对于回线，有效电阻为：

$$R_{EL} = \sqrt{(R_W \cdot L_W)^2 + (X_L \cdot L_W)^2} \tag{5-33}$$

式中：R_W 为单位长度的导线电阻，X_L 为单位长度的导线电抗，L_W 为导线长度。

对于偶极，有效电阻为：

$$R_{ED} = \sqrt{(R_W \cdot L_W + R_G)^2 + (X_L \cdot L_W)^2} \tag{5-34}$$

式中：R_G 为电极组的总接地电阻，单位为 Ω。

可布设两条彼此平行，分开约 1m，并联的传输导线；并联的效果使高频时可用的电流加倍，这就使在 4kHz 时电流将增大到 15A。

5.2.2 收发距及频率选择

在理想状态下，电磁波是与地面呈 90° 入射的发散状态平面波。但是在实际情况中，电磁波在地面以上传播是波动状态。当频率选择较低时，电磁波在地面以下传播时为发散状态。在野外实测时，选用的收发距 r 和频率 f 达不到理想状态下的要求，因此需要进一步研究。

首先在地面上布设人工场源，即在地面上接通交变电流的 AB 导线。这样场源周围就会产生电磁波场。电磁波的传播路径大致分为三种：在空气中传播、在地面上传播和在地下介质中传播。因为勘察对象为地下介质，所以只对接收机接收到的在地面和地下介质传播的电磁波进行讨论。

在空气介质中传播的电磁波的波长公式为：

$$\lambda_0 = c / f \qquad\qquad （5-35）$$

在大地介质中传播的电磁波的波长公式为：

$$\lambda_1 = \sqrt{\frac{10^7 \cdot \rho_1}{f}} \qquad\qquad （5-36）$$

由上述两个波长公式可以知道在空气介质中传播的电磁波的波长要远大于在大地介质中传播的电磁波的波长。

用 S_0 来表示电磁波由地表介质传送到接收机 MN 的地面波、S_1 来表示电磁波在地下介质中传播的地层波、S^* 来表示水平极化波。由于波在地下介质中传播波程的大小不同，在地下传播波就会在地面产生几乎水平的波阵面，从而形成与水平呈 90°向下传播的 S^* 波。

S_0 波、S_1 波和 S^* 波均携带着地下介质对波的影响信息。所以通过研究这些波就能够得到所需要的地下介质的地球物理特征。

电磁波在真空介质传播时不会产生衰减，在其他介质中传播时都会产生衰减，如 S_0 波衰减的速度就很快。可以通过式（5-37）来分析：

$$\frac{E_r}{E_0} = \mathrm{e}^{\frac{-2\pi r}{\lambda_1}} \qquad\qquad （5-37）$$

r 表示收发距，也是电磁波在地表介质传播的距离，E_r 表示电磁波传播距离 r 后的场强，E_0 表示电磁波场的初始场强，λ_1 表示波长。

当 $r / \lambda_1 = 0.5$ 时，$E_r/E_0 = 0.042$，E_r 已经衰减成一个很小值，其大小可以忽略。远区和近区就是以地层波 S_0 对接收数据的影响大小来划分的。

通常规定 $r \geqslant \lambda_1 / 2\pi$ 的区域是远区。在远区，地表介质上传播的电磁波 S_0 已经衰减到足够小，得到的值主要受 S_1 波和 S^* 波的影响。

规定 $r \leqslant \lambda_1 / 2\pi$ 的区域为近区。在近区，地表介质上传播的电磁波没有衰减到足够小，得到的值主要受 S_0 波的影响。

在远区测量时，从理论上说，S^* 波几乎是以 90°入射大地介质的。假设所考虑的地下介质是均匀的，那么电磁波在地下介质主要以横波方式传播。这样所测得的视电阻率值不受地层横向电阻率 ρ_n 的影响，只受纵向电阻率 ρ_t 的影响。这时就可以把地层介质纵向电阻率 ρ_t 当作远区的视电阻率。所以在远区测量时，地层介质的各向异性对测量所得到的数据影响较小。

然而当测量点向近区偏移时，这时收发距 r 逐渐减小，S_0 波逐渐增大，所接收到的数据受地层波 S_0 的影响就会加大。S^* 波的入射角度就会由 90°逐渐减小。

这样所测得的视电阻率就不会只受纵向电阻率 ρ_t 的影响，也会受到横向电阻率 ρ_n 的影响，所以地下介质的各向异性所产生的影响就会逐渐加大。因此为了得到更好的数据资料，要尽量在远区测量。

在实际测量过程中，勘察深度 H 也受收发距 r 的影响，所以还要讨论收发距 r 与勘察深度 H 的数学关系。趋肤深度也就是电磁波的有效穿透深度，一般用 δ 来表示。H 为所能测到的深度的最大值。由公式 $\lambda_1 = 2\pi\delta$，当 $r \geqslant 2\pi\delta$ 或 $r \geqslant 6H$ 时，是远区；当 $r \leqslant 6H$ 时，是近区。

第6章　高密度电阻率法

6.1　基本理论

电阻率法是基于岩石介质的导电性差异，通过观察和研究稳定电流场的分布，从而解决地质问题的一种方法。由于岩石和土壤电导率差异较大，电阻率法在岩石和土壤相关领域的应用越来越广泛。

假设在测试场地，接地电阻是均匀分布的。在大地电阻率均匀性测量中，原则上可以使用任何形式的电极排列，在任意两点 A、B 进行电源供应，然后根据任意两点 M、N 的电位差可以计算 M、N 两点的电位。

$$\begin{cases} U_M = \dfrac{I\rho}{2\pi}(\dfrac{1}{AM} - \dfrac{1}{BM}) \\ U_N = \dfrac{I\rho}{2\pi}(\dfrac{1}{AN} - \dfrac{1}{BN}) \end{cases} \qquad (6-1)$$

显然，AB 在 MN 间所产生的电位差：

$$\Delta U_{MN} = \frac{I\rho}{2\pi}(\frac{1}{AM} - \frac{1}{BM} - \frac{1}{AN} + \frac{1}{BN}) \qquad (6-2)$$

由式（6-2）可得均匀大地电阻率的计算公式为：

$$\rho = K\frac{\Delta U_{MN}}{I} \qquad (6-3)$$

其中

$$K = \frac{2\pi}{(\frac{1}{AM} - \frac{1}{BM} - \frac{1}{AN} + \frac{1}{BN})} \qquad (6-4)$$

K 只与电极的空间位置有关。在电法勘察中，一般情况下，始终通电的电极和测量电极被放置在一条直线上，如图 6-1 所示的电极布设形式被称为四极排列。

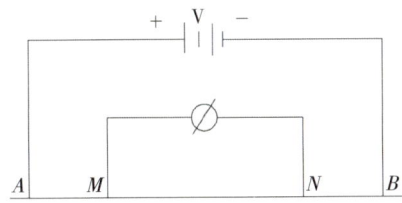

图 6-1　四极排列测量均匀大地电阻率图

然而，在实际的现场条件中经常遇到的地质横截面是不均匀的。因此，从式（6-3）计算出的电阻率不是真实的地层电阻率，而是某一范围内的电场分布，各种岩石电阻率结果的综合效果，即为视电阻率，通常用 ρ_s 来进行表示。由此可见，在电阻率法的实际工作中，一般测得的都是视电阻率值，只有当电极排列位于某种单一岩性的地层中时，才会测到该地层的真电阻率值。

当 $MN \ll AB$ 时，其间的电场可以认为是均匀分布的，因此：

$$\Delta U_{MN} = E_{MN} \cdot \overline{MN} = j_{MN} \cdot \rho_{MN} \cdot \overline{MN} \qquad (6\text{-}5)$$

式中：$\overline{MN}$ 为测量电极间的距离，j_{MN} 为 MN 处的电流密度；ρ_{MN} 为 MN 所在介质的真电阻率值。

将式（6-5）代入式（6-3），则：

$$\rho_s = K \frac{j_{MN} \cdot \rho_{MN} \cdot \overline{MN}}{I} \qquad (6\text{-}6)$$

当地下介质均匀时，可将 j_{MN}、ρ_{MN} 用 j_0、ρ_0 来表示，于是：

$$\rho_0 = K \frac{j_0 \cdot \rho_0 \cdot \overline{MN}}{I} \qquad (6\text{-}7)$$

经整理有：

$$\frac{1}{j_0} = K \frac{\overline{MN}}{I} \qquad (6\text{-}8)$$

将式（6-8）代入到式（6-6）中，便可以得到：

$$\rho_s = K \frac{j_{MN} \cdot \rho_{MN} \cdot \overline{MN}}{I} = \frac{j_{MN}}{j_0} \rho_{MN} \qquad (6\text{-}9)$$

这是视电阻率和电流密度的关系，也称为视电阻率的微分方程。它表明某点的视电阻率与测量电极所在介质的真电阻率成正比。图6-2为均匀地层中的电场分布。

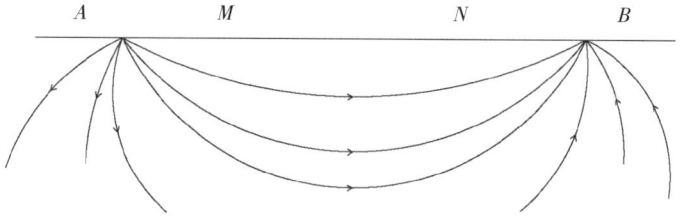

图6-2　均匀地层中的电场分布

显然，j_{MN} 包含各种地质体在电场分布范围内的综合影响。当地下半空间存在低阻体时，电流被低阻体所吸引，从而使实际的电流密度在 MN 处下降，所以 $j_{MN} < j_0$，故 $\rho_s < \rho_{MN}$；相反，地下半空间存在高阻体时，电流被高阻体排斥，在

MN 处实际的电流密度增加，因此 $j_{MN} > j_0$，故 $\rho_s > \rho_{MN}$。

因此，观察表面电阻率的变化，可以分析出地下不均匀地质体的异常分布情况。除此之外，视电阻率异常分布情况还与电极装置有关。

6.2 工作方法

在进行勘察时，通常情况下有多种装置类型选择，然而不同装置有着不同的测量方式，其在测量电位和特点上也有一定的差异。以下讲述一些常用的装置类型。

6.2.1 二极装置

二极装置的特点是供电电极 B 和测量电极 N 均放置于"无穷远"处接地。在这里"无穷远"是相对概念，具体是指 B 极在 M 点所产生的电位或 A 极在 N 点所产生的电位相对于 A 极在 M 点所产生的电位可以忽略不计，就可以认为 B 极或者 N 极已经置于"无穷远"处。通常情况下，当两者之间的距离超过 10 倍时，就认为是"无穷远"处（图 6-3）。因此，通常认为二级装置在其本质上是一种测量电位的装置。在二极装置中通常选取 AM 的中点作为所观测的测点，它的视电阻率 ρ_s^{AM} 表达式为：

$$\rho_s^{AM} = K_{AM} \frac{U_M}{I} \qquad (6-10)$$

其中它的装置系数为 K_{AM}，表达式为：$K_{AM} = 2\pi AM$。

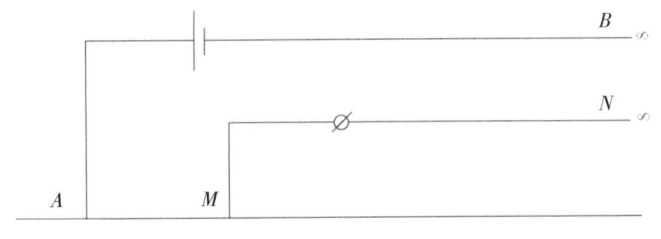

图 6-3 二极装置示意图

6.2.2 三极装置

三极装置模型如图 6-4 所示，只将供电电极 B 放置于"无穷远"处，此处"无穷远"处意义同二极装置。一般而言，放置于 10 倍远距就认为是"无穷远"。而将其余 AMN 沿测线排列在一条直线上进行观测时，这时便称为三极装置类型。它的视电阻率 ρ_s 表达式为：

$$\rho_s^{AMN} = K_{AMN} \frac{\Delta U_{MN}}{I} \qquad (6-11)$$

其中它的装置系数为 K_{AMN}，表达式为：$K_{AMN} = 2\pi \dfrac{AM \cdot AN}{MN}$。通常三级装置取 MN 的中点作为观测结果的记录点。

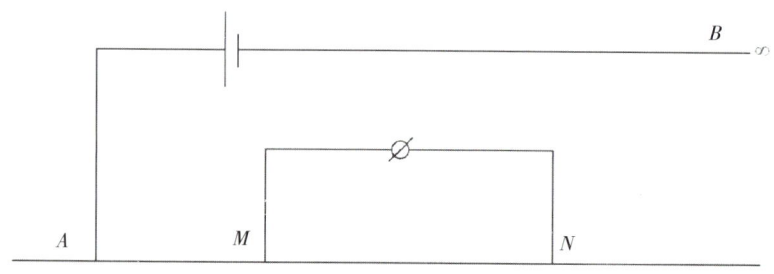

图 6-4　三极装置示意图

6.2.3　联合剖面装置

联合剖面装置模型如图 6-5 所示，它是由两个三极装置联合组合而成，故称联合剖面装置。其中电源负极置于"无穷远"处（或称 C 极），电源的正极可接向 A 极或者 B 极。

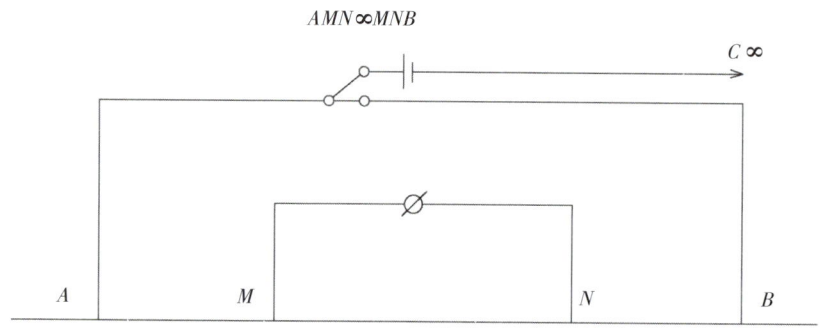

图 6-5　联合剖面装置示意图

该装置模型电阻率以及装置系数可由三极装置推导出来，分别表示为：

$$\rho_s^A = K_A \frac{\Delta U_{MN}^A}{I_A}, \rho_s^B = K_B \frac{\Delta U_{MN}^B}{I_B} \qquad (6-12)$$

其中它的装置系数为 K_A 和 K_B，表达式为：$K_A = K_B = 2\pi L^2$。联合剖面装置通常取 MN 的中点作为测量点。

6.2.4　四极装置

四极装置是如今较为常用的装置类型，其装置类型又是多样的，该类型在高密度电阻率法中有着广泛的应用。

6.2.4.1　对称四极装置

对称四极装置模型如图 6-6 所示，这种装置类型的特点是 $AM=NB$，记录点通常取在 MN 的中点。它的视电阻率 ρ_s 表达式为：

$$\rho_s^{AB} = K_{AB} \frac{\Delta U_{MN}}{I} \qquad (6\text{-}13)$$

其中它的装置系数为 K_{AB}，表达式为：$K_{AB} = \pi \dfrac{AM \cdot AN}{MN}$。

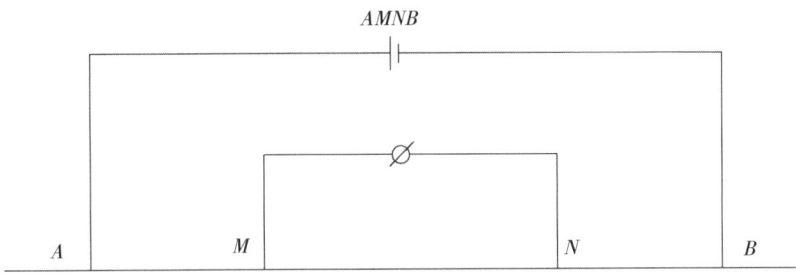

图 6-6　对称四极装置示意图

取 $MN=a$，当 $AM=NB=na$ 时，对称四极装置又称为施伦贝谢尔装置，其装置系数为 $K_w = \pi n(n+1)a$。在高密度电阻率法勘察中，可以对 n 和 a 选定不同的值，这样就有不同形式的系数，探测不同深度的地下特征。

当取 $AM=MN=NB=a$ 时，这种对称等距离排列的对称四极装置又称为温纳（Wenner）装置，随着电法的发展，该装置又被命名为 Wenner-alpha 装置。Wenner 装置是对称四极装置的一种特殊情况，该装置类型在高密度电阻率法中经常使用，其装置系数为 $K_w = 2\pi a$，视电阻率值同常规四极装置，将 K 值代入即可计算。

6.2.4.2　偶极装置

偶极装置模型如图 6-7 所示，这种装置类型的电极排列特点是供电电极 AB 和测量电极 MN 均采用偶极，并分开一定距离，由于四个电极都排列在一条直线上，故又称为轴向偶极。它的视电阻率 ρ_s 表达式为：

$$\rho_s^{OO'} = K_{OO'} \frac{\Delta U_{MN}}{I} \qquad (6\text{-}14)$$

其中它的装置系数为 $K_{OO'}$，表达式为：$K_{OO'} = 2\pi \dfrac{AM \cdot AN \cdot BM \cdot BN}{MN(AM \cdot AN - BM \cdot BN)}$。

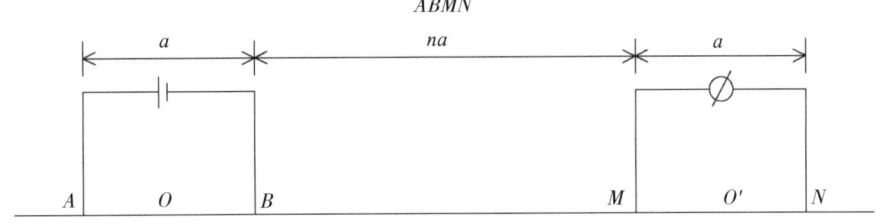

图 6-7　偶极装置示意图

如果取 $MN=AB$，则：

$$K_{OO'(AB=MN)} = \pi \cdot AM \left[(\frac{AM}{MN})^2 - 1 \right] \qquad （6\text{--}15）$$

当 $AB=MN=a$，$NB=na$ 时，则：

$$K_{OO'(AB=MN)} = \pi \cdot a \cdot n(n+1)(n+2) \qquad （6\text{--}16）$$

其中式（6–16）中 a 称为偶极长度。偶极装置常取 OO' 的中点为记录点，其中 O 为 AB 的中点，O' 为 NM 的中点。其中偶极装置的电极距为 $OO' = (n+1)a$，当 $AB=BM=MN=a$ 时，偶极装置类型又称为 Wenner-beta 装置，这种装置类型在多极距排列时也时常用到，该装置的装置系数为 $K_{\mathrm{w}} = 6\pi a$。

6.2.4.3　Wenner-gamma 装置

如图 6–8 所示为 Wenner-gamma 装置示意图，该装置类型同其他四极装置，当 $AM=MB=BN$ 时，称之为 Wenner-gamma 装置，也是高密度电阻率法中多种阵列方式之一，该装置的装置系数为 $K_{\mathrm{w}} = 3\pi a$。

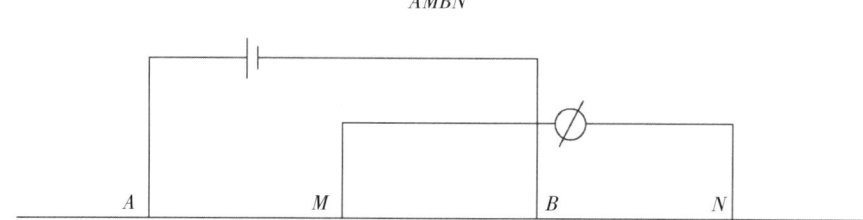

图 6–8　Wenner-gamma 装置示意图

在四极装置中，还有赤道偶极等，在此不一一赘述。

6.2.4.4　中间梯度装置

中间梯度装置模型如图 6–9 所示，这种装置类型的特点是：将供电电极 AB 的距离固定在很远的地方，测量电极 MN 在供电电极 AB 之间的地段逐点测量（一般在中间 1/3 处）。由于在测量过程中供电电极固定不变，MN 沿测线移动，所以其测量的视电阻率曲线反映了地下介质在一定深度沿水平方向的分布情况，记录点取在 MN 的中点，它的视电阻率 ρ_{s}^{MN} 表达式为：

$$\rho_{\mathrm{s}}^{MN} = K_{MN} \frac{\Delta U_{MN}}{I} \qquad （6\text{--}17）$$

其中 K_{MN} 为其装置系数，表达式为：

$$K_{MN} = 2\pi \frac{AM \cdot AN \cdot BM \cdot BN}{MN(AM \cdot AN + BM \cdot BN)} \qquad （6\text{--}18）$$

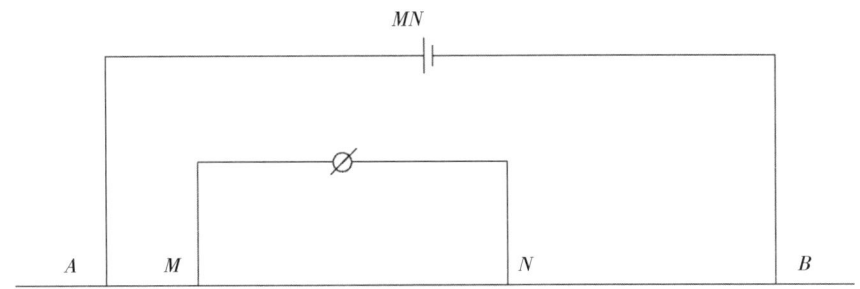

图 6-9　中间梯度装置示意图

此外，中间梯度装置还可以在离开 AB 连线的一定距离（一般在 $AB/6$ 范围内，当地下电信号足够强时，可超出其范围）且与 AB 平行的旁测线上进行观测。旁测线装置系数 K_{MN} 表达式为：

$$K_{MN}=\frac{2\pi}{MN}\frac{1}{\dfrac{\dfrac{AB}{2}+x}{\left[(\dfrac{AB}{2}+x)^2+y^2\right]^{\frac{3}{2}}}+\dfrac{\dfrac{AB}{2}-x}{\left[(\dfrac{AB}{2}-x)^2+y^2\right]^{\frac{3}{2}}}} \qquad (6\text{-}19)$$

式中：x 为 MN 中点的横坐标位置，y 为纵坐标，坐标原点取在 AB 的中点处。

第7章 瞬变电磁法

7.1 基本理论

瞬变电磁法的应用实际上就是电磁感应在地球物理探测方面的应用，从瞬变电磁法的发展过程不难看出，瞬变电磁法的发展与成熟都是建立在电磁感应理论的基础上，可以说电磁波的传播和电磁感应理论是瞬变电磁法技术的基础。

7.1.1 Maxwell 方程组

在 19 世纪中叶，在总结前人的研究成果的基础上 Maxwell 提出了几乎适用于所有电磁现象的数学模型，称之为 Maxwell 方程组。此方程组为电磁场理论的基础，并且几乎是所有电磁数学分析的起点。Maxwell 四个方程组成四条定律，分别是安培环路定律、法拉第电磁感应定律、高斯电通定律和高斯磁通定律。

1. 安培环路定律

安培环路定律的数学表达式为：

$$\oint_{\Gamma} \vec{H} \cdot \mathrm{d}\vec{l} = \iint_{\Omega} (J + \frac{\partial \vec{D}}{\partial t}) \cdot \mathrm{d}\vec{S} \tag{7-1}$$

式中：Γ 为曲面 Ω 的边界，J 为传导电流密度矢量，$\partial D / \partial t$ 为位移电流密度（A/m²），D 为电通密度（C/m²）。

式（7-1）表示为在任意磁场中，对于任何磁场强度和任何介质分布，磁场强度沿任何一闭合路径的线积分等于穿过该积分路径所确定曲面 Ω 的电流总和，或者说该线积分等于积分路径所包围的总电流。

2. 法拉第电磁感应定律

在闭合回路中，线圈所产生的感应电动势大小与穿过该线圈回路的磁通量的变化率成正比。其积分表达式为：

$$\oint_{\Gamma} \vec{E} \cdot \mathrm{d}\vec{l} = -\iint_{\Omega} \frac{\partial \vec{B}}{\partial t} \cdot \mathrm{d}\vec{S} \tag{7-2}$$

式中：E 为电场强度，B 为磁感应强度。

3. 高斯电通定律

不管电场中的电通矢量与电介质怎么分布，任何一个闭合曲面所包含的电通量和此闭合曲面包围的电荷量相等，电通量是电通密度矢量对这一闭合曲面的积分。其数学表达式为：

$$\oiint_{S} \vec{D} \cdot d\vec{S} = \iiint_{V} \rho dV \tag{7-3}$$

式中：ρ 为电荷体密度，V 为闭合曲面，S 为围成的体积区域。

4. 高斯磁通定律

不管介质中的磁通密度矢量如何分布，对任何一个闭合曲面来说，穿过它的磁通量恒为 0。其数学表达式为：

$$\oiint_{S} \vec{B} \cdot d\vec{S} = 0 \tag{7-4}$$

式（7-1）～式（7-4）就是描述电磁场一切现象的 Maxwell 方程组，其表述形式为积分形式，另外其表现形式还有微分形式，经过一系列变化，可以得到有限元分析电磁场问题的微分方程。

7.1.2 半空间瞬变电磁法

在地面上向地下空间发射一次脉冲磁场，由于地上部分为空气，不会产生涡流场，所以称为半空间瞬变电磁法。通过不接地回线探测的方法，其最大探测深度可达 1 300m，其特点就是操作简单、探测速度快、探测精度较高。由于这种方法对探测环境要求不高，其广泛应用于火山岩区、沙漠等探测环境较差的地方，优势很明显；同时这种方法对低阻异常体反应强烈，在找矿找水等方面应用广泛，尤其适用于勘察地下水体。

如图 7-1 所示，线圈发射一次脉冲电流，电流在关断瞬间激发出感应磁场，感应磁场向下传播到地层深处，向上传播到空气中。在向地下传播过程中，地层形成涡流场，产生二次感应场，信号被接收线圈所接收，从而可以判断地层的地电信息。向空气中传播的电磁场无法形成涡流场，接收线圈接收的信号不受干扰，以地表为分界线，认为接收线圈的信号源只来自地表，所以称为半空间瞬变电磁法。

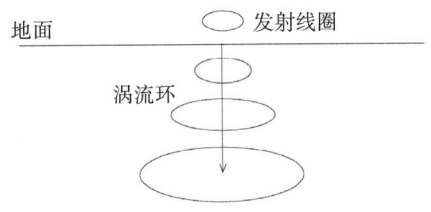

图 7-1 半空间瞬变电磁法基本原理示意图

在均匀导电半空间中，当铺设在地面上的线圈中的发射电流突然中断后，一段时间里，均匀导电半空间会在极短的时间内产生涡流，与此同时涡流场逐渐向导电空间周围扩散，关断电流的一段时间之后，感应涡流场多呈现为"环带"形，经过计算，涡流场的极大值分布于发射线圈中心向下呈30°方向。极大值相应投影在地面上的半径：

$$R_{j\max} = \sqrt{\frac{2.5t}{\sigma\mu_0}} \qquad (7-5)$$

与扩散参数 τ 的关系为：

$$\tau \approx 5.55 R_{j\max} \qquad (7-6)$$

7.1.3 全空间瞬变电磁法

全空间瞬变电磁场的求解极其复杂，很难得到其解析解，只有在特殊模型情况下才可以得到其解析解，在均匀全空间介质中，以线圈为分界点，将线圈上方及下方看作不同的导电介质体，如此可以更加有利于对瞬变电磁场传播过程的理解，并且可以更加方便地研究地面半空间和全空间的区别和联系。

Maxwell方程是瞬变电磁场的出发点，其时谐表达式为：

$$\nabla \times H = \sigma E + i\omega E \qquad (7-7)$$

$$\nabla \times E = -i\omega\mu H \qquad (7-8)$$

$$\nabla \cdot H = 0 \qquad (7-9)$$

$$\nabla \cdot E = 0 \qquad (7-10)$$

由式（7-10）引入矢量电位 F，有：

$$E = -\nabla \times F \qquad (7-11)$$

将式（7-11）代入式（7-7），并引入标量磁位 Φ，则：

$$H = -(\sigma + i\omega\varepsilon)F - \nabla \times \Phi \qquad (7-12)$$

将式（7-11）、式（7-12）代入式（7-8）得到：

$$\nabla^2 F + (\omega^2\mu\varepsilon - i\omega\mu\sigma)F - \nabla(\nabla \cdot F + i\omega\mu\Phi) = 0 \qquad (7-13)$$

引入洛伦兹条件：

$$\nabla \cdot F + i\omega\mu\Phi = 0 \qquad (7-14)$$

则式（7-13）成为如下形式：

$$\nabla^2 F + k^2 F = 0 \qquad (7-15)$$

式中 $k^2 = \omega^2\mu\varepsilon - i\omega\mu\sigma$，相应地，有：

$$H = -(\sigma + i\varepsilon\omega)F + \frac{1}{i\mu\varepsilon}\nabla^2 F \qquad (7\text{-}16)$$

为了方便利用边界条件，在两个均匀导电介质的分界面上放置发射线圈，其距离为水平面以下 h，坐标原点位于线圈中心处，柱坐标系（ρ,φ,z），z 轴垂直向下，如图 7-2 所示。相应的两种介质的波数分别为 k_0、k_1。

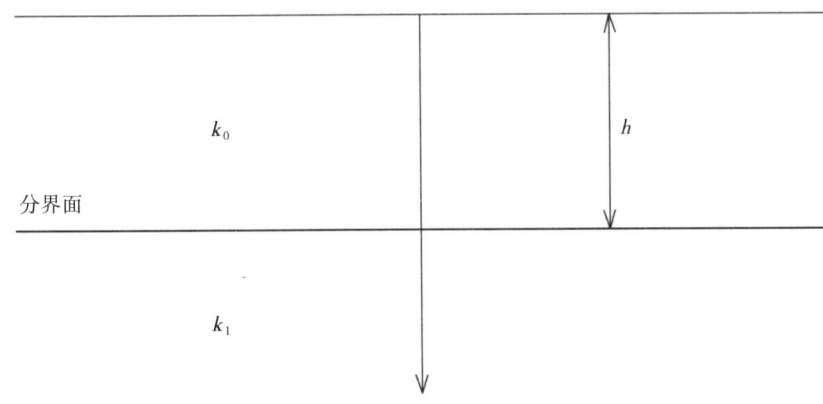

图 7-2　线圈位于分界面以上 h 高度处

在有源位置，式（7-15）变为：

$$\nabla^2 F + k^2 F = P e_z \delta(x)\delta(y)\delta(z+h) \qquad (7\text{-}17)$$

式中：$P=IS$，其中 I 为电流密度，S 为线圈面积，e_z 为 z 方向的单位矢量。

在柱坐标系中，F（矢量电位）仅在 z 方向有分量，并且和 φ 没有关系，式（7-15）变为：

$$\frac{\partial^2 F_z}{\partial \rho^2} + \frac{1}{\rho}\frac{\partial F_z}{\partial \rho} + \frac{\partial^2 F_z}{\partial z^2} + k^2 F_z = 0 \qquad (7\text{-}18)$$

采用分离变量法来求解上式，得：

$$F_z = \int_0^\infty (Me^{uz} + Ne^{-uz}) J_0(\lambda\rho)\mathrm{d}\lambda \qquad (7\text{-}19)$$

式中：λ 为方程的特征值，$u=\sqrt{\lambda^2+k^2}$，N、M 为待定常数，J_0 为零阶贝赛尔函数。

结合式（7-17），通用解中还要叠加全空间特解，最后得到两种导电介质的一般表达式：

$$\begin{cases} F_z = C\dfrac{e^{k_0 v}}{\rho} + \displaystyle\int_0^\infty C_1 e^{u_0 z} J_0(\lambda\rho)\mathrm{d}\lambda, z \leqslant 0 \\[3mm] F_z = C\dfrac{e^{k_0 v}}{\rho} + \displaystyle\int_0^\infty C_1 e^{u_0 z} J_0(\lambda\rho)\mathrm{d}\lambda, 0 \leqslant z \leqslant h \\[3mm] F_z = \displaystyle\int_0^\infty C_2 e^{u_1 z} J_0(\lambda\rho)\mathrm{d}\lambda, z \geqslant h \end{cases} \qquad (7\text{-}20)$$

式中：$C=i\omega\mu P/4\pi$，C_1、C_2 为待定常量。

在两种导电介质分界面处边界条件是：

$$F_{z0} = F_{z1} \qquad (7-21)$$

$$\frac{\partial F_{z0}}{\partial z} = \frac{\partial F_{z1}}{\partial z} \qquad (7-22)$$

根据边界条件，求出待定常数，并考虑线圈位于两种导电介质的分界面处，即 $h=0$ 时，最终得到的 Hankel 表达式：

$$\begin{cases} F_{z0} = 2C\int_0^\infty \dfrac{\lambda}{u_0 + u_1} e^{u_0 z} J_0(\lambda\rho)\mathrm{d}\lambda, z \leqslant 0 \\[3mm] F_{z1} = 2C\int_0^\infty \dfrac{\lambda}{u_0 + u_1} e^{u_0 z} J_0(\lambda\rho)\mathrm{d}\lambda, z \geqslant 0 \end{cases} \qquad (7-23)$$

根据频谱理论，在线性系统中正弦激励 $E(\omega)$ 作用的频谱响应记为 $I(\omega)$，则响应系统的传递函数定义为：

$$G(\omega) = \frac{I(\omega)}{E(\omega)} \qquad (7-24)$$

即单位幅值正弦激励下 $E(\omega)=1$ 时，系统相应的频谱响应。

将脉冲电流 $e(t)$ 展开，其所包含的复振幅为 $\dfrac{E(\omega)}{2\pi}\mathrm{d}\omega$ 同时作用于系统的无限稳态正弦波的分量，响应复振幅为：

$$\frac{I(\omega)}{2\pi}\mathrm{d}\omega = \frac{G(\omega)E(\omega)}{2\pi}\mathrm{d}\omega \qquad (7-25)$$

由叠加原理可知，系统对于 $e(t)$ 的响应是所有频率分量响应之和，也就是：

$$f(t) = \frac{1}{2\pi}\int_{-\infty}^\infty G(\omega)E(\omega)e^{j\omega t}\mathrm{d}\omega \qquad (7-26)$$

单位激励脉冲 $\delta(t)$ 傅氏变化为 1，因此系统的传递解析式 $G(\omega)$ 就是单位脉冲激励 $\delta(t)$ 下的频率响应。阶跃电流产生的瞬态变化电磁场与谐变而产生的电磁场是满足如下关系的：

$$f(t) = \frac{1}{2\pi}\int_{-\infty}^\infty G(\omega)F(\omega)e^{-i\omega t}\mathrm{d}\omega \qquad (7-27)$$

式中：$f(t)$、$F(\omega)$ 分别为时间域和频率域的电磁场，$G(\omega)$ 为阶跃电流的傅立叶谱。

通常采用的阶跃发射电流为：

$$I(t) = \begin{cases} 1, t \leqslant 0 \\ 0, t \geqslant 0 \end{cases} \qquad (7-28)$$

其中傅立叶谱是 $G(\omega) = \dfrac{1}{i\omega}$，那么则有：

$$f(t) = \frac{1}{2\pi} \int_{-\infty}^{\infty} \frac{F(\omega)}{i\omega} e^{-i\omega t} \mathrm{d}\omega \qquad (7\text{--}29)$$

式（7–29）就是瞬变电磁场频率域和时间域相互转换的关系式。将边界条件代入式（7–29），即可得到全空间瞬变电磁法的时间域响应。由于表达式复杂，在特定条件下，给出了分界面半空间水平共面装置阶跃激励响应：

$$E_{\varphi} = -\frac{m}{2\pi\sigma\rho^4}\left[3\varPhi(u) - \frac{2}{\sqrt{\pi}}u(3+2u^2)e^{-u^2}\right] \qquad (7\text{--}30)$$

$$H_z = -\frac{m}{4\pi\sigma\rho^3}\left[\frac{9}{2u^2}\varPhi(u) - \frac{1}{\sqrt{\pi}}(\frac{9}{u}+4u)e^{-u^2}\right] \qquad (7\text{--}31)$$

$$H_{\rho} = -\frac{mu^2}{4\pi\rho^3}e^{-\frac{u^2}{4}}\left[I_1(\frac{u^2}{4}) - I_2(\frac{u^2}{4})\right] \qquad (7\text{--}32)$$

式中：$u = \sqrt{\dfrac{\mu\sigma\rho}{4t}}$，$\varPhi(u) = \displaystyle\int_0^{\infty} \frac{2}{\sqrt{\pi}} e^{-t^2} \mathrm{d}t$ 是误差函数。

可以得到垂直磁场的时间导数为：

$$\frac{\partial H_z}{\partial t} = -\frac{m}{2\pi\mu\sigma\rho^3}\left[9\varPhi(u) - \frac{2u}{\sqrt{\pi}}(9+6u^2+4u^4)e^{-u^2}\right] \qquad (7\text{--}33)$$

7.2　工作方法

瞬变电磁法（Transient electromagnetic method，简写 TEM），是地球物理探测的主要手段之一。它通过向地下发射一次激励脉冲电磁波，激励地下目标体产生二次场，从而接收二次场并分析目标体的物理特性。

7.2.1　探测方法

瞬变电磁法探测方法使用灵活，针对不同的探测目的，可以采用不同的探测方法，下面对常用的探测方法进行介绍。

1. 单点探测

单点探测法是将发射、接收线圈固定不动对地下介质进行探测的方法。如图 7–3 所示，图中为发射、接收线圈的分布形式，采集数据的时候，连续采集多次扫描数据，并对数据进行平均化处理，以便减少探测误差。

2. 剖面多点扫描探测

剖面多点扫描探测是瞬变电磁法最常用的一种探测方法，其探测方法是：首先确定探测的测线，在测线上每隔一定的距离定出探测点，然后将发射、接收线圈逐个地进行探测，每测完一个测点就得到一个记录，将一条测线上的所有点都探测完，则可以将一个个的探测点组成瞬变电磁的剖面图像。探测示意图如图7-4所示。

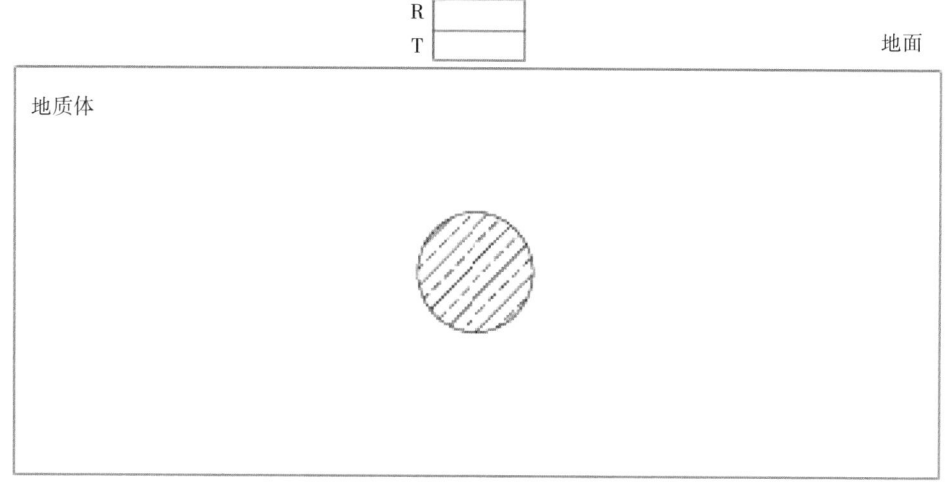

图7-3　单点探测示意图

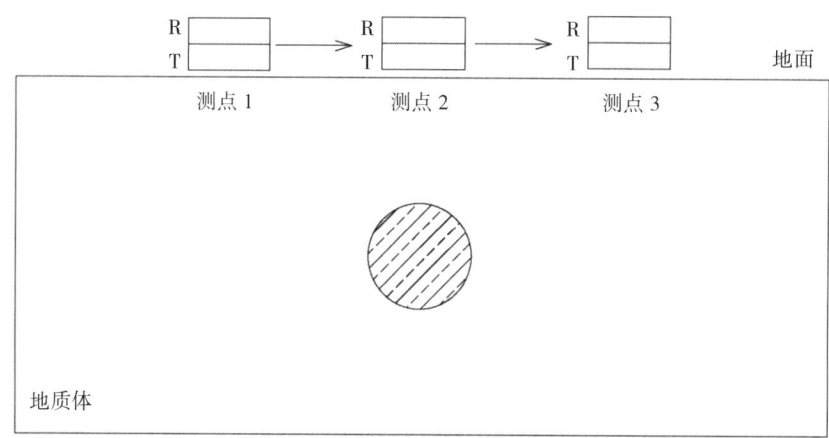

图7-4　剖面多点扫描探测示意图

3. 大回线多测点探测

大回线多测点探测法主要用在视野开阔、探测深度较大、探测仪器允许的情况下，该方法的主要特点是：发射线圈一般布设为正方形，边长可达数百米，在发射线圈位置不变的情况下，在发射线圈外围或者发射线圈内部布设测线、测点，接收线圈站在各条测线上的测点上逐个接收二次信号，每一条测线形成一幅瞬变电磁的剖面图形。大回线多测点探测法示意图如图7-5所示。

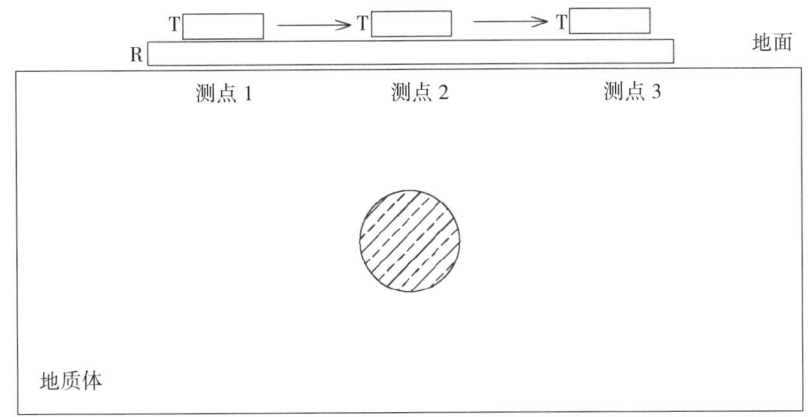

图 7-5　大回线多测点探测示意图

7.2.2　技术参数

隧道瞬变电磁法以分辨、识别低阻异常体为最终目的，因此瞬变电磁系统的设计及应用也要以目标体的探测效果为前提。影响瞬变电磁法探测准确性的因素很多，包括仪器本身的电磁噪声（包括线圈的自感、互感、接收线圈的电容等）、系统误差和偶然误差、发射功率、阶跃激励的关断时间等，仪器以外的影响因素主要有地质噪声、人文噪声、回线边长等。下面对常见的影响因素进行分析。

1. 瞬变电磁法的分辨率

瞬变电磁法的分辨率是指其所能分辨的最小介质的能力。在均匀半空间瞬变电磁模型中，根据电磁响应特征可知，瞬变晚期的电磁场（$t/r>1$）对不均匀体的探测敏感度明显高于谐变电磁场。在垂直磁偶源发射线圈中，谐变电磁场的远区响应式为：

$$H_z(\omega) = -i\frac{9M\rho}{2\pi\mu_0\omega r^5} \tag{7-34}$$

相应的瞬变晚期的电磁场响应式为：

$$B_z(i) = \frac{\mu^{\frac{5}{2}}M}{30\pi^{\frac{3}{2}}t^{\frac{3}{2}}\rho^{\frac{3}{2}}} \tag{7-35}$$

由式（7-34）、式（7-35）看出，$H_z(\omega)$ 与电阻率的一次方成正比关系；对于瞬变电磁场来说，$B_z(i)$ 与电阻率的二分之三次方成反比关系，得出瞬变电磁场对电阻率的敏感度要比频率域高。

三种回线形式（大回线瞬变电磁法、中回线瞬变电磁法、重叠回线瞬变电磁法）中又属大回线瞬变电磁法分辨率最高。这是因为其发射和接收位于同一点，对不均匀导电体不存在体积效应，所以其分辨率要高一些，特别是横向分辨率，甚至可分辨出地下规模较小的低阻异常体。

2. 瞬变电磁法的探测深度

瞬变电磁法的探测深度主要取决于仪器的分辨率和二次场衰减时间 t。Pies（1989年）在关于电磁法探测深度的相关论文中指出，探测到深部低阻体的 TEM 电磁响应的时间或频率，取决于以下两点：

（1）低阻体的埋深；

（2）上部地质断面的平均电阻率。

静恩杰等指出，在均匀全空间导电介质中，以阶跃脉冲激励的似稳电场公式为：

$$e_x = -\frac{I}{2}\sqrt{\frac{\mu_0}{\pi \sigma_1 t}} \exp\left(-\frac{\mu_0 \sigma_1}{4t} z^2\right) u(t) \qquad (7-36)$$

式中：t 为观测时间，σ_1、μ_0 分别为大地的电导率和磁导率（这里假设大地是非磁性的），z 为激励源到场点的距离。

保持式（7-36）中的 z 不变，令其对时间的导数为 0，得到公式：

$$\delta_{TD} = \sqrt{\frac{2t}{\mu_0 \sigma_1}} \qquad (7-37)$$

δ_{TD} 就是给定时间阶跃脉冲峰值达到的深度。

7.2.3 探测参数

瞬变电磁法探测的参数设置是否合理将直接影响检测的效果好坏。瞬变电磁法的主要参数包括激励发射频率、供电电流、采样率等。

1. 发射频率

在满足探测深度的前提下，尽可能地提高发射频率，因为发射频率的提高有利于提高瞬变电磁法探测的分辨率。由于趋肤效应的存在，瞬变电磁法的发射频率一般由以下公式确定：

$$\delta = \sqrt{\frac{2}{\omega \sigma \mu_0 \mu_r}} \qquad (7-38)$$

式中：ω 为激励的角频率，$\omega = 2\pi f$，f 为激励源的振荡频率；μ_r 为地质体的相对磁导率；μ_0 为真空中的磁导率；σ 为地质体的电导率。

当目标体的深度大于探测深度，则降低发射频率。一般来说，通过控制供电脉宽来调节发射频率，瞬变电磁法阶跃激励源中，脉宽是指一次观测的供电时间，其与探测深度有关。提高脉宽对于提高探测深度有很大的帮助，但是所需的电能较多，耗电较快。

2. 供电电流

供电电流的设置将直接影响探测结果的好坏。电流选得太小，将导致信噪比降低，探测结果准确率降低；电流选得太大，自感等将会明显加强，同样会降低探测结果的准确率。选择电流大小的原则是目标体的预计距离及目标体的电性参数，当探测水体的时候，由于围岩的电阻率和水的比值相对较大，因此可以选择小一点的发射电流；当探测物含金属矿石的时候，由于围岩的电阻率和矿石的电阻率比值相对较小，因此应该增加发射电流以便提高信噪比。总的来说，供电电流的选择与探测人员的经验和对瞬变电磁法探测的了解程度有很大的关系。

3. 采样率

采样率是指两个采样点间的时间间隔，采样率与地质体勘察深度和地质体电阻率有关。电磁场二次响应衰减曲线与地质体表层的电阻率有很大关系，低阻体衰减曲线延迟时间长，而高阻体较短。故在低阻区选择低采样率，在高阻区选择高采样率。

4. 叠加次数

由于受到周围环境的影响，探测结果难免会受到空间电磁干扰，理论上来说，叠加次数越多探测结果越准确。但是在实际工程中不可能叠加的次数太多，首先是浪费时间，其次就是耗费很大的电量。但是为了提高信噪比，野外数据采集往往选择一个合适的叠加次数，一般选择叠加 15 次。

5. 发射回线边长

必须等效为单匝线圈时的回线边长。如 1 匝 25×25 的回线，输入 25；若为 2 匝 10×10 回线，则应输入 14.14。

第8章 钻孔地质雷达法

8.1 电磁场特性

要对钻孔地质雷达法进行了解，首先要了解电磁波波场的特性，包括电磁波波场的参数，场源的选择、布设，电磁波的反射、折射、透射等性质。研究电磁波的电磁特性和传播特性对于充分了解钻孔地质雷达法有重要意义。

8.1.1 电磁波的基本特性

电磁波波场的主要参数就是速度 v、衰减系数 α、波阻抗 Z。对于介电常数、电导率和磁导率都已经确定的介质，电磁波的性质很容易通过数学公式进行表达。速度、衰减系数和频率的关系如图 8-1 所示，图中的角频率 $\omega = 2\pi f$。

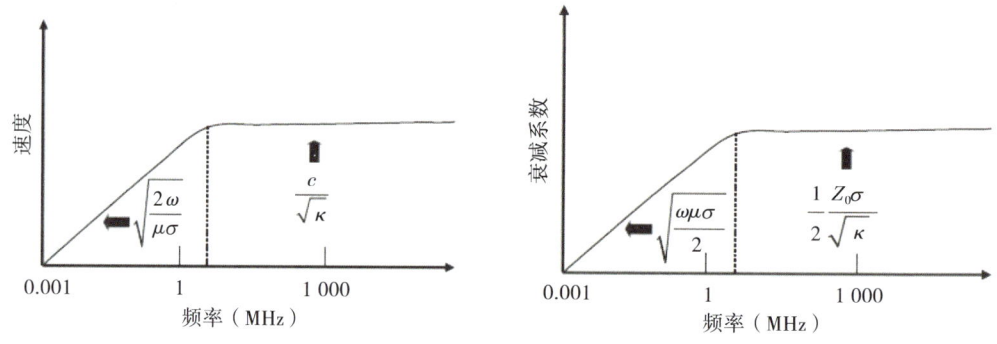

图 8-1　速度、衰减系数和频率的关系图

电磁波的性质基本都类似，在低频时电磁波的参数主要与角频率有关，高频时的参数则与频率无关（假设介电常数、电导率、磁导率都与频率无关）。对地质雷达来说主要关心的是高频时电磁波的参数。简单来说跃迁频率可以通过下式来计算：

$$f_t = \frac{\sigma}{2\pi\varepsilon} \qquad (8-1)$$

在超过跃迁频率的频段，所有频率的电磁波具有同样的传播速度和衰减系数。在无频散的介质中，脉冲信号的传播将不会对其波形造成影响。不考虑磁导率变化的情况下，速度、衰减系数和波阻抗可以通过下面的式子进行表达：

$$v = \frac{1}{\sqrt{\varepsilon \cdot \mu}} = \frac{c}{\sqrt{\kappa}} \quad\quad (8-2)$$

$$\alpha = \sqrt{\frac{\mu}{\varepsilon}} \cdot \frac{\sigma}{2} = Z_0 \cdot \frac{\sigma}{2\sqrt{\kappa}} \quad\quad (8-3)$$

$$Z = \sqrt{\frac{\mu}{\varepsilon}} = \frac{Z_0}{\sqrt{\kappa}} \quad\quad (8-4)$$

上式中默认磁导率都等于自由空间的磁导率，即 $\mu = \mu_0 = 1.25 \times 10^{-6}$ H/m；c 为光速；Z_0 为自由空间的波阻抗，即 $Z_0 = 377\Omega$。在钻孔地质雷达电磁波的传播中，随着频率的升高，衰减系数会逐渐增大。有两个原因导致了这种现象的发生。首先，随着频率的升高，水对能量的吸收能力会增强；其次，随着频率的升高，散射现象也会变得越来越严重。在实际情况中，波速的幅值一般在 0.08~0.15m/ns；衰减系数为 0.01~0.1dB/m 时视为低衰减，12~100dB/m 时视为高衰减；波阻抗的幅值一般为 100~150 Ω。

钻孔地质雷达主要通过接收反射波信号和透射波信号进行扫描探测。Fresnel 反射（透射）系数很好地描述了 EM 场中电磁波穿越两种介质的边界时是如何进行透射和反射的。传播方向的改变也符合 Snell 定律，即：

$$\frac{\sin\theta_1}{v_1} = \frac{\sin\theta_2}{v_2} \quad\quad (8-5)$$

式中：θ_1 为入射角，θ_2 为透射角。

当电磁波在介质 2 中传播的速度超过在介质 1 中传播的速度时，电磁波由介质 1 传播至介质 2 时，入射角在大于某临界角时会发生全反射现象。临界角的大小可以通过假定 $\theta_2 = 90°$ 来求取。临界角的概念在研究地质雷达响应中是较为重要的。电磁波矢量场可以分为两个独立的场：横向电场（TE）和横向磁场（TM）。入射波、反射波和透射波的能量可以通过下式来对其进行说明：

$$I + R \cdot I = T \cdot I \quad\quad (8-6)$$

式中：R 为反射系数，T 为透射系数，这两者可以通过 Snell 定律求出。

结合电磁场的边界条件，可以得知：

$$R_{\mathrm{TE}} = \frac{Y_1 \cdot \cos\theta_1 - Y_2 \cdot \cos\theta_2}{Y_1 \cdot \cos\theta_1 + Y_2 \cdot \cos\theta_2} \quad\quad (8-7)$$

$$R_{\mathrm{TM}} = \frac{Z_1 \cdot \cos\theta_1 - Z_2 \cdot \cos\theta_2}{Z_1 \cdot \cos\theta_1 + Z_2 \cdot \cos\theta_2} \quad\quad (8-8)$$

$$T_{\mathrm{TE}} = 1 + R_{\mathrm{TE}} \quad\quad (8-9)$$

$$T_{\mathrm{TM}} = 1 + R_{\mathrm{TM}} \quad\quad (8-10)$$

式中 Z_i 和 Y_i 分别为第 i 层介质的阻抗和导纳，θ_1 为入射角，θ_2 为透射角。当电磁波垂直入射时，TE 波和 TM 波就没有区别，而且 TE 波和 TM 波的反射系数也变得一样。

8.1.2 场源及响应特征

在钻孔地质雷达的实际使用中，场源是由有限大小的发射器激发，并且要保证能被接收器所接收，而钻孔地质雷达场源的表现形式为天线，天线的设计要满足以下几点：激发（接收）电流电压和电磁场分量之间的转换不随时间和空间而变化；连接激发电压和接收电压之间的电磁场矢量分量可以量化；天线的带宽必须满足系统的实际应用。目前的应用表明，最有效的钻孔地质雷达天线就是偶极子天线。

图 8-2 描述了偶极子天线辐射能量的示意图，能量均匀地分布在与偶极子轴垂直的平面上。图 8-3 中则描述了 TE 场和 TM 场的正交横截面。图中的辐射场是远场分量的显示图，近天线处的辐射场则更为复杂。

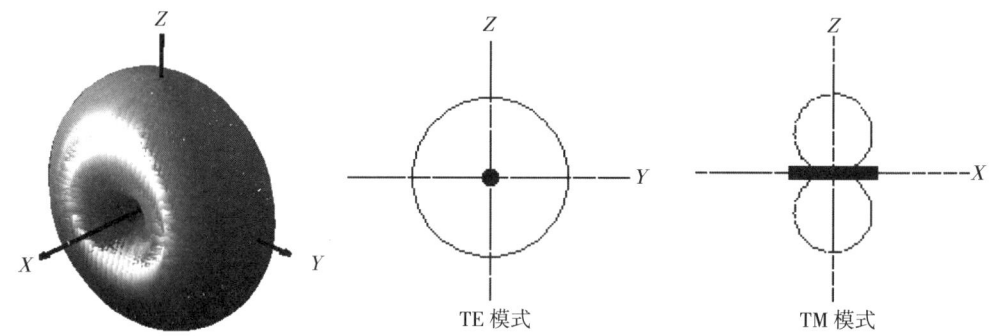

TE 模式　　　　　　　　TM 模式

图 8-2 偶极子天线的能量辐射示意图　　**图 8-3 偶极子天线辐射场中的 TE 场和 TM 场横截面**

沿着界面的任何一个场源激发点可以在几何上被局部视为以一个特定角度入射的平面波。在钻孔地质雷达的探测模式中，每个局部信号的反射和折射都满足 Snell 定律。入射波和反射波在空间中形成一个上行的球面波。在界面处，发射信号被分成两个部分，一个球面波和一个以特定角度入射的平面波。球面波则在界面附近形成一个空气中的衰减场。在距离场源较远的地方各种波场，由于空间和时间的分布不同，能够被清晰地划分出来；距离相对较近的地方波场的分离会很困难，但各种波场的概念还是存在的。

发射的电磁波信号在发射天线与接收天线之间的传播可以视为直线传播。图 8-4 为发射天线与接收天线之间各种波的路径示意图（以钻孔地质雷达单孔反射模式为例），A 为直达波、C 为折射波、R 为反射波、G 为接触面直达波。

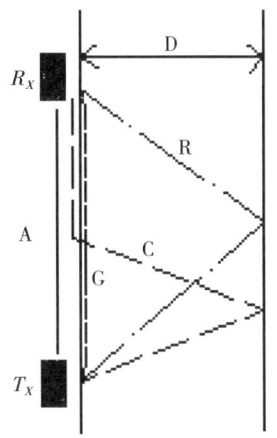

图 8-4　电磁波传播路径图

尽管钻孔地质雷达信号在时间域和频率域的采集手段有所不同，但最常用的还是在时间域采集的信号，是随时间的振幅变化。天线结构、采集系统本身的误差等因素会使信号失真；而大多数的问题集中在激励源脉冲的选取、接收器接收信号所产生的误差和天线以及其他结构对信号产生的影响。激励源激发一个持续时间为 W 的脉冲。理想状态下，在脉冲激发之后，系统的信号将会立刻消失，如图 8-5 所示。

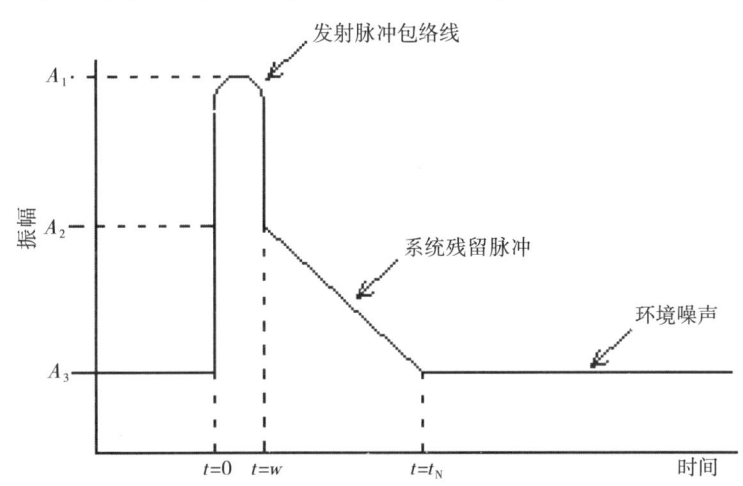

图 8-5　脉冲和噪声振幅分布图

实际的雷达系统中，电磁波在结束脉冲激发后仍然有短暂的反应，且这个反应脉冲能够被天线所发射和接收。在发射和接收时，信号在天线内部中传播的时间延迟也必须要考虑入内。此外，天线和主机以及其他结构之间需要用电线、电缆连接，这些附属结构内也会有感应电流存在，会造成一个有限时间延迟的再辐射场。

电磁波在结束脉冲激发后具有的短暂残留脉冲被称为系统的"振铃现象"。接收器在"振铃现象"发生时已经开始接收信号（图 8-6）。如果残留信号的强度比地质雷达响应信号弱，那么残留信号衰减比响应信号快时，系统能够接收时间 t_g 之后所有的信号；残留信号衰减比响应信号慢时，系统只能接收时间 t_{g1} 和 t_{g2} 之内的信号，如图 8-6（b）。如果残留脉冲信号比地质雷达响应信号要强，那么残留信号衰减比响应信号快时，系统能够接收时间 t_g 之后所有的信号，如图 8-6（c）所示；残留信号衰减比响应信号慢时，系统将会接收不到任何信号，如图 8-6（d）所示。

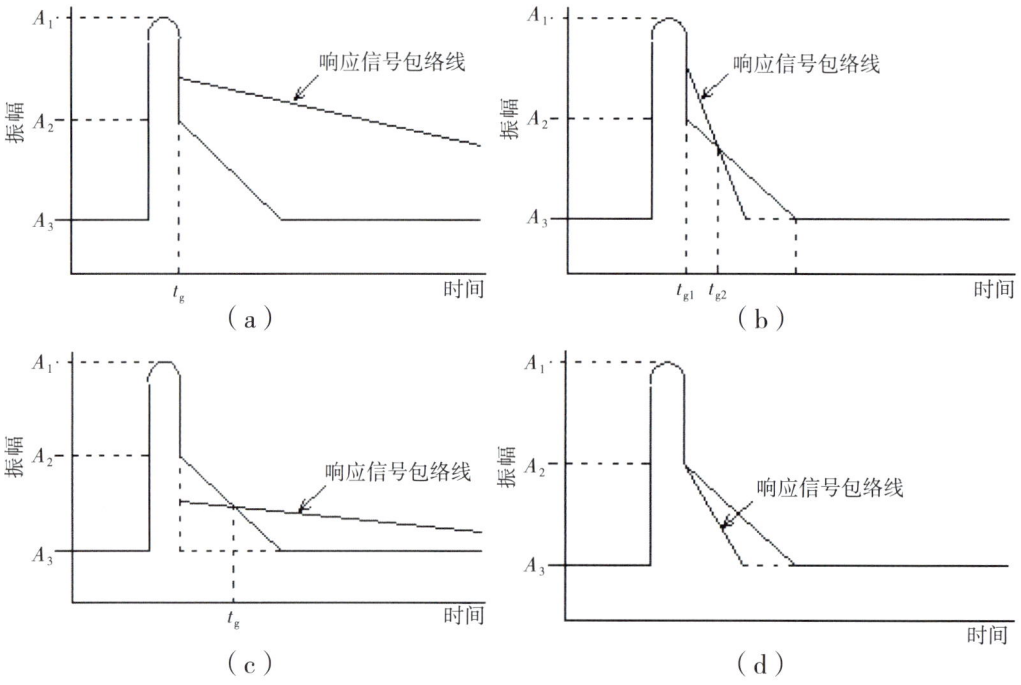

图 8-6　响应信号和振铃现象之间的关系

综上所述，系统残留的脉冲会在某段时间或者全部时间段掩盖掉真正的地质雷达响应。在某些情况下，残留脉冲可以被去除，地质雷达数据处理过程中的背景去除就是为了提高雷达的性能。

8.1.3　电磁波传播方程

钻孔地质雷达与普通地质雷达的基本原理是一致的，都是基于电磁波理论的应用。Maxwell 方程从数学上描述了电磁场的物理性质和介质的本构参数之间的关系，这两者又为定量描述地质雷达信号提供了理论基础。

1. Maxwell 方程组

电磁场的 Maxwell 方程组数学表达式为：

$$\nabla \times E = -\frac{\partial B}{\partial t} \tag{8-11}$$

$$\nabla \times H = j + \frac{\partial D}{\partial t} \tag{8-12}$$

$$\nabla \cdot B = 0 \tag{8-13}$$

$$\nabla \cdot D = \rho \tag{8-14}$$

∇ 为哈密顿微分算子；E 为电场强度，单位为 V/m；B 为磁感应强度，单位为 T；H 为磁场强度，单位为 A/m；j 为电流密度，单位为 A/m^2；D 为电位移，单位为 C/m^2；ρ 为电荷密度，单位为 C/m^3。

式（8–11）称为微分形式的法拉第电磁感应定律；式（8–12）称为安培电流环路定律，其中 $\frac{\partial D}{\partial t}$（由 Maxwell 引入）称为位移电流密度 J_d；式（8–13）为磁荷不存在定律；式（8–14）为电场高斯定理。

Maxwell 通过这几个公式简明扼要地总结了众多研究者的工作。通过这些公式，结合材料的电性参数可以推导出所有的经典电磁学理论公式（如电磁感应、无线电波、电阻率等）。

2. 本构方程

本构方程能够用来描述介质在电磁场的响应特征。对钻孔地质雷达而言，介质的电性参数和磁性参数是两个非常关键的参数。本构方程从宏观上描述了电磁场应用中电子、原子、分子是如何集体做出响应的。

$$J = \sigma E \tag{8-15}$$

$$D = \varepsilon E \tag{8-16}$$

$$B = \mu H \tag{8-17}$$

式中：σ 为电导率，单位为 S/m，电导率描述了电场中自由电荷的运动能力；ε 为介电常数，单位为 F/m，介电常数描述了电场中介质限制电荷进行位移的能力；μ 为磁导系数，单位为 H/m，磁导系数描述了磁场中原子和分子的磁矩响应能力。

以上三个参数都是张量，且都是非线性的。但是在几乎所有的地质雷达实际应用中，这些参数都被视为标量。虽然这种假设基本不符合实际情况，但是目前在雷达的实际应用中很少会考虑这些参数的复杂性。介质的电磁参数还和入射场有关，在入射场场强变化较慢时，电荷移动的速度也会较慢；入射场场强变化较快时，电荷移动的速度也会变快。因此式（8–15）应写为（仅以此为例）：

$$J(t) = \int_0^\infty \sigma(\beta) \cdot E(t - \beta) \, \mathrm{d}\beta \tag{8-18}$$

式（8–18）只能应用在色散介质的本构方程中。对于绝大多数的地质雷达应用来说，可以把介电常数、电导率、磁导率三个参数都看作标量，尤其前面两者较为重要。

对钻孔地质雷达来说，介电常数是一个非常重要的参数。一般来说，实际应用中都会使用一个叫"相对介电常数"的名词来对介电常数进行简化。相对介电常数等于介质的介电常数除以真空中的介电常数，为无量纲单位；真空中的介电常数为 $8.89 \times 10^{-12} \text{F/m}$。

3. 地质雷达方程导出

Maxwell 方程组概括了宏观电磁场的基本规律，它由两个旋度方程和两个散度方程构成，其中两个旋度方程是最基本的。将两个旋度方程进行变化得到如下形式：

$$\nabla \times E = -\mu \frac{\partial H}{\partial t} - \sigma_{\mathrm{m}} H \tag{8-19}$$

$$\nabla \times H = \varepsilon \frac{\partial E}{\partial t} - \sigma_{\mathrm{e}} E \tag{8-20}$$

其中 σ_{m} 为方程导磁率，单位为 Ω / m。引进这个参数的目的是使方程具有对称性。在直角坐标系中，E、H 分别为具有三个方向的矢量，将式（8-19）和式（8-20）展开就可以得到电磁场六个分量的方程。

$$\sigma E_x + \varepsilon \frac{\partial E_x}{\partial t} = \frac{\partial H_z}{\partial y} - \frac{\partial H_y}{\partial z} \tag{8-21}$$

$$\sigma E_y + \varepsilon \frac{\partial E_y}{\partial t} = \frac{\partial H_x}{\partial z} - \frac{\partial H_z}{\partial x} \tag{8-22}$$

$$\sigma E_z + \varepsilon \frac{\partial E_z}{\partial t} = \frac{\partial H_y}{\partial x} - \frac{\partial H_x}{\partial y} \tag{8-23}$$

$$-\sigma_{\mathrm{m}} H_x - \mu \frac{\partial H_x}{\partial t} = \frac{\partial E_z}{\partial y} - \frac{\partial E_y}{\partial z} \tag{8-24}$$

$$-\sigma_{\mathrm{m}} H_y - \mu \frac{\partial H_y}{\partial t} = \frac{\partial E_x}{\partial z} - \frac{\partial E_z}{\partial x} \tag{8-25}$$

$$-\sigma_{\mathrm{m}} H_z - \mu \frac{\partial H_z}{\partial t} = \frac{\partial E_y}{\partial x} - \frac{\partial E_x}{\partial y} \tag{8-26}$$

考虑在二维的情况下，式（8-21）～式（8-26）可以分为两个互相独立的方程组，其中一组只有 E_z 分量，这类电磁波通常称为 TM 波；另一组则只有 H_z 分量，这类电磁波通常称为 TE 波。将式（8-21）～式（8-26）进行分解，可以得到如下结论。

TM 波：

$$\begin{cases} \sigma E_z + \varepsilon \dfrac{\partial E_z}{\partial t} = \dfrac{\partial H_y}{\partial x} - \dfrac{\partial H_x}{\partial y} \\[2mm] -\sigma_{\mathrm{m}} H_x - \mu \dfrac{\partial H_x}{\partial t} = \dfrac{\partial E_z}{\partial y} \\[2mm] \sigma_{\mathrm{m}} H_y + \mu \dfrac{\partial H_y}{\partial t} = \dfrac{\partial E_z}{\partial x} \end{cases} \quad (8\text{-}27)$$

TE 波：

$$\begin{cases} -\sigma_{\mathrm{m}} H_z - \mu \dfrac{\partial H_z}{\partial t} = \dfrac{\partial E_y}{\partial x} - \dfrac{\partial E_x}{\partial y} \\[2mm] \sigma E_x + \varepsilon \dfrac{\partial E_x}{\partial t} = \dfrac{\partial H_z}{\partial y} \\[2mm] \sigma E_y + \varepsilon \dfrac{\partial E_y}{\partial t} = -\dfrac{\partial H_z}{\partial x} \end{cases} \quad (8\text{-}28)$$

8.2　工作方法

想正确使用钻孔地质雷达，必须首先要了解其使用方法。面对不同的目标地质体，需要选用合适的探测方式才能得到想要的数据。采集数据时应选用什么样的参数，数据处理时应采用什么样的流程，这些都是使用时应该注意的问题。

8.2.1　数据采集

当要对一个目标体或者多个目标体进行探测时，需要考虑目标体的埋深以及目标体的大小，也即是说要选择合适的探测深度以及合适的分辨率。影响地质雷达探测深度与分辨率的因素有很多，主要包括雷达的性能、天线的主频率、工程的设计参数等。因此，要选择合适的天线主频率。同样需要注意的还有时窗、采样率和测点间距。以下分别对这几种参数进行讨论。

1. 探测距离

电磁波在传播的过程中会衰减，反射信号如太过微弱，地质雷达的接收天线也不能辨认。所以接收天线所接收的反射波是从一定距离内反射回来的，该距离就是地质雷达的探测距离。评价一套雷达系统工作效率的高低，一个重要的参数就是雷达系统的品质因子，在雷达系统中，其品质因子被定义为接收天线能够被接收的最小回波信号功率与由发射源送入发射天线的功率的比值。

$$Q = 10\lg\left(\frac{\xi_{T_x} \cdot \xi_{R_x} \cdot G_{T_x} \cdot G_{R_x} \cdot v^2 \cdot g\sigma \cdot e^{-4\alpha L}}{64\pi^2 f^2 L^4}\right) \qquad (8\text{--}29)$$

式（8-29）即为雷达的测距公式，式中 ξ_{T_x} 为发射天线效率，ξ_{R_x} 为接收天线效率；G_{T_x} 为发射天线方向增益，G_{R_x} 为接收天线方向增益；g 表示目标体的反向增益；σ 表示目标体的散射截面积；v 为电磁波在地下介质中的传播速度；α 为地下介质的衰减系数；L 为从发射天线到探测目标体的距离；f 为天线中心频率。

将式（8-29）展开重组成如下形式：

$$40\lg L + 2AL - 10\lg\left(\frac{v^2 g\sigma}{f^2}\right) = 10\lg\left(\frac{\xi_{T_x}\xi_{R_x}G_{T_x}G_{R_x}}{64\pi^2}\right) - Q \qquad (8\text{--}30)$$

式中 A 表示地下介质的衰减因子（dB/m）：

$$A = 20\lg e^{-\alpha} \approx 8.69\alpha \qquad (8\text{--}31)$$

式（8-30）清楚地反映出雷达的探测距离依赖于雷达系统、目标体及地下介质的电性参数。一旦用户选用了某种类型的雷达系统，则式（8-30）中的部分参数，如 ξ_{T_x}、ξ_{R_x}、G_{T_x}、G_{R_x} 等就已经确定。因此，在实际工程中，对雷达系统测深最主要的影响因素是目标体的反向增益 g、有效的散射截面积 σ、衰减系数 α 与天线频率 f。

因为各种介质的相对介电常数不尽相同，电导率也不尽相同，电磁波的衰减系数也因介质性质的差异而不同，所以电磁波在不同的介质中传播时能量衰减速度也是不同的。因此，目标介质的电性参数也是影响钻孔地质雷达探测距离的另一个主要因素。

2. 分辨率

分辨率是指将两个靠得很近的异常体区分开的能力，也就是分辨最小异常体的能力。一般来说，从钻孔中往四周看，目标地质体都有垂向长度和横向长度，因此也就有了纵向分辨率和横向分辨率之分。

（1）纵向分辨率

假设从钻孔中向周围激发脉冲响应，那么在探测目标体的左边界和右边界都会形成反射波，接收天线则会接收这两个脉冲。如果目标体的左边界和右边界距离较小，则接收天线接收的两个脉冲会产生重叠，以致区分不出。如果目标体的左右边界距离较大，则接收天线所接收的两个脉冲不会重叠或者只有少部分会产生重叠，能够被区分出来。称这段能区分得开的最小距离为纵向分辨率。从形式上看，钻孔地质雷达的纵向分辨率就相当于普通地质雷达的横向分辨率，但大小不同。

对于离散的垂直反射平面，瑞雷定义分辨率极限是 $\frac{\lambda}{4}$，怀特定义分辨率极限是 $\frac{\lambda}{8}$。这里并没有考虑到噪声的影响，但其实噪声的大小对分辨率是有比较大的影响，且实际工作中都是存在噪声的。所以用讯号功率谱与噪声功率谱的比值 S^2/N^2 来表示分辨率。但是在实际工作中，离散的垂直反射平面的纵向分辨率大约为 $\frac{\lambda}{2}$ 左右。因此，钻孔地质雷达的纵向分辨率近似于

$$\frac{C}{2f\sqrt{\varepsilon_r}} = \frac{\lambda}{2} \tag{8-32}$$

其中 C 为真空中雷达波的波速，ε_r 为地下介质的介电常数。

（2）横向分辨率

由横向分辨率的字面意义也能得知，横向分辨率即指能分辨的最小横向长度。同上节所述，从形式上看钻孔地质雷达的横向分辨率就相当于普通地质雷达的纵向分辨率，但大小不同。如果把纵向分辨率定义为时间分辨率，那么，就可以定义横向分辨率为空间分辨率。由波动理论知道，当入射波前到达界面上形成反射波时，它们是以干涉的形式形成能量累加或者衰减的带状分布的。根据 R.E.Sheriff 的理论，认为从菲涅尔带面积上反射回来的波相差不应超过波长，与之相关的菲涅尔带直径是：

$$F_s = 2\sqrt{(Z+\frac{\lambda}{4})^2 - Z^2} = 2\sqrt{(\frac{\lambda^2}{2} + \frac{\lambda^2}{16})} \approx \sqrt{2\lambda Z} \approx V\sqrt{t\Delta t} \tag{8-33}$$

其中 Z 为目标深度。

A.J.Berkout 认为，从菲涅尔带面积上反射回来的波相差不应超过波长，即：

$$F_B = 2\sqrt{(Z+\frac{\lambda}{8})^2 - Z^2} \approx \sqrt{\lambda Z} \approx V\sqrt{\frac{t\Delta t}{2}} \tag{8-34}$$

可见横向分辨率与目标体的埋深和脉冲波长的乘积成正比。选取纵向分辨率和横向分辨率时应注意，钻孔地质雷达中分辨率的方向和普通地质雷达的分辨率的方向有很大的差别。

（3）天线中心频率

天线中心频率影响了雷达的探测深度以及分辨率的高低。因此目标地质体的埋深、体积大小也决定了天线中心频率的选择。一般情况下，如果天线中心频率满足了探测的分辨率要求，应该在这些天线中选择频率较低的来使用。如果要求的分辨率为 x（单位为 m），围岩的相对介电常数为 ε_r，则根据李大心编著的《探地雷达方法与应用》，天线中心频率（单位为 MHz）可由下式初步

选定：

$$f > \frac{150}{x\sqrt{\varepsilon_r}}$$ （8-35）

通过式（8-35）计算出初选天线中心频率，再计算出雷达的探测深度。

（4）时窗

根据李大心编著的《探地雷达方法与应用》，时窗 W（单位为 ns）可由下式估算：

$$W = 1.3\frac{2h_{\max}}{v}$$ （8-36）

式（8-36）中 $h_{\max}$ 为雷达的最大探测深度，v 为地下介质的电磁波速度。因为地下介质的电磁波速度值并不是一个定值，而是随着介质电性参数变化而变化着的，考虑到电磁波速度变化所带来的影响，时窗的选用值需要增加 30%。

（5）采样率

由 Nyquist 采样定律可以得知，采样率应至少达到信号最高频率的 2 倍以上。对于大部分地质雷达来说，频带基本等于中心频率，也就是说发射脉冲能量的频率介于 0.5~1.5 倍中心频率。按照 Nyquist 定律，则采样率至少要达到 3 倍的天线中心频率以上，为了使采集到的波形不失真，Annan 建议采样率为天线中心频率的 6 倍。当天线中心频率为 f，则采样率 Δt 为：

$$\Delta t = \frac{1000}{6f}$$ （8-37）

（6）测点间距

测点间距的大小取决于天线中心频率的大小与介质相对介电常数的大小。为确保探测的目标地质体响应在空间上能够被区分出来，测点间距的选择也应遵循 Nyquist 定律。根据李大心编著的《探地雷达方法与应用》，采样间隔 n_x 应为：

$$n_x = \frac{75}{f\sqrt{\varepsilon_r}}$$ （8-38）

式中：f 为天线中心频率，单位为 MHz；ε_r 是介质的相对介电常数。

当介质横向性质变化较小时，为了提高工作效率，可以适当放宽测点间距。

8.2.2 数据处理

1. 单孔数据处理

在野外采集的钻孔地质雷达原始数据中往往包含有大量的干扰信号，不能通过相关软件直接生成雷达剖面进行地质解译。所以还必须做一些数据处理，压制随机干扰等噪声，为合理而准确地对雷达剖面进行地质解译提供更为可靠的数据。

目前来说，在雷达的数据处理方面主要分为以下几种方式：预处理、滤波、反褶积、振幅处理和偏移等处理方式，如图 8-7 所示。

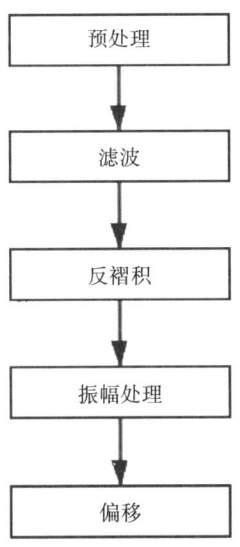

图 8-7　雷达数据处理示意图

预处理并不是指单一的步骤，而是数据处理前期工作的总称。首先要解决的就是原始数据的读取问题。一般来说，不同型号商业雷达的数据存储格式是不同的，如 GSSI 雷达的数据存储格式是 DZT，RAMAC 雷达的数据存储格式是 RD。当然，也可以采用雷达系统自带的处理软件来对数据进行读取，然后再做数据坐标的校正等工作。

滤波可分为时间域滤波和频率域滤波。频率域滤波又分为高通滤波、低通滤波和带通滤波。顾名思义，高通滤波是指滤去低频干扰信号，低通滤波是指滤去高频干扰信号，带通滤波则是滤去指定频率范围以外的低频和高频干扰信号。当然，还有很多其他比较常用的滤波方法，如 F-K 滤波。

反褶积就是利用一个反子波与雷达信号进行褶积运算，然后得到雷达波的反射系数序列。反褶积可以消除多次波的干扰，能够增强有效信号。

雷达波在地下介质中传播时，随着传播深度的增加，信号能量产生衰减，振幅减弱。这样就会发生浅部信号强、深部信号弱的情况。通过压缩信号强的波振幅，增强信号弱的波振幅，把振幅总体控制在一定的范围内，以便能更加清晰地对雷达剖面进行分辨、解译。

根据时距曲线知道，雷达时间剖面中的反射点并不一定都在其原来的物理位置，而是产生了一定距离的偏移。因此，在数据处理时，需要对雷达剖面进行偏移归位处理，使雷达剖面能反映地下结构的真实物理位置。

2. 跨孔雷达数据处理

对跨孔雷达的数据处理一般采用层析成像。这里，以速度层析成像为例进行说明，其步骤主要为：

（1）首先做滤波处理，压制随机噪声等干扰，滤波的方法和单孔反射数据处理中的滤波方法基本类似；

（2）采用自带软件对数据进行自动处理，提取出直达波的旅行时间；

（3）通过直达波的旅行时间，采用各种方法（一般为迭代法，如 SIRT、共轭 CG 法等）求取出各像素中的速度；

（4）生成速度层析图像。

当然，跨孔雷达数据也可用来做衰减系数层析成像，过程与速度层析成像的过程类似，只不过是通过波的振幅大小来求取介质的衰减系数，计算时也是通过迭代计算方法，直至计算出的解趋于稳定。

8.2.3　数据解译

1. 单孔反射数据资料解译

对雷达剖面进行解译也即是探测的目的——评价地下介质的结构，而解译的基础就是提取出雷达波组的反射层。如果地下介质存在差异，就可以在雷达剖面中找出反射组与之相对应。

把不同道上同一反射波的同一相位连接起来的连线称为同相轴，可以通过同相轴的连续性来判别地下介质的结构分布。当地下存在断层、破碎带等结构时，在雷达时间剖面上往往会发生同相轴错断现象；当地下存在裂缝等结构时，在雷达时间剖面上往往会发生同相轴缺失现象；当地下结构完整时，雷达时间剖面上的同相轴往往连续性较好。此外，还可以通过反射波的波形、振幅等来进行判断。地下结构越破碎，波形越复杂，振幅变化越大。

对雷达剖面的解译不能仅仅是依靠同相轴和反射波形等特征来进行，还应该结合地质调查、钻探以及其他相关资料等，建立起一个综合体系，才能使资料的解译更加准确。

2. 跨孔雷达数据资料解译

与单孔反射数据的资料解译相比，跨孔雷达数据的资料解译相对比较简单。只需要根据速度层析图像或者衰减系数层析图像进行判别即可。

只做速度层析成像时，这时的解译即是判断速度的异常区，也就是高速的异常区或者低速的异常区。电磁波传播速度较大的区域往往是无充填的溶洞或者溶蚀裂隙等，因为电磁波在空气中传播速度最大；电磁波传播速度较小的区域往往是含水的区域，因为电磁波在水中传播速度最小。做速度层析成像时，一般都只是用直达波的旅行时进行层析成像。但是这种情况下，对于探测区域的四周部分，射线的密度明显不够，层析图像中这部分区域的分辨率自然也相对较低。

只做衰减系数层析成像时，这时的解译就是判别衰减系数的异常区，也即是高衰减系数的异常区或者低衰减系数的异常区。高衰减系数的区域往往是节理裂隙较发育、岩石较破碎的地区；低衰减系数的区域往往是岩石较完整的地区。

较为合理的办法就是两种层析图像联合进行解译，这样对异常区的解译自然就会变得更为合理。如果确实是只做了速度层析成像或者衰减系数层析成像，那么最好的办法就是和单孔反射数据的资料解译联合起来对地下介质的结构进行判别，这样才会更加准确。

第9章 地质钻探与孔内测试

9.1 深埋越岭隧道钻探

地质岩芯钻探是直接获取地下实物样品的唯一技术方法，也是验证地质认识和地球物理探测成果的最直观的勘探手段。

深埋越岭隧道钻探不同于一般的地质钻探及常规的工程钻探，具有如下特点：一是钻孔深度大，孔内测试内容繁杂，一孔多用，对钻孔结构需要进行专门设计；二是对钻孔孔径及护壁措施要求严格，必须满足水文地质测试、综合测井、地应力测量的要求；三是必须采取全孔取芯；四是完成勘探目的后必须封孔。以下介绍三种适用于深埋越岭隧道的钻探方法。

9.1.1 绳索取芯钻探

绳索取芯钻探是一种不提钻取岩芯或提钻次数很少的钻探方法，其操作上的优点是取岩芯时不需要提出钻孔内的全部钻杆，而是采用带钢丝绳的专用打捞器，通过钻杆中心孔将装有岩芯的孔底内管提至地面获得岩芯，从而减少上下钻次数和升降钻具的辅助时间，提高了钻进效率。其特点是"三高、一低"，即钻速高，采取率高，对钻机性能、钻杆连接强度、钻具配合精度及操作人员的技术水平等要求高，工人劳动强度低。

绳索取芯钻探可根据地层情况、孔深及设计要求确定适宜的开孔口径和孔径级配。在覆盖层钻进时，采用硬质合金钻头跟管钻进，遇完整基岩时采用金刚石钻头钻进。

基本工艺过程：地表组配钻具—检查卡簧、卡簧座和钻头内径的配合—下钻—送水冲孔—下入内管总成—钻进—卡断岩芯—下入打捞器打捞内管总成—提出内管总成—取岩芯—检查内管总成—下入内管总成—继续钻进。

深埋越岭隧道的钻孔通常较深，预防钻孔发生偏斜是一项重要的技术工作，常用措施如下：

（1）钻机安装要水平、牢固，地基要平整、坚实，方位角及倾角要符合设计要求，开孔钻进时，要经常检查天车中轴线与孔口中心线是否一致；

（2）开孔孔段钻进，机上钻杆不宜过长，应尽量减少钻具的摆动对钻孔孔口的影响；

（3）随钻进深度的增加，应加大岩芯管（内管）的长度，一般可以增加到6~12 m；

（4）钻进过程遇破碎层、松散层时，杜绝使用过大钻压和转速，钻进速度要控制在一定的范围内，必要时要减压钻进，防止钻具走偏；

（5）注意钻进过程中换层，无论地层由软变硬还是由硬变软，或者是由完整变破碎、由破碎变完整，均按要求减压、减速钻进，一旦换层，要把钻头适当提起一定高度，反复钻扫，通过上部孔径的导正，使钻头遇新的岩层界面时，保持钻孔不因地层变化发生偏斜；

（6）现场加强技术管理工作，对遇到的问题要及时进行分析研究，对钻进过程中每隔一定距离进行测斜。

使用传统钻进技术在复杂地层(煤层、破碎地层等)钻进时，为了维持孔壁稳定性，需要以泥浆或者以清水作为钻进时的循环冲洗介质。当使用清水作为循环冲洗介质，钻进遇孔壁坍塌或掉块时，为维持孔壁的稳定性，只能使用水泥封孔后再钻进，这样就会造成钻进效率下降。而采用绳索取芯钻探技术钻进时，由于取芯钻杆与孔壁的环状间隙很小（2 mm），取芯钻杆对孔壁的扰动较小，能较好地维持孔壁的稳定性，顺利钻进。另外采用绳索取芯钻探时以无固相泥浆（聚丙烯酰胺液）作为钻进时的循环冲洗液，由于聚丙烯酰胺的分子链很长，因此也有利于保持孔壁的稳定。此外，若使用泥浆护壁，钻进会影响孔内水文地质试验的准确性。而采用绳索取芯钻探技术钻进时不仅能维持孔壁的稳定性，而且使用无固相泥浆（聚丙烯酰胺液）作为钻进时的循环冲洗介质，能极大地降低对孔内水文地质试验准确性的影响。

9.1.2 水平定向钻探

目前，地表垂直孔勘探仍然是国内深埋越岭隧道勘察中普遍采用的方法。垂直勘探孔用于真实反映隧道穿越区的围岩地质特性的信息量不大，也就是有效钻探进尺占总进尺的比例低。遇陡倾岩层时，揭示的地质信息单一。导致沿隧道设计轴线的勘察精度低，围岩工程地质情况不明，设计与实际地质情况有一定差距，甚至严重不符，隧道建设和安全运营风险大。

随着我国"西部大开发"及"交通强国"战略的实施，深埋越岭隧道的长度及埋深在不断刷新纪录。在这些隧道所处区域勘察通常存在如下困难：一是地形复杂，山高谷深，地势起伏剧烈，交通条件极差，设备无法运输到位；二是高寒缺氧，工作环境差；三是生态脆弱，环境保护要求高。从而导致竖向深孔勘探无法实施。采用超深水平定向钻探技术能够克服地形困难，减少搬迁，保护生态，同时弥补陡倾岩层竖向钻探技术的缺点，将过去垂直"点"勘察优化为"线"勘察。若采用水平定向钻探技术，可在隧道旁山段、沟谷内布设水平孔钻至隧道洞身附近，并沿隧道设计轴线进行延伸，能够直接查明隧道洞身地质情况，提高勘察效率，为隧道设计与施工提供可靠的地质资料。

水平孔定向钻探与垂直孔相比，水平孔钻进施工难度更大，体现在以下方面：水平孔钻进时，钻具重力方向与钻进方向呈90°，易产生孔斜；水平钻孔只能由钻机通过钻杆向钻头施加钻压，钻杆受力大，易产生弯曲；冲洗液排除岩粉不利，易在钻孔下部形成岩屑床，钻机的回转扭矩和给进力大，长水平孔钻进时钻压不足；钻孔稳定性差，卡、埋钻具事故率高；钻具运动形式复杂，钻杆折断事故率高。水平孔钻探中，因钻杆承受的扭矩和给进力过大、排除岩粉不利、易孔斜，常造成钻杆屈曲、磨损过快、疲劳断裂等问题。目前取芯技术主要有两种：绳索取芯和提钻取芯。绳索取芯钻探技术因效率高在地质岩芯钻探行业内广泛应用，但是受我国现有管材规格及材质、加工精度及热处理水平、钻探设备状况、钻探工艺水平等实际情况控制，采用绳索取芯技术完成的水平孔钻探深度总体较浅。

定向钻进技术是指为满足地质勘探目的，采用一定的技术手段，使井身沿着预先设定的方位和井斜角钻达目的层的钻进方法。定向钻进技术目前已广泛应用于石油与天然气、煤矿和固体矿产的勘探开发等领域。近年来，定向钻进技术逐步扩大到深埋长大隧道勘察中。

水平定向钻探技术将定向钻进技术与钻探取芯技术相结合，辅以随钻测量技术、综合测井技术，对隧道围岩的岩性变化、破碎带分布、构造、岩溶、地下水、温度变化、有毒有害气体等进行探查，是目前查明沿隧道设计轴线围岩工程地质情况的有效方法。主要包括钻进技术、取芯技术、钻孔轨迹控制技术、随钻测量技术、随钻测井技术、综合测井技术等核心技术。

采用绳索取芯钻探工艺进行水平孔施工，其核心技术是解决定向钻进在造斜钻进时不能取芯的缺陷，攻克定向造斜取芯技术难题，在对钻孔轨迹进行高精度控制的同时进行连续取芯。水平孔绳索取芯定向钻探是一种不提钻全孔取芯方法，只要钻头没有达到使用寿命，就可以连续钻进，有效减少取芯时提、下钻具的时间，增加有效钻进时间，提高钻进效率，同时具有防孔内掉块的优点，且钻杆和孔壁之间间隙较小，改善了钻杆的受力状态，钻杆不容易折断，避免钻杆断裂等孔内事故的发生，减轻劳动强度，降低钻探成本。水平定向钻探优点主要体现在以下几个方面：

（1）可避免人为的、大量布置的垂直勘察孔，由于封堵效果差对后期隧道施工带来的突水、涌水风险；

（2）采用钻孔轨迹控制技术，可沿隧道设计轴线一定范围内进行钻探，提高勘察精度，将垂直孔"点"勘察，优化为水平孔"线"勘察；

（3）采用多工艺复合钻进技术，可进行长距离水平钻探，其装备受地形和隧道埋深的影响相对于垂直孔要小，一次成孔即可获取隧道洞身范围的地质信息，钻孔利用率高；

（4）采用取芯技术，可进行连续或间断取芯，可对节理、构造发育情况进行精确刻画，对岩芯进行基本物理测试后可详细分析隧道沿线岩性的物理特性，为隧道围岩分级提供确切的岩性参数；

（5）采用随钻探测技术，可对钻进过程中的工程参数进行实时监测，建立钻进参数与围岩的关联模型，同时可实时获取孔内的温度、水压力、有害气体等参数，为隧道掘进施工提供数据支撑；

（6）适用于陡倾岩层及断裂，克服了垂直钻孔揭示地质信息单一的缺点。

据文献资料，我国已研制了适用于越岭隧道的超长水平绳索取芯钻进技术与装备研发，创新了水平绳索取芯钻进技术体系，并在川藏铁路进行应用，完成了多个千米以上的超长水平钻孔，最长纪录为 1 888.88 m，效果良好，具有广泛的推广应用价值。

9.1.3 空气潜孔锤钻探

水文地质钻探采用空气潜孔锤＋孔内电视复合法，通过监测空气潜孔锤在水文地质钻探过程中出水的流量的变化，来确定地下水含水层的厚度，快速准确区分含水层与隔水层。

空气潜孔锤钻探工艺采用空气作为循环介质，如吹出的是干粉可判断是隔水层，吹出来的是水或泥浆则可判断是含水层，如图 9-1 所示，到第二个隔水层时，吹出水量则会保持不变，通过这个原理能识别含水层和隔水层的位置和厚度。

（a）隔水层钻探　　　　　　　　　（b）含水层钻探

图 9-1　空气潜孔锤水文钻探

进行钻探前，在钻孔附近开挖水渠，并在钻孔附近及水渠中铺设防渗膜，尽可能使钻井过程中喷出的地下水集中排泄到水渠中。在水渠下游设置三角堰板或矩形堰。在堰板上游安放在线监测仪器记录水位及电导率变化。连续监测空气潜孔锤施工吹出的水量变化，绘制变化过程与施工深度关系曲线，结合孔内电视成果对水文与工程地质结构进行分析，从而获取更准确的水文地质参数。

9.2 孔内摄像

钻孔全孔壁数字成像系统由井下摄像探头、传输电缆、深度传感器、控制器、计算机图像处理系统、井口滑轮等硬件及钻孔孔壁图像采集、编辑与解译软件系统等组成。

钻孔全孔壁数字成像系统采用反光锥镜摄取 360°孔壁图像，由计算机对图像进行采集处理，形成连续的全孔壁展开图像。在垂直孔中，孔壁图像的展开是按 N→E→S→W→N 顺序展开的，每一幅图像都从 N 开始展开，以保证图像方位的拼接。图像的纵向连接是按深度顺序拼接的，拼接精度为毫米，图像清晰，不遗漏全孔壁图像信息，整个钻孔孔壁一目了然。内业对记录的全孔壁数字图像进行编辑、拼接等处理，并进行测量、解译、标注绘图等工作。还可以将展开图像进行卷积形成钻孔岩芯柱状图旋转观察，如图 9-2 所示。

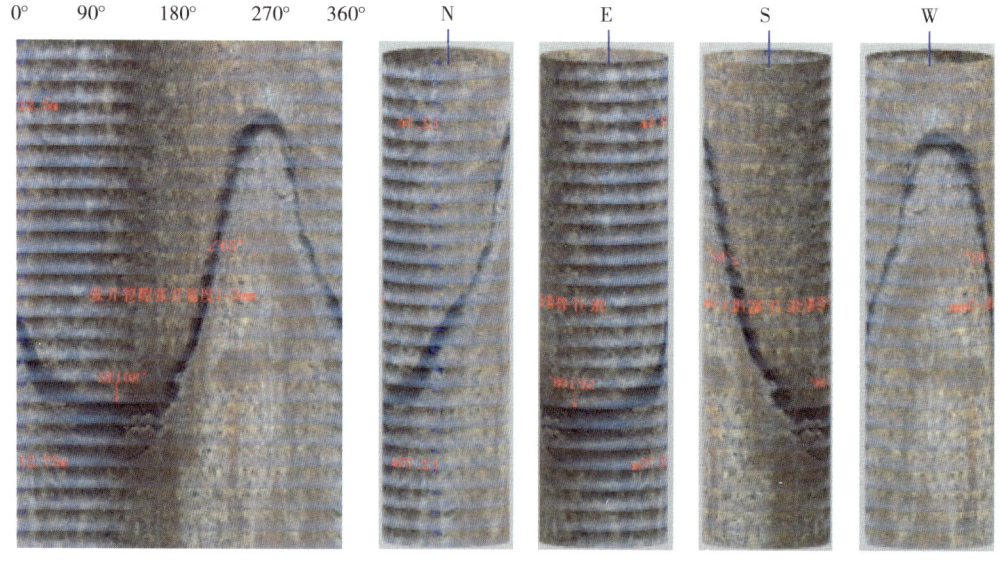

（a）全孔壁展开图　　　　　　（b）还原钻孔岩芯柱状图

图 9-2　孔内摄像成果图

孔内摄像作业对钻孔有如下要求：

（1）钻孔的孔径不能小于摄像探头的直径；

（2）钻孔一般为垂直孔，钻孔的斜率应控制在一定范围内，斜率直接对摄像的效果产生影响；斜率的大小一般根据孔深的大小来控制，孔深越大，钻孔的斜率就应控制得越小；

（3）由于孔内摄像技术是通过摄像头直接对孔壁的直接拍摄成像。因此孔内摄像技术对孔内环境要求较高，要求孔内无水或者孔内的水透明度高，且孔壁不能有附着物。

高清数字钻孔电视系统的垂直方向分辨率为 0.1mm，方位角分辨率为 5 000pix/360°，深度计数精度为 0.1mm。利用连续的孔壁数字图像并对照岩芯鉴定成果，即可确切查明孔内结构面位置、产状、张开程度，充填物性状或构造岩体特征及岩性等全方位的信息。

在隧道钻探深孔进行孔内摄像，可以直观地观测到孔壁地层的细微特征，特别是可以准确地获取深部隧道围岩中结构面的特征，从而为围岩稳定性分析提供可靠依据。

9.3　综合测井

在深埋越岭隧道勘察中，深孔钻探成本高、工期长，对隧道勘察而言，钻孔的作用不可替代，非常宝贵。为最大程度地发挥深孔的作用，获取尽可能丰富的信息，综合测井技术在深埋越岭隧道勘察中得到了普遍应用。

常用的地球物理测井方法包括：声波测井、视电阻率测井、自然电位测井、井温测井、井斜测井、自然伽马测井等。

（1）声波测井

声波测井是通过测量井内一定间隔地层上的声波传播时间（速度）来确定岩层性质。声波在岩层中的传播速度主要取决于岩石的密度、节理裂隙的发育程度等因素。根据声波实测值并结合曲线可以详细准确地区分岩性，划分地层剖面，确定各地层声波速度相对幅值，区分低速带，推测岩体的完整性程度。值得注意的是，一般各地层的声波速度值大于其纵波波速值。通常将声波速度乘以 0.85 的折减系数作为隧道围岩弹性波分级速度采用值。

（2）视电阻率测井

视电阻率测井是基于不同岩层间的电阻率差异（即矿物和岩石的导电性的物理学基础）区分岩性，配合其他测井曲线划分岩层界面，确定岩层的电阻率，划分咸水与淡水分界线，确定地下水的矿化度等。

（3）自然电位测井

自然电位测井是基于岩石的电化学活动性质，即测量岩层或矿体在天然条件下产生的电场电位（自然电位）变化的一种测井方法。在离子导电的岩层上可以观测到主要由扩散和吸附作用产生的自然电位，在不同的岩层上有着不同的数值，配合其他测井曲线，可划分含水层与隔水层界面。

（4）井温测井

井温测井是测量钻井内温度（通常是井液温度）及其沿井轴或井周的空间分布特征，是基础地学研究中获得深部地温梯度并计算地热流值的重要手段，是勘察设计或安全措施所需地下温度资料的重要来源，也被用来划分含水层的位置和分析地下水补给关系。

（5）井斜测井

井斜测井是测量井轴偏离垂直方向（铅垂轴）的角度（称为倾角或顶角）以及井轴在水平面上的投影与磁北方向之间的夹角（称为方位角）。终孔井斜资料用于计算岩层的真厚度。

（6）自然伽马测井

自然伽马测井是沿井身测量岩层的天然伽马射线强度。通过利用该技术能划分岩性、地质年代及定性地判断岩层的渗透性。

钻孔内综合地球物理测井（即综合测井）工作的优势主要体现在以下几个方面：

（1）综合测井可准确地划分出地质剖面及软弱层、破碎带等不良地质区域，有效地确定含水层的位置、地下水运动方向及其温度变化情况，查明隧道洞身附近有无高放射性异常情况和高地热异常情况，为隧道勘察和设计提供所需的基础参数；

（2）综合测井成果可以用来校正地面物探方法（如大地电磁测深法、地震折射波法等）的解译成果，从而提高工程物探的精度；

（3）验证补充钻探资料，弥补钻探取芯采取率达不到要求的缺陷。

由于综合测井具有施工效率高、成果精细及结果准确等特点，目前在隧道勘察中得到了广泛的应用。

第 10 章　隧道超前地质预报

10.1　隧道地质预报的主要内容

隧道地质预报从内容上可分为主要地质条件预报和施工地质灾害预报两大类。

隧道主要地质条件包括地层岩性、褶皱、断层、岩脉、破碎带、长大节理、地下水状况、地应力状况、岩性和围岩类别等。主要地质条件预报的重点是断层、岩脉、破碎带、溶洞、暗河、煤系地层，以及其他不良地质体在掌子面前方的出露位置和对施工的影响。目前，隧道主要地质条件预报的方法总体上可以分为地质分析法、现场测试法、地球物理方法和数值模拟法。

在越岭公路隧道中，施工地质灾害主要有塌方、涌水、突泥、有害气体、岩爆及大变形等。施工地质灾害一般都是由多种地质条件共同作用而产生的，而且通常与施工工艺有关，故施工地质灾害预报往往采用综合分析方法，因为必须对各种因素综合考虑，才有可能获得满意的结果。

10.2　隧道超前地质预报阶段的划分

隧道超前地质预报通常依据时间和空间距离分为长期超前地质预报、短期超前地质预报和临兆预报。

（1）长期超前地质预报

长期超前地质预报是对一座隧道的宏观超前地质预报，目的在于确定整座隧道的难点、疑点，重点地段和不良地质作用类型及其分布里程，指导短期超前地质预报的顺利进行，并为选择地球物理探测手段和方法的优化组合提供依据，为隧道施工监控量测、隧道超前地质预报的布设突出重点。建议采用的方法有：地质分析法、地震法。

（2）短期超前地质预报

短期超前地质预报是指对隧道掌子面前方 30~60m 范围内，做出的超前地质预报。它是超前地质预报的攻坚阶段，做好该阶段的预报对于提高超前地质预报的准确率具有决定性的意义。预测掌子面前方不良地质地段及围岩级别，可为动态设计提供参数并提供切实可行的施工建议。建议采用方法有：地质分析法（掌子面素描、地质编录法、正洞左右幅联合断面法）、地球物理探测法（地质雷达法、地震波法、红外线探水法、瞬变电磁法等）。

（3）临兆预报

地质灾害的发生和发展都有其特殊的前兆反映，当发现断层、破碎带、岩溶、突水突泥、塌方、有害气体（如瓦斯）等临兆反映时应及时果断地做出临兆预报，尽可能避免更大地质灾害的发生，确保施工安全。

10.3 隧道主要地质条件预报方法简介

目前，隧道主要地质条件预报的方法总体上可以分为地质分析法、现场测试法、地球物理方法和数值模拟法。

10.3.1 地质分析法

10.3.1.1 工程地质调查法

工程地质调查法是隧道地质预报中使用最早的方法。该方法是通过调查与分析地表和隧道内的工程地质条件，了解隧道所处地段的地质结构特征，推断前方的地质情况。其调查的内容包括地层与岩性的产出特征，断裂构造与节理的发育规律，岩溶带发育的部位、走向、形态，预测隧道掌子面前方的不良地质体可能的类型、出露部位、规模大小等，以便在隧道施工中采取合理的工艺与措施，避免事故。这种预报方法在隧道埋深较浅、构造不太复杂的情况下有很高的准确性，但是在构造比较复杂的地区和隧道深埋较大的情况下，该方法工作难度较大，准确性较差。

10.3.1.2 超前导洞坑法

超前导洞坑法包括超前平行导洞坑法和超前正洞导洞坑法。其中，超前平行导洞坑法是在与隧道正洞轴线相距一定距离的位置，平行于隧道正洞开挖一导洞坑，以探明隧道正洞的地质条件并兼作他用。利用该方法预测正洞地质条件非常直观，准确率也比较高，是我国隧道工程中常用的一种预报方法，但该方法的投资大，地层变化复杂时准确率明显降低。在实际工程中，平行导洞坑还可以起到增加工作面、减压放水、改善通风条件等作用。

10.3.1.3 超前水平钻孔法

超前水平钻孔法与超前导洞坑法的原理基本相同，是用钻探设备向掌子面前方钻探，从而直接揭示隧道掌子面前方地层岩性、构造、地下水、岩溶洞穴充填物及其性质、岩石体的可钻性、岩体完整程度等资料，还可通过岩芯试验获得岩石强度等定量指标，是最直接有效的超前地质预报方法，但一次钻探距离短，费用高且占用施工时间长。目前国内采用这种方法进行隧道施工期超前地质预报主要在水工隧道工程中，但国外应用较为普遍，如英吉利海峡隧道、日本青函海底隧道大量采用了超前水平钻孔法进行施工期超前地质预报。

10.3.1.4 断层参数预测法

断层参数预测法的原理是基于苏联著名地质学家葛尔比耳的断层影响带理论，是刘志刚结合地质力学理论总结出来的一套超前预报隧道隧洞断层的预报方法。该方法是在确定了断层破碎带厚度宽度与两个异常带展布厚度宽度关系的经验公式以后，应用经验公式超前预报工作面前方隐伏断层的位置和破碎带厚度宽度，并且通过断层产状与隧道走向和隧道断面高度及宽度资料预测其影响隧道的长度。

10.3.2 现场测试法

10.3.2.1 钻速测试

钻速测试是让钻机在钻进过程中保持压力不变，测试钻进速度，根据钻进速度的不同来确定软弱层的位置。该方法设备简单、操作简单、不占开挖时间，但因在硬岩破碎带中钻速变化不大，预测效果不佳。

10.3.2.2 压水试验

压水试验是通过现场压水试验来测定岩体的单位吸水量，从而了解岩体的破碎情况和裂隙的充填情况。优点是所需设备简单、操作方便，缺点是测试时间较长。

10.3.2.3 地应力现场测量

地应力现场测量依据测量基本原理的不同，可以分为直接测量法和间接测量法两大类。直接测量法是由测量仪器直接测量和记录各种应力量，并由这些应力量和原岩应力的相互关系，通过计算获得原岩应力值，在计算过程中并不涉及不同物理量的相互换算，应用较广泛的有扁千斤顶法、水压致裂法、刚性包体应力计法和声发射法等。在间接测量法中，不是直接测量应力量，而是借助某些传感元件或某些媒介，测量和记录岩体中某些与应力有关的间接物理量的变化，然后由测得的间接物理量的变化，通过已知的公式计算出岩体中的应力值，目前国内外普遍采用的发展较为成熟的是套孔应力解除法。

10.3.3 地球物理方法

10.3.3.1 声波法

声波法是利用声波在岩石中的传播规律来判别岩石性质的一种方法。声波法占有的施工时间短，但预报距离受孔深限制，一般小于15m。

10.3.3.2 电测法

电测法是根据岩石与电阻的关系来推断其性质的一种方法，可以分为电位法和电阻率法。电测法简便、成本低，但必须是以各层间电阻值有一定的差别为前提。

10.3.3.3 地质雷达探测法

地质雷达探测法是利用无线电波检测地下介质分布和对不可见目标或地下界面进行扫描。地质雷达探测法能发现掌子面前方地层的变化，对于断裂带特别是含水带、破碎带有较高的识别能力，在深埋隧道和富水地层以及溶洞发育地区，地质雷达探测法是一个很好的预报手段。但是地质雷达探测法目前探测的距离较短，一般为20~30m，对于长距离隧道的预报只能分段进行，同时雷达记录易受洞内机器干扰，探测分析中要特别注意波相识别，排除干扰。目前，地质雷达探测法已广泛应用于隧道工程的施工超前地质预报中，取得了明显的效果。

10.3.3.4 红外辐射测温法

地球上部岩体的温度主要受地球地热场的影响，地热场的平均变化为每千米深度增加30℃，而在水平方向，地热场的平均变化远远小于该量。因此，隧道开挖深度范围内的岩体，可视为位于一均匀温度场中。当开挖掌子面前方存在含水层（溶洞、裂隙水等），且该含水层与岩体存在温差时，岩体中将产生热传导和对流作用，温度场不再为恒温场，而将产生温度异常场，在一定的距离和观测精度条件下，掌子面上存在着温度差异，利用红外辐射测温法测定这种温度变化差异，可为含水层的超前预报提供依据，这就是红外辐射测温超前预报含水层的物性基础。

10.3.3.5 TGS（或TSP）地震波法

"TGS"系统地震波超前预报方法是基于不同极化反射地震波来记录的（图10-1），可以选择不同的震源（大锤、液压锤和炸药）。锤击震源在合适的地质条件下能够达到150米的探测范围，炸药震源可达几百米。地震波记录系统预设了三分量检波器（3C）的可选分配，可将它们分布在隧道掌子面、侧壁等位置。

在多个振源位置（连续）激发情况下，完整波场矢量分量被记录在系统内，形成参数化三维图像（图10-2）。通过处理得到的图像可以判别含水区域及破碎带等隧道前方不良地质。

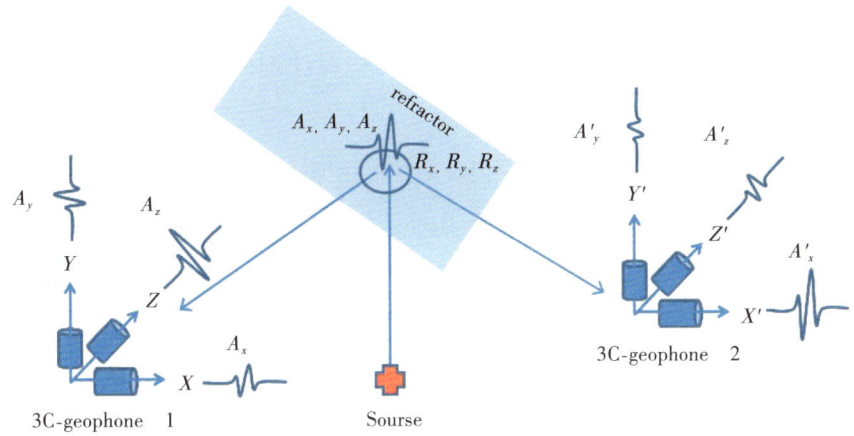

图 10-1　地震反射波探测原理

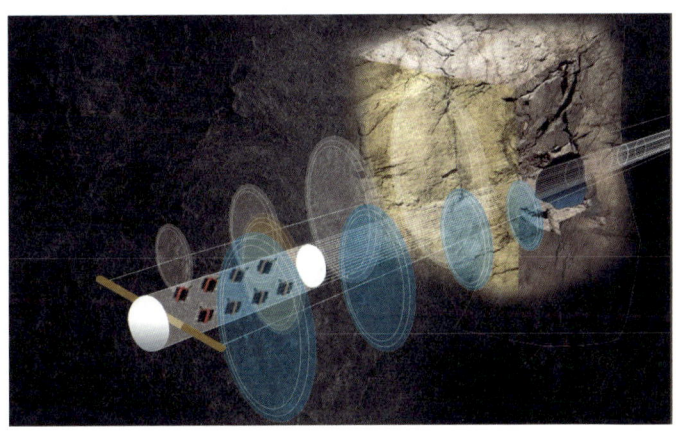

图 10-2　TGS360Pro 探测原理

传感器也可布设在掌子面（图 10-3），布设形式如下：

检波器在工作面上的位置（第一种安装方式）

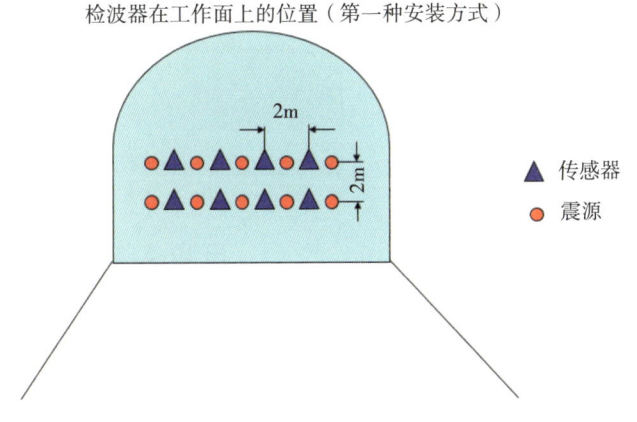

图 10-3　测点及震源布设图

采集的地震波数据，通过软件进行处理进而获得纵波波速分布图（图 10-4）、
横波波速分布图（图 10-5）、围岩情况分析图、推测含水量分布图、围岩危险等级

概率图等成果。在成果分析中，以纵波、横波的原始记录分析测段岩体的地质条件，以相关偏移归位剖面预报前方岩体地质条件。以纵波剖面资料为主，结合横波资料进行综合解译，解译中遵循以下准则：

（1）正反射振幅表明硬岩层，负反射振幅表明软岩层；

（2）若横波反射较纵波强，则表明岩层含水；

（3）纵波、横波资料对比，以纵波资料为主。

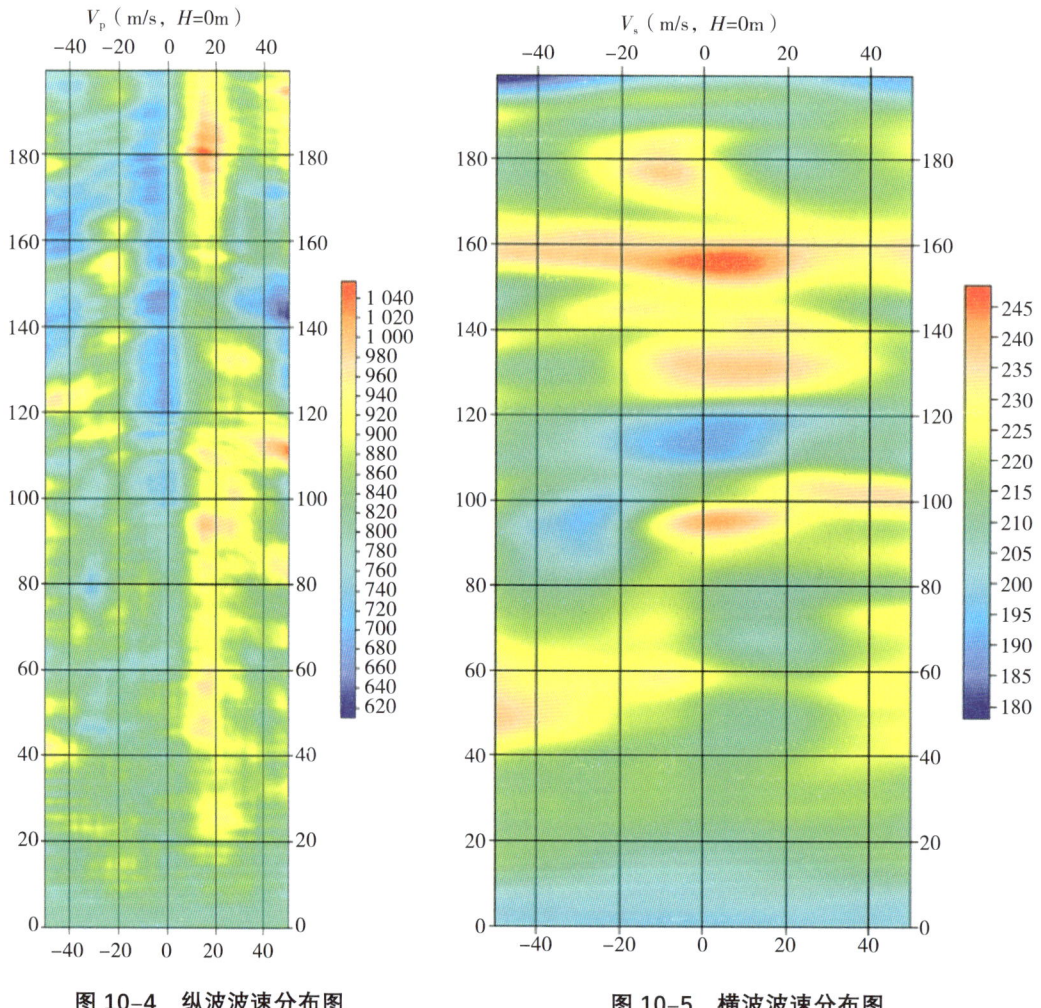

图 10-4　纵波波速分布图　　　　图 10-5　横波波速分布图

10.3.3.6　瞬变电磁法

瞬变电磁法的基本原理及数据解译已在前面进行了介绍，本节针对瞬变电磁法在隧道超前地质预报中的实际应用进行简要叙述（图 10-6）。

瞬变电磁法可以对掌子面前方地质进行扇形探测，且可以保持对掌子面前方斜向上、斜向下的方向进行有效探测。

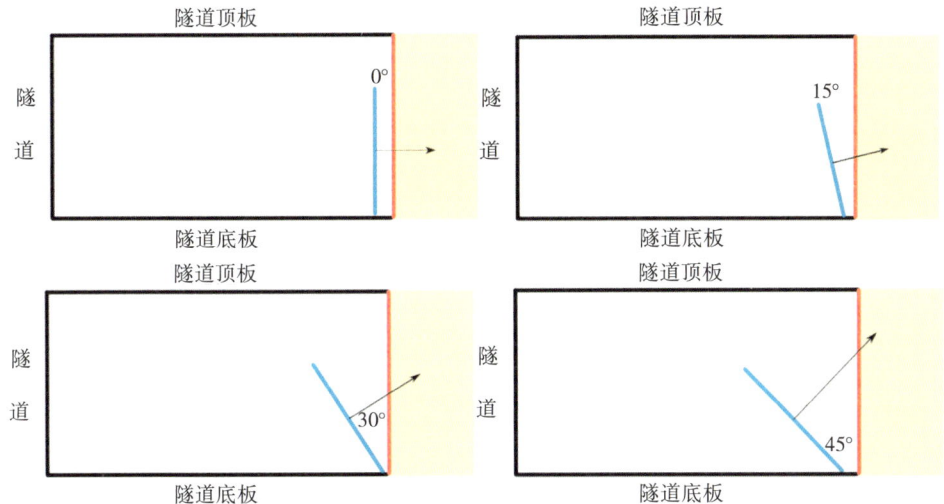

图 10-6 瞬变电磁法探测示意图

采集的瞬变电磁数据可以形成扇形的电阻率分辨图,并根据上 30°、0°、下 30° 三个方向的数据,合成三维数据,从而使掌子面前方的不良地质体更为直观和立体。

10.3.4 数值模拟法

针对地应力测试及块体危岩预测的众多方法中,较为常见的是数值模拟法。通过计算机编程建立特定参数下的隧道模型,从而进一步计算出该模型的地应力状态以及块体危岩的位置。数值模拟法在工程地质勘探中,常用地应力场的数值模拟预测法和三维网络模拟法。

10.3.4.1 地应力场的数值模拟预测法

在隧道施工中,为了对隧道整体原始地应力状态以及二次应力场的发育分布规律进行宏观预测,常采用地应力场的数值模拟预测法来进行反演分析和研究。

10.3.4.2 三维网络模拟法

该方法主要是通过现场已开挖地段不连续面进行调查和量测获得不连续面的网络结构图,对获得的不连续面的网络结构图进行节理优势组划分,节理产状、节理大小、节理密度的模拟,并利用节理产状、大小和密度的模拟结果进行蒙特卡罗随机模拟形成空间三维网络模型,对空间三维网络模型按一定要求切割形成节理切面图,再将断层截面图与节理切面图相叠加形成断层与节理的叠加图,通过对叠加图的净化、块体的搜索及稳定性分析,由分析结果进行块体危岩的预报。

该方法最大的优点是较为准确地定位块体危岩的空间位置,为锚固支护提供很好的参考,避免了支护的盲目性,该方法的关键在预报模型的选择及叠加断层的确定,常需要其他一些方法的配合。

10.4 施工地质灾害的预测预报方法简介

施工地质灾害一般都是由多种地质条件共同作用而产生的，而且通常与施工工艺有关，故施工地质灾害的预测预报往往是采用综合分析方法，必须对各种因素综合考虑，才有可能获得满意的结果。在越岭公路隧道中，潜在的施工地质灾害主要有塌方、涌水、岩爆及大变形等。塌方灾害主要是由断层、破碎带以及长大结构面和软弱岩体的不利组合而形成的。涌水量预测则一直是个难点。岩爆和大变形则往往存在复杂的成因机理，要综合各类方法才可能对其作出较好的预测预报。

10.4.1 塌方预测预报

塌方是隧道施工过程中常见的一类施工地质灾害，按其成因可分为块体塌方和软岩塌方。块体塌方的预测预报需要借助块体理论加以解决，其决定性因素在于结构面的组合情况以及结构面的物理力学性质。目前应用较广泛的是石根华等的块体理论，根据其理论及其编制的相应计算程序，不但可以预测出块体的几何形状、出露的部位、体积大小等，还可计算出各块体的稳定性。另外，也可以采用极射赤平投影作图方法和实体比例坐标投影作图方法来确定不稳定块体出露的位置、体积及其稳定程度。在预测预报中，通过对某一洞段的结构面进行统计从而确定出优势结构面，根据优势结构面对该段的块体塌方作出宏观和长距意义上的预测预报。根据现场观察到的具体的某几条节理，可以对块体塌方作出短距意义上的预测预报。

软岩塌方，则往往与软弱围岩及断层破碎带相联系，其发生的内因是围岩软弱破碎、强度低、自稳能力差，外因则是施工不当、支护不力等。总体上，可以通过地质分析、工程类比、监控量测等方法或综合各种方法来预测预报隧道施工中的软岩塌方。

10.4.2 涌水量预测

涌水是隧道施工中发生频率较高的一类地质灾害，也是较难预测预报的一类隧道施工地质灾害。由于地下水的高度流动性、分布的普遍性，只要存在导水通道，就可能发生涌水，甚至突水。

直到今天，涌水仍然是隧道超前地质预报中十分薄弱的环节，涌水量预测的准确性还是很低。

据统计，在我国十多座有名隧道中，预测的可能最大涌水量，接近实际情况的仅占 10% 左右。预测的正常涌水量，接近实际情况的仅占 20%~30%。

在实际应用中，预测隧道正常涌水量的方法主要有降水入渗系数法、地下水径流模数法、地下水动力学法（落合敏郎法、大岛洋志法和柯斯嘉科夫法等）、比拟法、同位素氚法、模糊数学法等。预测隧道最大涌水量最常用的方法则是地下水动力学法和比拟法。

10.4.3 岩爆预测预报

岩爆是岩体具有高地应力的一种重要地质标志，是深埋越岭隧道通过高地应力区时常遇到的一类施工地质灾害。迄今为止，学术界对岩爆的定义还未形成统一的认识。概括起来有以下两种观点：一种观点认为只要岩体破坏时有声响，产生片帮、爆裂剥落甚至弹射等现象，有新鲜破裂面即可称为岩爆；另一种观点则认为只有产生弹射、抛掷性破坏的才能称为岩爆。王兰生教授等从岩爆的力学机制出发，将岩爆定义为地下洞室内处在高地应力条件下的围岩，在开挖过程中，因开挖卸荷引起周边围岩产生应力分异，造成岩石内部破裂和弹性应变能突然释放引起的爆裂松脱、剥离、弹射乃至抛掷性破坏现象，统称为岩爆。

岩爆的预测预报非常复杂，目前国内外主要有以下几种方法：

（1）利用某种特殊的地质现象定性地预测岩爆。钻孔岩芯饼裂现象；现场大剪试验或表面应力解除时，岩体四周被解除后，底部会自动断裂，甚至会被弹起，并伴有断裂声等；应力 – 应变曲线异常等。

（2）σ_0/R_b 判据法。国内外学者多将有限元计算的开挖断面切向应力 σ_0 和岩石单轴抗压强 R_b 之比值作为岩爆判据。具体的判别标准和烈度划分界限不尽相同。

（3）岩爆倾向性指数（Wet）判据法。岩石单轴抗压强度试验时将试件加载到 $0.7{\sim}0.8R_b$，然后再卸载到 $0.05R_b$，卸载所释放的弹性应变能和耗损的弹性应变能之比值，定义为岩爆倾向性指数（Wet），用于判定岩爆。

（4）岩爆临界深度法。侯发亮教授认为，岩爆虽多发生在水平构造应力较大的地区，但如果洞室埋深较大，即使没有构造应力，由于上覆岩体效应，洞室围岩也可能发生岩爆。并推导出了仅考虑上覆岩体自重情况下岩爆发生最小埋深的计算公式。

（5）声发射现场监测预报法。无论是室内试验成果，还是现场监测成果，都表明声发射信号急剧增加预示超前岩体（石）的变形破坏。据此，可将岩体声发射技术推广到岩爆监测预报中。

（6）其他预测方法：如模糊综合评判法、神经网络预测法、数值模拟预测法等。

10.4.4　大变形预测预报

公路隧道围岩的大变形一般可以描述为一种以挤出为主、膨胀为辅的水 – 力耦合过程。目前,大变形预测预报方法总体上可分为挤出预测和膨胀预测两大类。

挤出预测方法主要有以下两种:一种是以某个固定的参数值作为预测判据,如坚固系数、切向应变、应力强度比等;另一种是以某些理论力学解来探求围岩的应力 – 应变关系,从而对大变形进行预测。

国外对膨胀预测的简化分析方法较多,都是建立在应变仅沿着隧底以下的垂直对称轴发生这一假设的基础上的,这些分析方法可以为结构设计提供一定的依据,但不能解释所观察到的全部变形现象,也不能预测围岩变形的全过程。李宏建等通过灰色理论建立了灰色模型,该模型能比较准确地预测隧道变形和隧道的最大变形量,依据预测结果可以在隧道施工中及时调整、确定支护参数和进行施工决策。

10.5　隧道地质预报中存在的主要问题

预测预报工作主要局限于隧道开挖过程中的施工地质预报,而隧道勘察阶段专门的预报工作涉及甚少,或者基本没有涉及。其实,如果勘察阶段的地质工作做得好,不仅可以提高勘察设计资料的精度、减少事故确保安全,而且可以使施工阶段的预测预报工作更有针对性和目的性,在重点部位确定、预报技术方法和仪器设备的选择上更有针对性、更加切实有效,从而达到事半功倍的效果。

如果只是单纯依靠某种或某几种地球物理方法的探测结果进行预测预报,由于不重视地质分析,加之探测结果反演的多解性,故预测预报的精度往往不高,甚至一些重要的地质情况在预报中出现遗漏或预报错误,尤其是在一些地质情况比较复杂的越岭隧道中更是如此。

预测预报的方法和手段虽然较多,但在实际应用中常常彼此独立、相互间的配合不够。指导思想及技术方法均停留在较初级的层面上,没有建立起一套科学、完整的系统和技术方法体系。一些预测预报和量测方法的可操作性不强,受现场施工条件的影响较大,且信息反馈不及时。

10.6　关于隧道地质预报的认识与展望

通过深埋越岭隧道地质预报的工程实践,并经过理论分析,认识到深埋越岭隧道地质预报问题是一个系统问题，应属于系统论中开放的复杂巨系统范畴。

深埋越岭隧道地质预报应包含勘察阶段的超前预测和施工阶段的实时预报。应重视勘察阶段的超前预测工作，在勘察阶段就对一些关键问题，如地质结构、围岩分类、地应力场、水动力场及施工地质灾害预测等开展针对性的研究，提高勘察资料的精度，为设计提供准确的地质资料，从而达到减少施工事故、确保施工安全、节约工程投资、缩短建设工期等目的，并为施工阶段的预测预报奠定基础，使施工阶段的预报工作更有针对性、精度更高。

在勘察阶段超前预测的基础上，以提高预报的准确程度为目标，在深埋越岭隧道施工阶段的实时预报中，建立以地质分析为主线，以一些简便、快速、有效的测试方法（如断层错动机制解法、洞壁应力测试、TMS 测试及氡气测试等）和预报手段为主，辅以其他常规预报方法开展综合预报的研究思路，对围岩类别的判别和调整、地质结构和施工地质灾害的实时预报进行系统的研究，只有这样才能取得较好的预报效果。

在预报和量测的手段及方法方面，大量便于现场操作、安装快速、量测准确且具有实用价值的量测手段和方法将越来越多地应用于隧道工程的预报实践中，预报和量测的手段将更加准确、便捷、及时和易操作，为预报工作提供及时、准确的各类信息。信息处理分析的方法将更加先进和丰富，非线性分析方法将得到更为普遍的应用，一些新方法也将被引入。信息的管理、输出、展示将更加规范化、智能化、可视化和网络化。

深埋越岭隧道地质预报技术方法体系主要由监测与测试系统，信息处理、模拟及分析系统，地质预报系统，反馈与辅助决策系统四部分组成。其中，地质预报工作将正式成为越岭隧道工程勘察中的一个重要环节，应逐步建立起一套更加系统、完整和可操作性强的地质预报技术方法体系，使预报成果的反馈更加及时，对施工实践的指导更加有力，在保证安全、提高质量、节约投资、加快工期等方面发挥越来越重要的作用。

第11章 邵怀高速公路雪峰山陡立岩层隧道创新示范

11.1 工程地质概况

11.1.1 工程特征

湖南省邵阳至怀化高速公路是国家重点建设的"五纵七横"国道主干线中上海至瑞丽高速公路的一段,雪峰山隧道为邵阳至怀化高速公路上最大的控制工程。该隧道为上、下行线分离的双洞隧道,左右洞长度分别为6 942.56m、6 958.605m,平均长度为6 950.58m。隧道的最大埋深约840m,约50%的地段隧道埋深大于450m。

11.1.2 地形地貌

雪峰山隧道横穿雪峰山主脉。雪峰山脉是横亘于湖南省西部的一道天然屏障,南北延伸约300km,南自城步起,北延至益阳,地势高峻,主峰苏宝顶海拔1 934m,位于隧址西南约800m。雪峰山脉是沅水与资水的分水岭。

在隧址区内,雪峰山山脊线有明显转折,隧道以北近南北向延伸,隧道附近折向西南,隧道与山脊线近于正交(图11-1)。隧道经过段山顶海拔1 300~1 353m,进口附近海拔500~530m,出口附近海拔400~430m。东侧山坡整体坡度约22°,西侧山坡整体坡度约27°。两侧山坡略呈台阶状,坡面沟壑纵横,相对高差达100m左右。主要的溪沟有5条,大致与隧道线平行或小角度斜交,勘察期间实测流量为0.013 3~1.604 1m³/s,有多处大的跌水,沟内滚石众多,最大直径达2~3m,次级的溪沟呈鱼刺状排列在主要溪沟的两侧。由于溪沟深切,岸坡陡峻,自然坡度一般为35°~55°。

坡面植被发育,以乔木为主,灌木次之。山内人烟稀少,仅在半山腰的羊皮洞与锅塘冲稀疏分布有农舍,其余地段均为无人区。东侧坡脚有320国道经过江口镇,然后有简易公路通至进口附近;西侧坡脚有简易公路止于出口西约200m的双江口;山内交通闭塞,仅有羊皮洞通简易公路,其他地段或林木参天,或荆棘丛生,人迹罕至。

11.1.3 地层岩性

隧址区主要出露的地层如下:

深埋越岭隧道勘察技术研究与实践

图 11-1　雪峰山隧道工程区卫星图片（来自 Google）

（1）第四系（Q）

亚黏土：分布在较平缓的地段，为残积、坡积成因。可塑，一般含碎石和角砾，厚度一般为 2~3m，但局部厚度很大，如进口附近的钻孔 ZK_{11} 处厚达 7.6m。

碎石、块石土：在山坡上及小的溪沟中广泛分布，为坡积、崩积成因。松散，厚度一般为 1~3m，碎石、块石成分与附近基岩一致。

漂石土：主要分布在前述的 5 条主要的溪沟中，为冲积成因。松散，厚度一般为 1~4m，部分溪沟中基岩裸露，漂石直径大的达 2~3m，成分与溪沟流经区域的基岩成分一致。

（2）震旦系江口群长滩组（Zc）

第三段（Zc^3）

上部多为硅化砂质板岩，下部多以变质砂岩为主，灰绿色，中~厚层状或块状构造，岩石坚硬。含砾，砾石粒径一般 2~5mm，砾石成分以石英粉砂岩、流纹岩为主。小砾石磨圆度差，多呈次棱角状，大砾石磨圆度较好，多呈圆~次圆状。大小混杂，排列一般无规律性，局部见定向排列。砾石含量一般小于 5%，但局部砾石含量及粒径较大，含量达 5%~7%，部分砾石粒径达几厘米。该段岩石普遍含钙质结核。

第二段（Zc^2）

以硅化砂质板岩为主，灰绿色，中~厚层状，常见颜色深浅不一的水平纹层，纹层较窄，多为毫米级。据薄片鉴定结果，由于纹层中深色的片状矿物（绢云母、绿泥石等）和浅色的石英相对含量不同，从而呈现颜色不同的条纹，也可见变余包卷层理。该段中夹薄层或透镜体状的变质砂岩，并且部分变质砂岩中含砾。

第一段（Zc^1）

该段地层特征与第三段相似，不同之处有如下两点：一是不含或仅含少量的钙质结核，二是砾石粒径普遍较小且含量较少。

（3）前震旦系芙蓉溪群岩门寨组（Ptfy）

以硅化砂质板岩为主，灰绿色，厚层状，普遍具颜色深浅不一的水平纹层，纹层多为毫米级，局部纹层厚度达1~3cm。据薄片鉴定结果，纹层中深色的片状矿物（绢云母、绿泥石等）和浅色的石英相对含量不同，从而呈现颜色不同的条纹，也可见变余包卷层理。局部夹变质细砂岩或变质粉砂岩，但变质砂岩中不含砾。

（4）前震旦系芙蓉溪群架枧田组（Ptfj）

以硅化砂质板岩为主，灰绿色，中~厚层状，普遍具颜色深浅不一的水平纹层，纹层多为毫米级，条纹成因同上；在其上部夹多层厚5~8m的变质砂岩。局部可见铁锰质团块。

（5）构造岩

以构造片岩为主，其次为构造角砾岩、糜棱岩、构造石英岩、碎裂岩等。

11.1.4　地质构造

隧址区位于江南地体之东南缘、雪峰山加里东—印支复合山链中段（图11-2）。该区经历了四次大的构造运动，概述如下：

（1）雪峰运动：发生于元古代末期，表现为大幅度的断块下降及频繁的振荡运动，末期发生微弱的褶皱运动，造成震旦系与芙蓉溪群之间假整合与微角度不整合接触。

（2）加里东运动：其主幕发生于志留纪—早泥盆纪，华南板块向扬子板块俯冲碰撞，致使志留系及其以前的地层发生了强烈褶皱，产生了巨大的加里东褶皱带，铸造了雄伟的雪峰山加里东山链。其总体是两个复背斜褶皱带，呈北东30°~40°方向展布。复背斜核部由上元古界芙蓉溪群及震旦系构成，两翼则为震旦系及上古生界的寒武—奥陶系。该期断层主要为逆断层及逆掩断层。

（3）印支运动：华南古陆板块继续向江南地体——扬子板块俯冲，造成了碰撞，使前期沉积盖层大规模向北西方向推挤、褶皱，使雪峰山链变为加里东—印支复合山链，并且形成了白马山—中华山—五团印支岩基带。

（4）燕山运动：燕山早期，继续处于造山隆起之中，仍有同造山期的中酸性岩浆岩侵入；至燕山晚期，造山隆起趋于静止。

燕山运动以后，地壳表现为以上升为主的差异性升降运动。

在芙蓉溪群复背斜带两翼分布有成带的基性—超基性岩脉，其展布方向为北东30°左右，和区域复背斜带方向一致。在褶皱带两翼分别有印支期的中华山岩体及

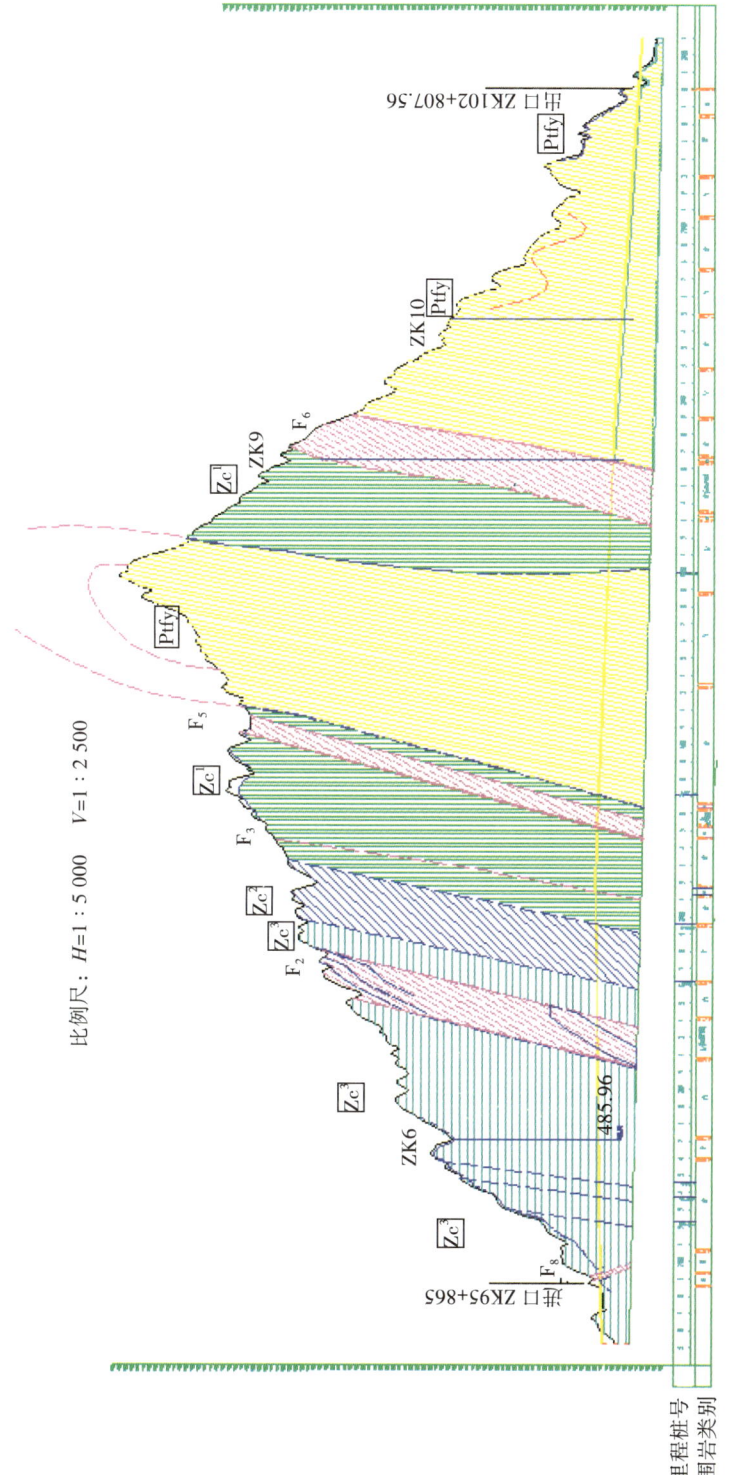

比例尺：$H=1:5\,000$　$V=1:2\,500$

图 11-2　雪峰山隧道地质断面图

印支—燕山期的黄茅园复式岩体。

综上所述，自加里东运动以来，本区地壳均表现为北西至北西西向的挤压作用，其力源主要来自南东侧太平洋板块的向北西西向俯冲碰撞。本区的地质构造很好地反映了这一构造应力场。

隧道附近大的构造形迹主要为江口—黄茅园—七里湾断裂，该断裂经过江口镇，在隧道东侧大致沿 320 国道延伸，走向为北东 30°左右，往北则转为南北向，长度大于 37km，是一条规模大、持续活动时间长、断层性质多变的区域性大断裂。在加里东期，表现为倾向北西的剪切逆冲性质；印支期，转化为倾向南东的脆性断裂，有宽 40~50m 且硅化极为强烈的构造角砾岩带；燕山晚期的右旋走滑断裂特征明显，右行滑移的距离在 4km 左右；喜马拉雅期仍表现出一定的活动性，斜切第三系岩层形成陡坎，限制了地貌及水系的分布，遥感信息也反映其为一条含水断裂。该区域断裂对隧道场地内的构造演化具有控制作用。

隧道通过段的地质构造，总的来说有两个大的褶皱、八条具有较大规模的断层、五组主要的节理及多期劈理。层面、节理面及断层倾角普遍较陡，一般大于 50°。

11.1.5　水文地质

隧址区内的地下水按其赋存的介质可分为如下四类：

（1）覆盖层中的孔隙水。主要赋存于碎石土中，主要靠大气降水补给，碎石土普遍较松散，在平缓的地段降水易渗入，但在坡面较陡的地段，降水大部分以面流的方式向下排泄，对地下水的补给较弱。覆盖层中的地下水一般顺岩面下流，在坡脚或者覆盖层被切割的地段多以散流的形式排泄，局部以下降泉的形式集中排泄。泉水的流量与降水关系密切，但一般小于 1L/s。

（2）基岩裂隙水。区内基岩主要为变质砂岩及硅化砂质板岩，均为弱含水层，裂隙水主要赋存于全~弱风化基岩中。

（3）构造裂隙水。又可细分为如下两类：

其一是断裂带内的裂隙水。区内断层活动以塑性变形为主，从而决定了这些断裂带的透水性较差。

其二是褶皱核部的裂隙水。山脊背斜核部以塑性变形为主，褶曲发育，节理、劈理密闭，赋水条件差。王公店—锅塘村向斜核部地势较低，调查发现该处节理较发育，但多为密闭，推测其虽然赋存地下水，但透水性较差。

综上所述，勘察区内大部分微风化及新鲜基岩、构造带为微透水层或不透水层，仅全~弱风化基岩及构造带的局部弱透水。

11.2 高分辨率工程地震勘察技术

11.2.1 新的地震反射波法理论模型设计

雪峰山区域的地下地质条件十分复杂，主要地层为震旦系江口群长滩组（Zc）、前震旦系芙蓉溪群岩门寨组（Ptfy）、前震旦系芙蓉溪群架枧田组（Ptfj）及构造岩，主要为砂质板岩、变质砂岩类。地层地质年代古老，变质强烈，历经了多次构造运动，断裂及褶皱构造极为发育，地层陡立。

雪峰山隧道勘察区的地下地质岩性的变化及断裂带、断层的存在必然会造就地下介质的波阻抗差存在，广义地说这就具备了产生反射波的条件，可以采用地震反射波的勘察方法。

鉴于雪峰山隧道地表及地质条件的复杂性，在认真分析地震测试试验失败的原因和总结经验后，认为采用常规工程地震反射波的数据采集及数据处理方法达不到本隧道的勘察目的，需从震源激发、观测系统的设计、地震数据处理等多方面进行优化改进。在进一步讨论该区地震反射波法的新方法和新技术之前，必须先分析雪峰山隧道勘察区工程地震反射波方法的适用性及存在的问题。以下将引入地震学原理，对这一问题进行讨论和分析。

如图 11-3 所示，地面边界 I 为水平边界，地下反射界面 R 为水平界面，两界面互为平行，地震反射波射线路径从震源 O 出发入射到 R 界面的 R_i 反射点上反射回地面（边界）检波器，地面可接收到来自地下反射界面 R 的反射信息，反射波旅行时 t 的数学模型为 $t_i = \sqrt{x_i^2 + h_i^2} / V$，这是众所公认的地震反射波经典原理模型。当地表或地下反射界面接近水平，应用地震反射波法就能有效地获取地下反射界面的信息。在通常情况下都以此为基本模型，进行工程地震观测系统的设计与施工、资料处理与地质解译。

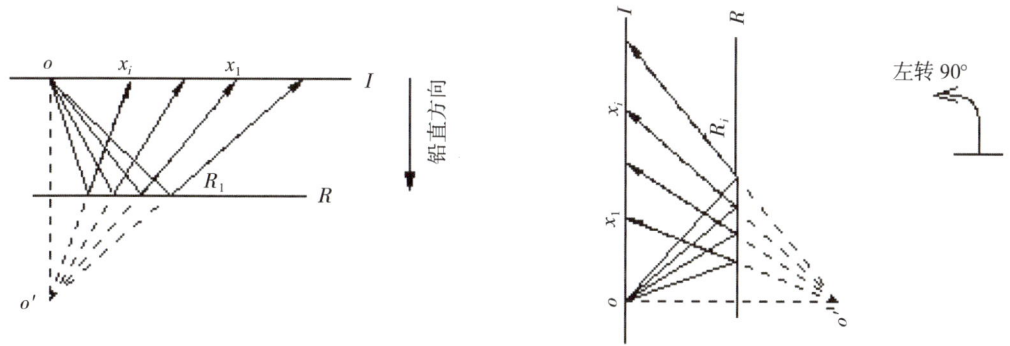

图 11-3　几何地震学反射波射线路径模型

雪峰山隧道勘察区的地表与地下地质条件与经典地震反射波原理模型的地表与地下地质条件要求相差甚远，山体的坡度很陡（模型的地表条件要求水平或近似水平），地下的岩层受历代构造运动的影响，断裂及褶皱构造极为发育，地层陡立（模型的地下反射界面条件要求水平或近似水平）。这样，由于雪峰山隧道勘察区特殊的地形地质条件，不能简单地套用经典地震反射波原理模型来设计观测系统，也无法用经典地震反射波原理模型来处理和解译地震资料。

针对雪峰山隧道勘察区的地表与地下主要的地质条件，需要重新定义雪峰山隧道勘察区的地震反射波法模型。当把经典地震反射波原理模型的坐标系旋转90°时，地表边界与地下反射界面两者间仍保持平行，此时分析反射波的入射与反射路径时，直立地面上仍能接收到来自直立界面的反射波信息，其数学模型形式与水平状态时相似，但地面 x 与深度 h 的含义各不相同，比如在直立地面地层条件下，h 深度变为水平方向的距离。

经过以上分析和研究，认识到把握住地面边界与地下反射界面的相对关系，就抓住了地震波的入射波及反射波与地面边界的关系和本质。地面边界与地下反射界面的相对关系呈平行或近似水平关系时，地震反射波法就成立，这是地震反射波法的充要条件。这里要关注的是接收边界与地下地质界面的整体关系，而不是单方面的地层或地形因素。经分析雪峰山隧道勘察区地层倾角和地形坡度都很陡时，分析地面接收边界与地下反射界面的相对关系时，当满足近似平行或有一定夹角条件时，都能有效获得地震反射界面资料。

当然，复杂山区地形与地层之间的关系是难以预测的，但可以把这些复杂的关系归纳成三种特殊的类型（图11-4）进行分析，这三种类型为：

（1）平行关系类型。地表接收边界与地下反射界面呈近似平行关系；

（2）正向斜交关系类型。地表接收边界与地下反射界面呈正向斜交关系；

（3）反向斜交关系类型。地表接收边界与地下反射界面呈反向斜交关系。

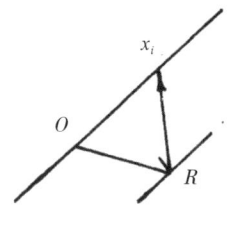
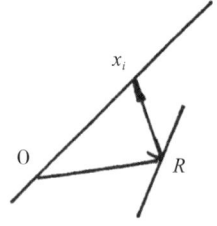
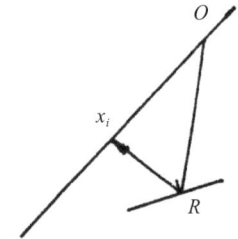

(a) 平行关系类型　　　　(b) 正向斜交关系类型　　　　(c) 反向斜交关系类型

图 11-4　复杂山区地形与地层之间的关系类型

综合以上三种类型，寻求与开发一种新的地震反射波法观测系统，能最大限度地涵盖地表接收边界与地下反射界面的三种类型关系。在这里要强调的是地表接收边界十分重要，因为地表激发、接收边界是唯一已知的条件，位于地表边界有人工设定的震源位置和人工设定的接收系统位置。地表震源激发时所产生的球面波沿着地下介质传播纵波和横波，当遇到波阻抗差界面时会产生反射纵波和横波，这些反射波可能有一些要返回地表接收边界，如果人们在地表边界合适的位置预先布设接收反射波的检波器系统，就能有效地获取地下地质信息。当然，在地表接收边界与地下反射界面呈直立或很大夹角时也可能接收不到反射波信息。

根据以上理论模型的研究，结合雪峰山隧道地表及地下地质条件，设计了共排列双向变偏移距多次覆盖观测系统，在地表边界上找到合适位置布设地表接收系统，能有效地采集到深部地质信息。

值得注意的是，地表激发、接收边界是十分重要的边界。当确定了雪峰山隧道勘察区的地面接收边界与地下反射界面的相对关系及模型后，那么后续的地震反射波资料处理、地质解译都要以此模型为基准。

11.2.2 共排列双向变偏移距宽频高分辨率反射波多次覆盖技术

雪峰山隧道勘察区具有高坡度地形与高倾角地层的双高特征，同时地表植被发育，林木参天或荆棘丛生，施工难度很大。一方面要考虑如何有效地在地表边界上铺设合适的观测系统，捕捉到来自地下深达数百米处的携带大量地质信息的地震反射波与绕射波信息，同时要考虑整个工程实施的可行性。

经过地震反射波理论模型的研究计算与现场试验，结合雪峰山隧道勘察区的地表与地下地质条件，面向现有的工程地震的硬件装备，开发了共排列双向变偏移距宽频高分辨率反射波多次覆盖技术与观测系统。采用可变的偏移距，检波器间距 2~4m，一般为 4m，48 道接收。考虑到地层倾向的变化，采用双向端点井下炸药激发。

在雪峰山隧道勘察区共排列最大偏移距达 600 多米，最小偏移距为 0 米，井炮震源激发点由排列一侧 +600 多米运动到排列另一侧 –600 多米激发，这样一来可最大限度地接收到排列下方可能发生的三种关系类型中任何一种关系类型的地震反射波资料。同时为了增强地震反射波的能量，采用了地震反射波多次覆盖叠加技术（5~6次），为了提高检波器的灵敏度，采用每 5 个检波器为一组的串联组合，这样就能较好地压制随机噪声，提高了信噪比。雪峰山隧道勘察区地震反射波的观测系统具体参数是通过理论模型计算和试验确定的。

实践证明，在充分考虑到雪峰山山区的地形与地层倾角的变化规律，采用共排列双向变偏移距宽频高分辨率反射波多次覆盖技术，既满足地形与地层相互间可能发生的两个方向的变化，也考虑到不同深度地层的不同倾角与提高信噪比的要求，从而获得较丰富的来自地下的地质资料，取得了较好的地质效果。

图 11-5、图 11-6 反映了雪峰山隧道勘察区野外工程地震测线铺设、检波器埋置现场和仪器操作现场情况。

图 11-5　测线铺设

图 11-6　仪器操作

图 11-7、图 11-8 为雪峰山隧道勘察区采用共排列双向变偏移距宽频高分辨率反射波多次覆盖技术获得的地震资料。

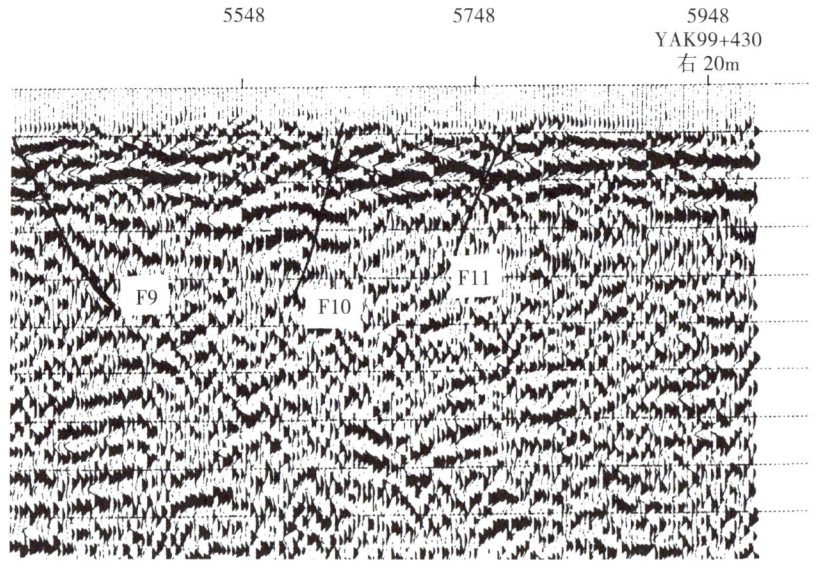

图 11-7　Y1 地震测线解译的断层异常

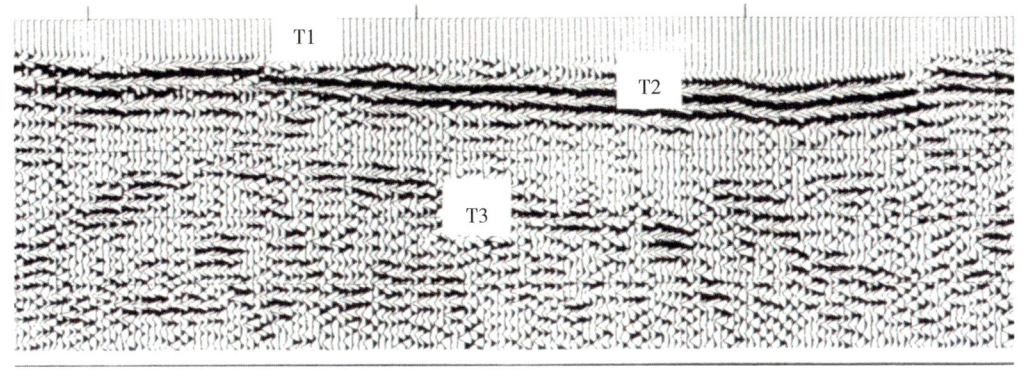

| 2548 | 2648 | 2748 |
| 1274 | 1324 | 1374 |

T1

T2

T3

图 11-8 雪峰山隧道勘察区的地震资料

11.2.3 复杂地形条件下高分辨率人工地震震源激发技术研究

通常工程地震勘察的勘察对象深度较浅，使用的激发震源多为人工锤击震源、电火花震源、猎枪震源、坑炮震源等，探测深度难以达到地下数百米深度，如果采用油气和煤田地震勘察方法中的钻井放炮技术，探测深度是可以达到一定的深度，但笨重的钻井设备难以在如此复杂的山地条件下使用。

为在雪峰山山区选择一种较好的激发震源，使激发的地震波有良好的脉冲特性（宽频带、能量强、高分辨率），同时具备在雪峰山山区复杂地形条件下可行的实用技术，按照激发的地震脉冲视周期 T^* 与炸药量 Q 的关系：

$$T^* = CQ^{1/3} \qquad (11-1)$$

以及地震波能量与爆炸能量和震源周围介质的耦合条件有关（几何耦合与阻抗耦合），进行了炸药量、井炮、坑炮等多种激发方式的试验，结合雪峰山山区多有裸露基岩，第四纪覆盖较薄，植被茂盛，成功使用单人搬运方便的轻便凿岩机钻孔（图 11-9），突破了常规工程地震小能量的激发方式，也解决了油气地震勘察大型钻机搬运困难的问题。

图 11-9 轻便凿岩机钻孔现场

采用轻便凿岩机钻孔，小孔径 ϕ5cm、井深 3~4m、小药量 250~450g、填充泥浆水黏土封井激发的井炮震源激发技术，取得了较好的效果。通过试验，深井小药量激发的频谱其频带与能量相比坑炮震源更好。

频谱分析资料（图 11-10）表明，小孔径井炮激发的信号频谱宽、高频分量丰富、分辨率高，而坑炮激发（图 11-11）的信号频谱狭窄、频率分辨率低。

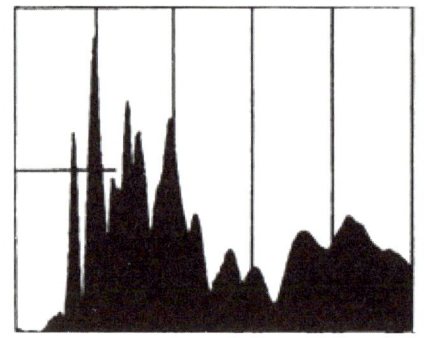

（a）深井小药量激发的频谱

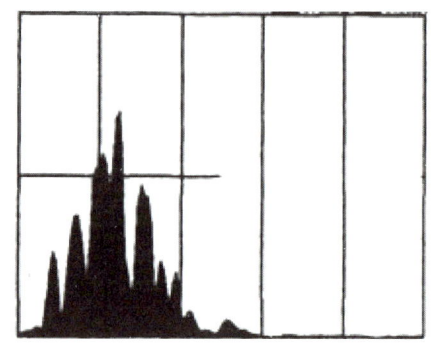

（b）坑炮激发的频谱

图 11-10　频谱分析图

图 11-11　常规震源坑炮爆炸现场

此外，在地震测线布设好了之后，在砍出的通道上由经纬仪对激发点进行定位，先行使用 2 台轻便凿岩机钻孔下药，与此同时，其他工序可同步进行。检波器埋置必须采用主频为中高频的检波器，沿铅垂线方向挖坑埋实。

11.2.4　复杂地形条件下地震反射波与折射波法同步勘察技术研究

雪峰山隧址区内地形起伏很大、地表不均匀性严重，试验剖面证明常规地形静校正方法不能取得满意的效果，为此决定采用折射静校正方法进行地震剖面静校正，因此需要进行复杂地形条件下的地震折射波法勘察。

雪峰山山区施工环境极为恶劣，山高坡陡，植被茂盛，钻井、铺线等施工难度大，需事先在茂密的树林里，沿地震测线方向人工砍出通道位置。为充分利用十分宝贵的人力资源，提高工作效率，同时为了减少重复施工对环境的破坏，采用了地震反射波与折射波法同步勘察技术，每次激发与接收的过程都充分考虑能同时记录到地下反射波与折射波信息，减少了重复施工，也减少了对环境的破坏。

地震反射波与折射波法同步勘察技术使地震反射波法多次覆盖观测系统与折射波法观测系统有机地结合在一体，使一次井炮激发，同时获得地震反射波与折射波信息。

在雪峰山山区复杂地形条件下，地震折射波法观测系统如要有较好的效果，就要现场消除地形起伏的影响，通常折射波法观测系统采用互换的相遇观测系统消除地形起伏的影响，然后采用追逐观测排列获得折射层的速度、厚度信息。地震反射波观测系统消除地形起伏的影响，是通过地震资料处理流程中的静校正处理方法实现的。

根据以前使用同步勘察技术的经验，结合雪峰山山区复杂地形条件的实际，进一步调试地震反射波法多次覆盖观测系统与折射波法观测系统，使它们有机地结合在一体，实现了雪峰山山区复杂地形条件下地震反射波与折射波法同步勘察技术的应用，在一张记录上成功地获得了地震反射波与折射波信息，为折射静校正的实现奠定了良好基础。

图11-12、图11-13、图11-14、图11-15为地震反射波与折射波法同步勘察技术获得的单炮原始地震记录，折射波初至起跳干脆，反射波同相轴清晰。

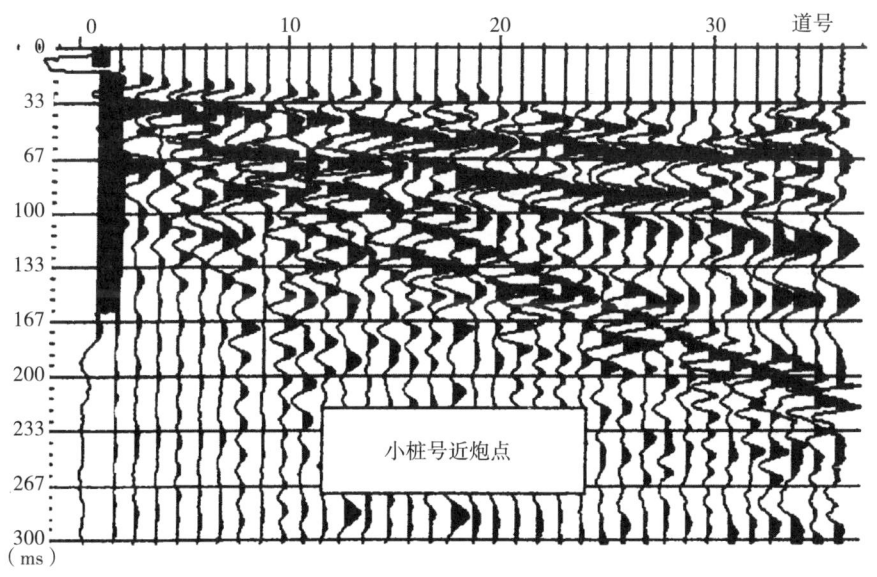

图11-12　小桩号近炮点折射与反射的单炮原始地震资料

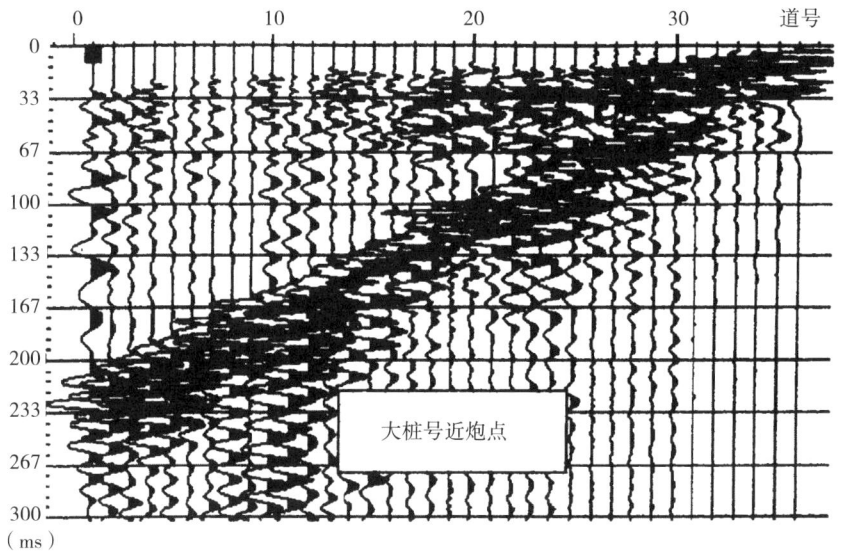

图 11-13 大桩号近炮点折射与反射的单炮原始地震资料

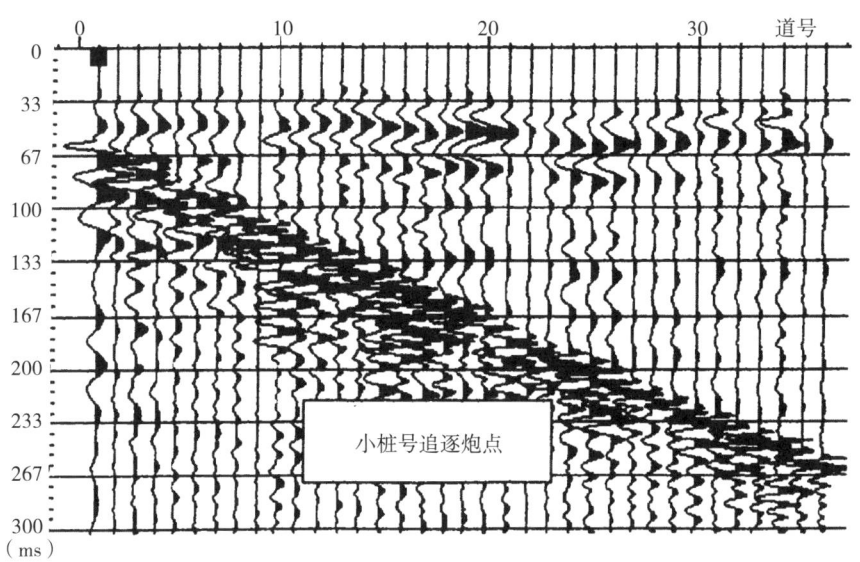

图 11-14 小桩号追逐炮点折射与反射的单炮原始地震资料

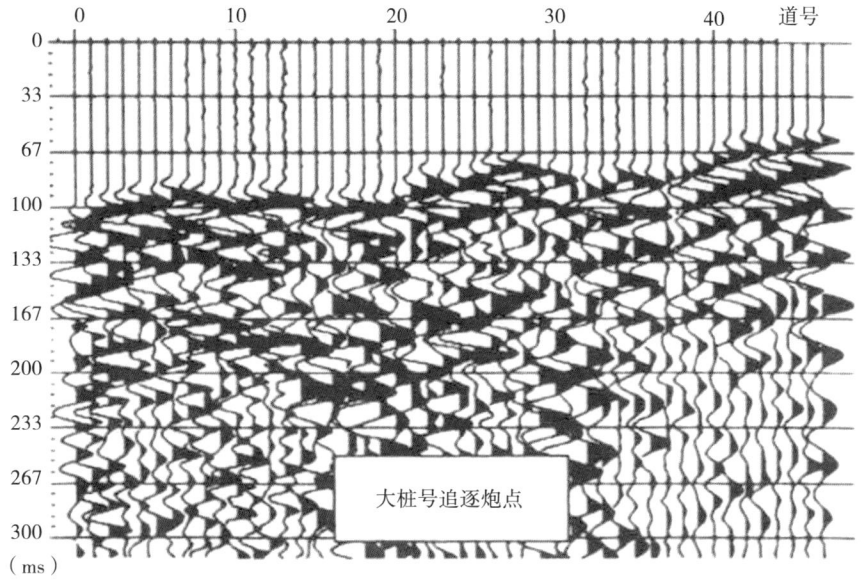

图 11-15 大桩号追逐炮点折射与反射的单炮原始地震资料

在雪峰山隧道勘察区应用地震反射波与折射波法同步勘察技术所获得的单炮原始地震记录，经过地震反射波与折射波信息分离后，折射波资料可用微机 T_0 软件进行处理。图 11-16、图 11-17 为微机打印的结果，其中 $T_0(X)$ 为原始数据，$ST(X)$ 为经过消除地形起伏因素后的差数时距曲线，可以看出经过消除地形起伏因素后曲线变成直线。图中解译的成果为：表层速度为 $V_1=819$m/s，基岩速度为 $V_2=4\ 464$m/s，K 值为 833。

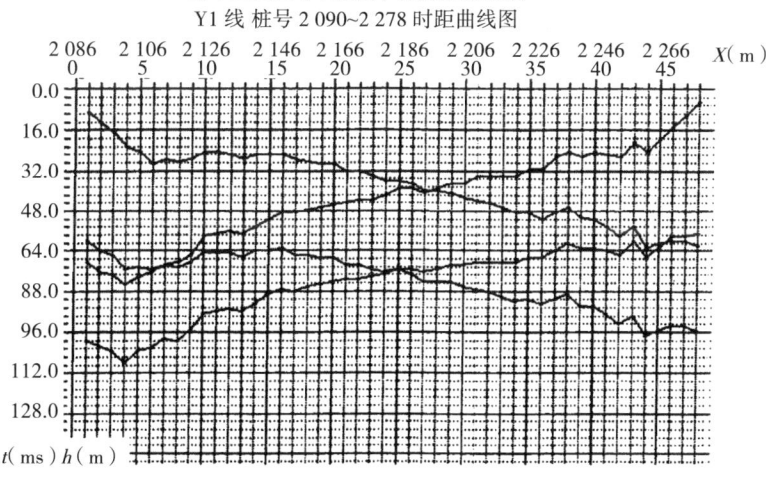

图 11-16 追逐加互换的相遇观测系统四条折射波初至时距曲线

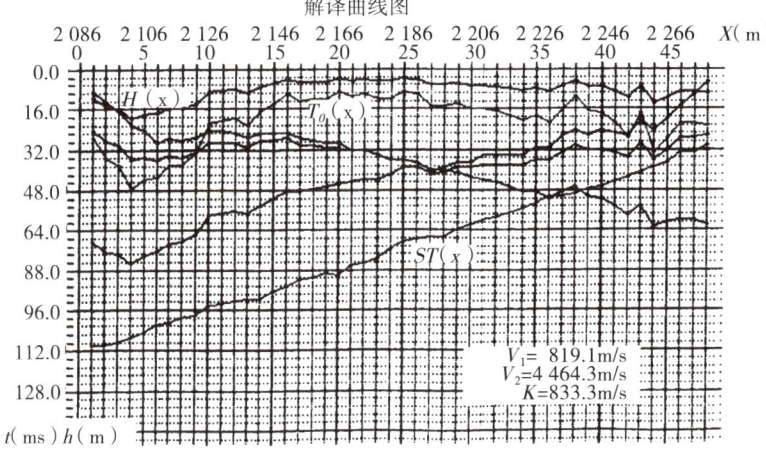

解译曲线图

图 11-17 应用 T_0 法的软件解译的追逐加互换的相遇观测曲线

地震反射资料可通过 FUX 人机联作处理平台进行数据处理,根据图 11-12~ 图 11-17,可见折射波初至起跳干脆,反射波同相轴清晰,在 FUX 人机联作处理平台上进一步进行各种处理可获得最终资料。

成果资料表明,雪峰山山区复杂地形条件下地震反射波与折射波法同步勘察技术的应用效果是明显和有效的。

11.2.5 FUX 人机联作处理平台的处理技术及解译技术

雪峰山山区复杂地形条件获得的地震反射波资料,注定要进行复杂的地震资料处理,尤其要解决由地形变化带来的静校正问题。雪峰山隧道勘察区地震反射波资料,采用了油气和煤田地震资料数据处理系统中先进的 FUX 人机联作处理系统进行地震勘察资料数据处理。野外地震数据由机载计算机自动记录在硬盘上,经野外监控和检查验收后,在 FUX 人机联作处理系统进行处理,处理流程如下:

预处理:野外数据→解编→观测系统定义→抽道集。

常规处理:自适应静校→频谱分析→滤波(反 Q 滤波、频率及二维滤波)→速度谱分析→动校正→剩余静校→初切→水平叠加。

解译处理:速度剖面→叠加剖面→(偏移与时深转换)深度剖面。其中,依据钻孔纵波速度曲线及速度谱资料综合的速度曲线进行动校正、偏移与时深转换。

整个处理参数与流程选择均实施人机联作进行优化处理,尤其重点关注和反复调试自适应静校正与剩余静校正参数,以最大限度地消除基于地形趋势线的短波长地形静校正对地震资料的影响,提高地震反射波的信噪比及叠加效果。

FUX 人机联作处理系统能反复调整模块参数资料,如速度谱资料、自适应静校与剩余静校正参数资料。FUX 人机联作处理系统与一般的工程地震资料数据处理系统相比，它的处理系统功能更强，处理效果更显著，较好地完成了雪峰山隧道勘察区地震地球物理探测资料数据处理工作，取得较好的地质效果。

11.2.5.1　雪峰山隧道勘察区速度谱资料分析

雪峰山隧道勘察区的第一个速度谱资料中叠加速度很高，比通常情况下的工程地震勘察资料速度谱高许多。经过对雪峰山隧道勘察区的速度谱资料分析，著者拟合了雪峰山隧道勘察区的叠加速度曲线。

图 11-18 所示为 FUX 人机联作处理系统进行速度谱分析处理的速度谱资料，可见有效波聚焦的能量团的位置都比较高。

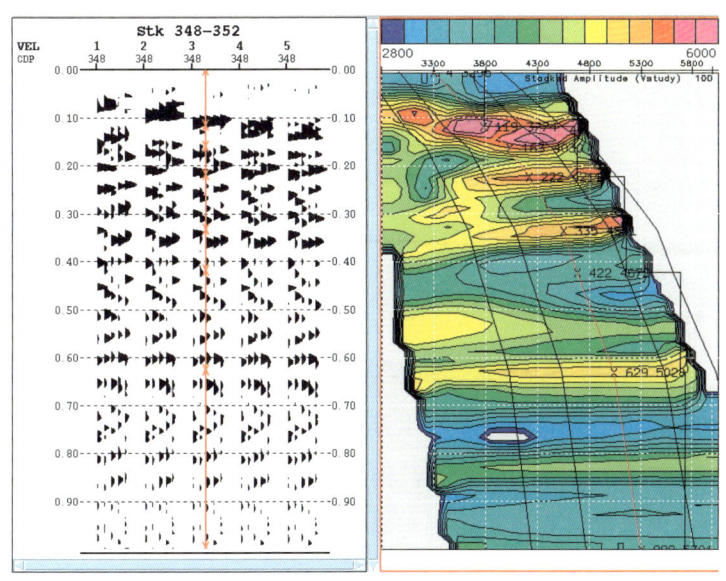

图 11-18　雪峰山隧道勘察区的速度谱资料

图 11-19 所示为雪峰山隧道勘察区的叠加速度、平均速度、地震测井速度（纵、横波）曲线，统计了大量的叠加速度谱资料、有限的几口地震纵、横波速度测井资料，在此基础上拟合了一条雪峰山隧道勘察区的平均速度曲线，运用这条平均速度曲线对地震反射资料进行偏移及时深的转换。

11.2.5.2　雪峰山隧道勘察区折射静校正处理分析

雪峰山隧道勘察区地震反射波资料在 FUX 人机联作处理系统中进行折射静校正处理，这是一个非常重要但又十分烦琐的工作环节。因为雪峰山隧道勘察区地震反射资料的采集是立足于采用了雪峰山隧道勘察区特有的涵盖了地表接收边界与地下反射界面三种关系类型的理论模型，这样静校正的基准面选择与经典反射波模型的基准面选择有天壤之别。经典反射波法基准面选择为水平基准面，雪峰山隧道勘察区的反射波法基准面选择为山体斜坡的趋势面。

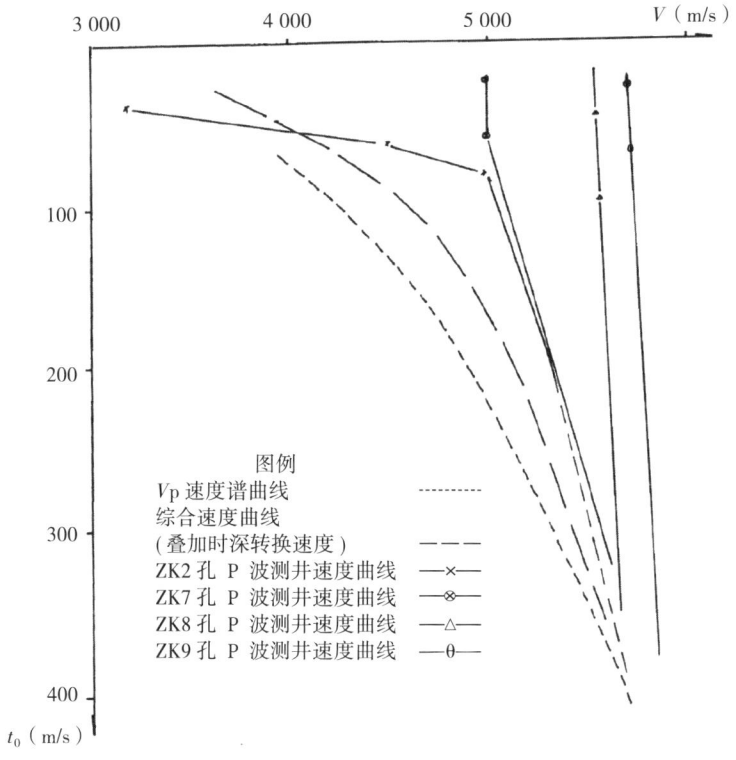

图 11-19　叠加速度、平均速度、地震测井速度（纵、横波）曲线

以山体斜坡的趋势面作为静校正基准面，经过折射静校正处理后的地震反射资料与进行常规静校正处理的反射资料相比，有较好的信噪比与分辨率。

图 11-20 中通过折射静校正处理后的多次叠加时间剖面段明显比常规静校正处理的资料信噪比要高，波组连续性好，处理效果明显。

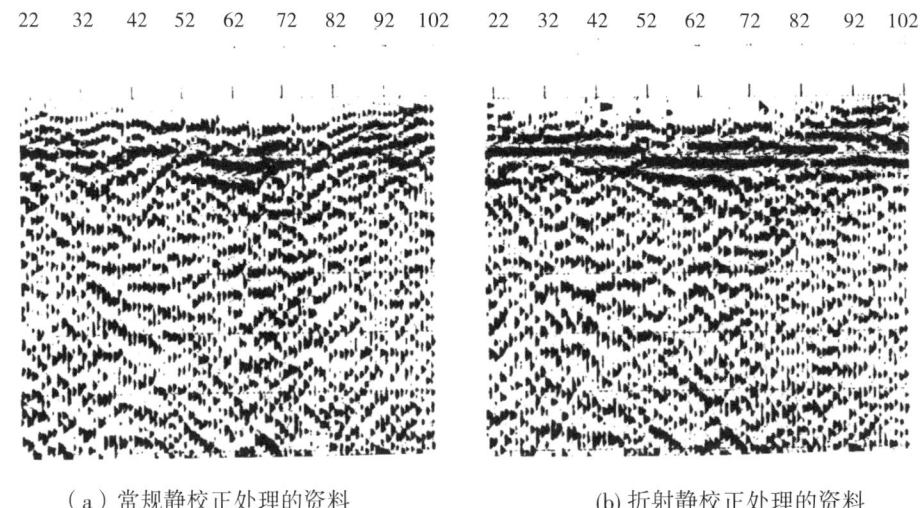

（a）常规静校正处理的资料　　　　　　　　　（b）折射静校正处理的资料

图 11-20　静校正处理后资料

11.2.5.3 雪峰山隧道勘察区地震资料解译分析

雪峰山隧道勘察区地震资料解译分析同样立足于雪峰山隧道勘察区特有的涵盖了地表接收边界与地下反射界面三种关系类型的理论模型，立足于雪峰山勘察区特有的以山体斜坡的趋势面为激发接收的边界条件，以此为边界向下进行时深转换，这与常规的以水平面为边界条件进行时深转换的方法不同。

雪峰山隧道勘察区属于复杂的地表及地下地质条件，本次研究地震测线少，单条测线居多，地震资料解译分析具有很高的难度，除要综合各种地质、物性、速度等资料外，还要根据地球物理探测经验，对地震资料反复解译、反复对比分析。通过地震资料解译所获的物理异常和物理信息，结合地质调查及钻孔资料，与地质技术人员联合分析，进一步赋予其地质信息，最后形成地质构造剖面图，提供给地质勘察部门进一步验证。图 11-21 为地震地质资料解译的地质构造剖面图。

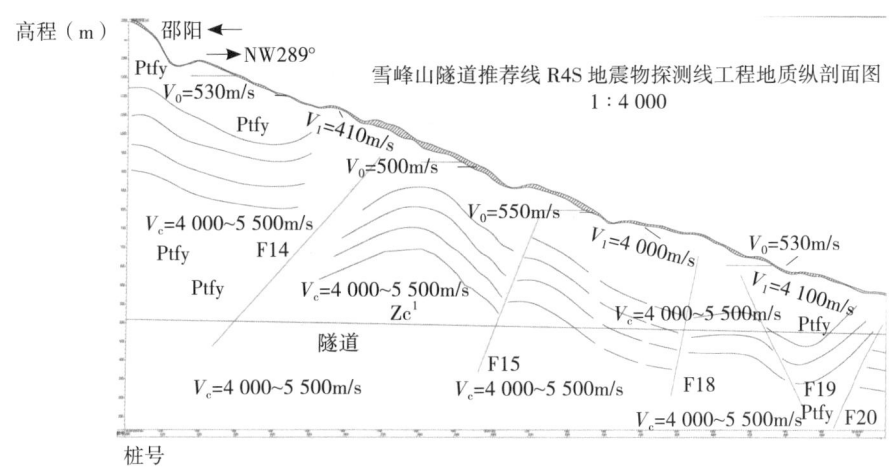

图 11-21　地震地质资料解译的地质构造剖面图

11.2.6　地震勘察主要成果及验证情况

本次研究在雪峰山隧道所进行的工程地震勘察工作，获得了丰富的隧道围岩地质信息，为雪峰山隧道的勘察、设计、施工提供了大量地质依据。

由于隧道方案的变化，部分测线与实际施工的隧道相距较远，无法根据隧道开挖情况对其进行验证。部分测线位于隧道上方或距隧道较近，根据隧道开挖揭露的地质情况对地球物理探测成果进行了验证分析。如羊皮洞附近的地震主测线 Y 测线，基本上与开挖的主隧道走向一致，两者相距约 100m，可以利用隧道开挖的地质资料对 Y 测线的地震资料解译成果进行验证和分析。现将工程地震勘察的主要成果及验证情况总结如下：

1.地震波的折射波速度资料表明雪峰山隧道勘察区地层速度结构分三层：地表

强风化层 V_0=400~800m/s；全强风化层与微风化层界面速度 V_1=3 500~4 000m/s；基岩速度 V_c=4 000~5 500m/s。

2. 大量的地震反射波资料速度谱、纵横波速度测井等资料统计及分析的成果：随着深度增加，岩体纵、横波速度高且稳定，横波速度 V_s=2 500~3 500m/s，纵波速度 V_p=4 000~5 500m/s，岩体纵、横波速比值 1.58，数据平稳，岩体完整性较好。这与主要目标体震旦系江口群长滩组（Zc）的钻孔 ZK2（初勘钻孔）、ZK6 中声速测井测得完整岩石的纵波速度 5 000m/s 左右完全相符。前震旦系芙蓉溪群岩门寨组（Ptfy），据钻孔 ZK3（初勘钻孔）、ZK7、ZK9、ZK10 中声速测井测得完整岩石的纵波速度为 4 000~5 400m/s，钻孔 ZK4（初勘钻孔）中声速测井测得完整岩石的纵波速度为 5 600~6 200m/s。

3. 依据岩体地震纵、横波速测井的速度平均数值：横波 V_s=2 600m/s，纵波 V_p=4 500m/s，计算岩体切变模量达 20GPa，杨氏模量达 50GPa，岩体抗剪切力较强。

4. 雪峰山隧道断裂破碎带呈条带状分布，在断裂破碎带上发育断面波、断点绕射波、杂乱波及反射波同相轴错断的特征明显。雪峰山隧道工程地震勘察解译的大小断层异常达 32 条。一般具有如下一个或多个特征：断面波、断点绕射波、反射波同相轴中断明显、同相轴倾向及倾角特征差异明显、局部同相轴缺失。

验证情况

为了进一步评价和分析雪峰山隧道勘察区工程地震勘察方法的正确性与地质成果解译的合理性，以下选择一条离开挖隧道最近的地震主测线 Y1 线（平行 ZK 路线仅相距 90 多米）地震解译资料成果（地球物理探测报告中的成果）与雪峰山隧道施工开挖的地质资料进行对比，就能得出明确的结论和认识。

Y1 测线位于羊皮洞勘察区与 ZK 路线隧道相互平行，间距约 90m，测线起始端点 ZK97+320 到终端 ZK99+430。施工开挖地质资料主要来源有雪峰山隧道施工单位的地质工程师现场记录及本课题组成员连续追踪掌子面的记录。

在 Y1 测线地震资料共解译出 7 条大小不等的断层，而雪峰山隧道开挖验证了 3 条断层。发现开挖验证的 3 条断层正好对应 Y1 测线的 F2、F6、F7 规模较大的断层，其位置完全对应，误差在 10 米左右，从 Y1 测线地震资料解译情况分析，其断裂破碎带及断层的断面波、断点绕射波、杂乱波及反射波同相轴错断的特征明显。

具体对比情况如下：F2（测线位置 ZK97+836，开挖位置 ZK97+832~852）、F6（测线位置 ZK98+640，开挖位置 ZK98+590~758，见图 11-22）、F7（测线位置 ZK98+916，开挖位置 ZK98+911~931），这里 F2、F6、F7 都是属于地震资料解

译的断层编号，雪峰山隧道开挖验证的 3 条较大断层暂无编号（在预先提供的勘察资料上没有提供这三条断层的编号）。据"雪峰山隧道施工地质情况"记录，F2 断层特征："此段砂质板岩 ZK97+832~852 有一组长 20m 的层间大断层，断层带内主要为糜棱岩、角砾岩和压碎岩，加上涌水较大，开挖后有明显的应力显现，右顶曾出现 2.5m 高的坍塌。ZK97+762~795 段出现一倒 s 状褶曲带，褶曲带内有数条小断层，多石英脉。"F6 断层特征："此段在 ZK98+590~758 段断层较多，共有 11 处，其中 ZK98+736~758 段断层较大，水平宽达 23m，断层带内主要为碎裂岩夹断层泥，即泥夹石、石夹泥，稳定性差，采取打设超前小导管和钢拱架初期支护前进"。F7 断层特征："ZK98+911~931 里程段有一较大断层，水平宽达 20m，断层带内主要为碎裂岩夹断层泥，稳定性差。"

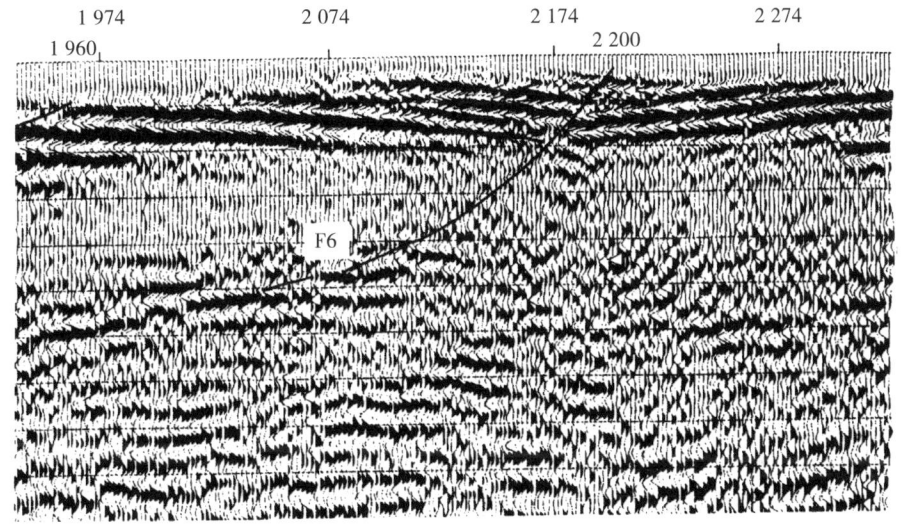

图 11-22　Y1 地震测线解译的 F6 断层异常

对于其他 4 条小断层异常的进一步分析，即 F1、F3、F4、F5 的验证情况如下：F1（测线位置 ZK97+590，开挖位置无）、F3（测线位置 ZK98+040，开挖位置无）、F4（测线位置 ZK98+180，开挖位置无）、F5（测线位置 ZK98+370，开挖位置无）。

现在进一步分析资料认为：F1、F3、F4、F5 可能属地层、节理裂隙发育带所致。如 F1（测线位置 ZK97+590，开挖位置无）在地震资料上有异常被解译成断层异常，但开挖的资料没有断层显示，进一步分析时发现这异常是由地层岩性界面造成的。"雪峰山隧道施工地质情况"记录："岩性特征：ZK97+415~445 段继续通过 F2 断层带，ZK97+580~630 里程段为灰绿色厚层状硅化砂质板岩，比预计提前 55m 进入板岩，即从 ZK97+580 以后属震旦系江口群长滩组第二段（Zc^2）。岩石坚硬，岩石断口有明显的丝绢光泽。"

综合以上大量资料认为雪峰山隧道勘察区应用的共排列双向变偏移距宽频高分辨率反射波多次覆盖技术是成功的，当断层及断裂破碎带达到一定的规模时，即开挖所认定的断层断裂地质现象，地震资料能够识别出来而不会遗漏，对于小型小规模的地震异常要进一步筛选，这里只是要掌握一个度的问题，而且地震解译的断裂异常要提供给钻探部门进一步验证。

5. 雪峰山隧道、斜井勘察区从岩体纵、横波速意义上分析，岩体分层已超出岩性分层含义，无论是硅质板岩、变质砂岩，其平均速度纵波 V_p=4 000~5 500m/s，横波 V_s=2 500~3 500m/s，表明勘察区地下岩体整体性好，具有纵、横波速高的特点。

验证情况

雪峰山隧道勘察区围岩多为变质砂岩及硅化砂质板岩，岩性坚硬，两种岩性的物理力学性质相近，围岩类别多为Ⅳ、Ⅴ类，分别相当于《公路隧道设计规范》（JTG D70—2004）中的Ⅲ、Ⅱ级。

6. 折射资料表明，邵阳端浅埋段全~强风化层平均厚度较怀化端浅埋段大，且变化较大。全~强风化层对隧道影响较大的地点应是邵阳端浅埋段。

验证情况

经现场隧道开挖验证：邵阳端隧道入口处，"岩性特征：此段围岩为震旦系江口群长滩组第三段（Zc³），为硅化砂质板岩，厚层状，风化程度为强风化（ZK95+895之前）至弱风化；节理十分发育，节理间为铁红色粉末状铁锰氧化物，沿节理局部含碎裂状石英脉""覆盖层为黄泥夹碎砾石，采取了洞内超前支护与地表网喷相结合的办法处理，安全通过浅埋段"。

怀化端隧道出口处，"岩性特征：前震旦系芙蓉溪群岩门寨组（Ptfy），为中薄层硅化砂质板岩，强~弱风化，岩层产状为 110°~130°∠ 40°~60°"。

图 11-23、图 11-24 与以上开挖验证的地质描述对比，可以明显反映根据工程地震资料所得出的认识与实际地质情况是一致的。

7. 雪峰山隧道主洞及斜井勘察区深层基岩波速高、密度高，且差异性小，反射系数也小，一般条件下深层反射波弱，背景平静。当深层有明显反射波同相轴时，应着重考虑断层（裂）构造影响，可能存在断面波异常。

验证情况

根据施工记录资料，深层未发现大范围破碎带异常，与地震地球物理探测资料解译成果相符。

8. 雪峰山隧道进口部位 L11、L12 测线地层速度结构剖面资料表明全~强

风化层地震波速度 V_0=630~840m/s，厚度 10~18m，微风化层界面地震波速度 V_0=3 970~4 060m/s，地震反射资料表明位于 L12 线 210 桩号 F31 断层异常，其余位置未见有规模断层。

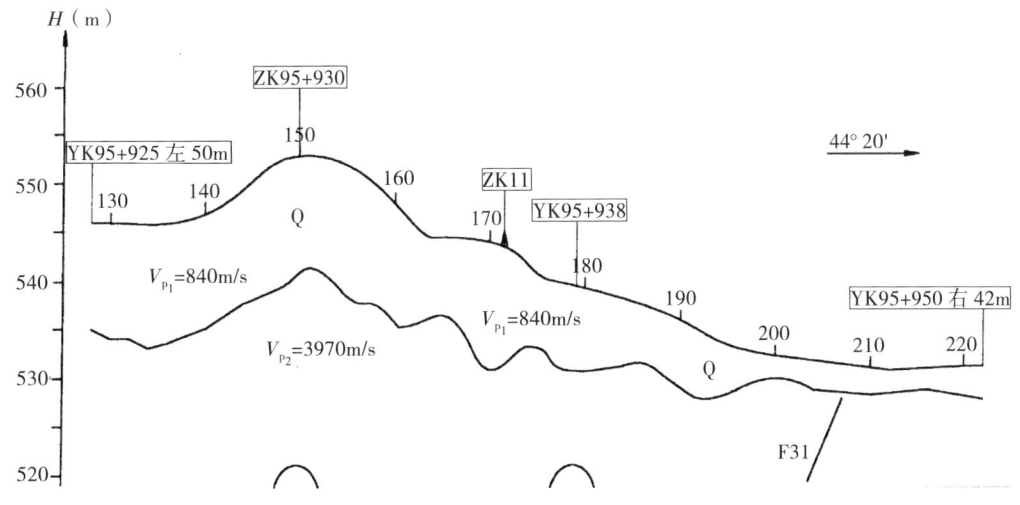

图 11-23　邵阳端浅埋段 L12 测线地震资料解译成果

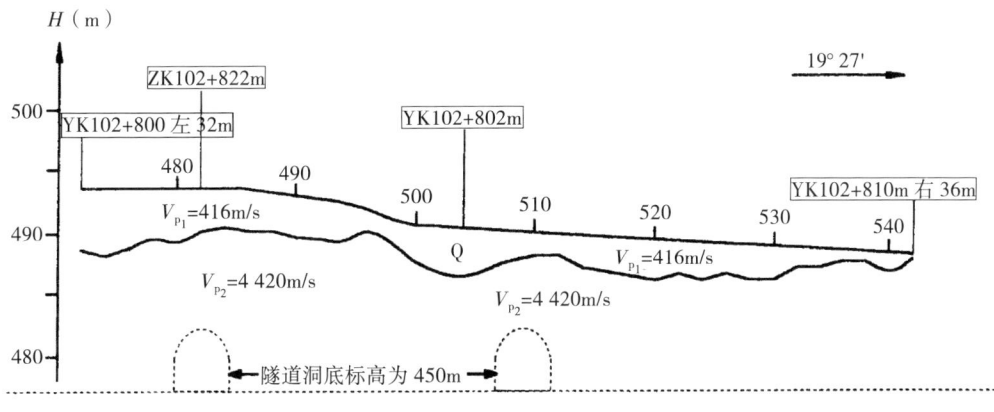

图 11-24　怀化端浅埋段 L7 测线地震资料解译成果

验证情况

施工发现："F8 断层与隧道斜交，断层宽 25m，纵向影响隧道长 32m，里程为 ZK95+894~926，与原推测在 ZK95+895~930 遇 F8 基本一致。断层带内主要为角砾岩、糜棱岩、碎裂风化岩、石英岩脉等。断层带内的岩层经搓揉较紊乱并有擦痕。岩层基本无自稳能力。"

对比地震解译成果与施工记录，应该说开挖的 F8 断层与 L12 地震测线上的 F31 断层是对应的，该断层斜穿隧道。

9. 雪峰山隧道出口（怀化端）部位 L8、L7 测线地层速度结构剖面资料表明全～强风化层地震波速度 V_0=416~490m/s，厚度 1~5m，微风化层界面地震波速度 V_0=4 160~4 420m/s。未发现断层迹象。该资料进一步表明邵阳端洞口全～强风化层厚度明显大于怀化端洞口。

验证情况

隧道开挖验证雪峰山隧道怀化端浅埋段未发现断层迹象。对比图 11-23、图 11-24 进一步表明地震地球物理探测报告的结论是正确的。

10. 雪峰山隧道斜井进口部位 L5、L6、L9、L10 测线：地层速度结构剖面资料表明，1 号、2 号斜井口表层全～强风化层地震波速度 V_0=1 030m/s 较一般正常值高，微风化层界面地震波速度达 4 440m/s；比较线 3 号斜井口全～强风化层地震波速度 V_0=590m/s，厚度 5m 左右，强风化层内地震波速度 V_0=2 255m/s，在强风化层至微风化层之间还应有过渡层；推荐线 3 号斜井口全～强风化层地震波速度 V_0=532m/s，厚度 5m 左右，微风化层界面地震波速度 V_0=3 330m/s。

验证情况

由于方案变更，只对 1 号、2 号斜井进行了开挖，其他部位无开挖验证资料。施工发现 1 号、2 号斜井浅埋端为厚层状的变质砂岩，存在球状风化现象，其中的球核为弱风化或微风化岩，故其整体强度较一般全～强风化层高。这应该是出现"1 号、2 号斜井口表层全～强风化层地震波速度较一般正常值高的地质原因"。

11.3 深埋越岭隧道电磁测深法探测技术研究

11.3.1 EH-4 电磁测深噪声干扰研究

EH-4 天然场电磁测深，其数据质量的好坏是取得理想地质效果的关键，而评定数据质量主要取决于信噪比，所以研究大地电磁的噪声对 EH-4 电磁测深非常重要。

大地电磁的噪声类型不同，表现出的电磁特征不一样，有些干扰在时间序列上具有明显特征，如脉冲干扰、正弦噪声等，有的则不明显，但在频谱上有较强的特征，如地磁噪声等，有的无论在时间序列上和频谱上均显示不出任何特征，如地质噪声等，它们与电磁信号叠加在一起，严重干扰有用信号质量。因此，地球物理工作的过程，在很大程度上是与噪声作斗争的过程。可见研究噪声的形成机制、分布特征、规律及压制与消除噪声的方法，对提高数据质量水平是至关重要的。

11.3.1.1　EH–4 电磁测深的人文和环境噪声特征

EH–4 电磁测深中的人文和环境噪声主要来源于人类活动，并随着国民经济和工农业生产的发展，此类干扰日趋严重，可以说凡是与电磁有关的人类生产和社会文化活动都可能是干扰源，这些干扰都是主动型的。主动型干扰因素较多，在工业城镇及工矿附近的地下由于电气设备接地和漏电等会形成复杂的工业游散电流，导致地电干扰，使实测的电磁信号波形杂乱无章，毫无规律。特别是在碳酸盐岩分布地区，由于地下介质电阻率较大，干扰噪声衰减缓慢，干扰影响范围较广。电台、雷达站、载波电话、有线广播、铁路、动力线的开关和控制信号，以及行驶的机动车辆等，构成最普遍的电磁干扰。一般表现为磁场受干扰严重，使电道和磁道的记录无对应关系。高压输电网以及电网负荷的变化也是主要干扰源之一，所观测的信号波形与反馈电网电压波形的波动规律一致，电道的轨迹有时会出现零点来回跳动。此外，风会引起磁传感器、信号线摆动，树木的摇晃以及工作人员的走动等导致地面微振动，这些都会干扰磁场信号，形成干扰噪声。图 11–25 是几种干扰情况的实测电磁信号时间序列波形。显然，由于干扰的原因这些点的数据质量很差，曲线变化毫无规律。

实际上，EH–4 电磁测深中的所谓干扰噪声，是指那些不满足平面电磁波的电磁信号的总称。因此，对干扰信号应该辩证地去分析，就一个信号而言，在某些点上是干扰信号，在其他点上又是有用信号。这取决于测深点与干扰信号源的距离，距离愈远，平面波的特性愈强，愈满足逼近高频大地电磁测深的理论前提。另一方面，一个干扰信号对于某一固定的测点，在低频时可能是干扰源，在高频时可能是有用信号源。这是由不同频率近场过渡到波场的距离决定的，频率越低，从近场进入远场的距离越大。

（1）50Hz 交流电干扰

图 11–26 中序列（左）$H_y(t)$、$E_x(t)$ 可以看出明显的周期性波动，周期为 20ms，是低频段 50Hz 交流电的干扰。图 11–27 是雪峰山隧道 AKX 第 4 号点 50Hz 交流电干扰的阻抗、相位频谱特征，X 方向视电阻率的误差比 Y 方向的误差大，这从原始采集的时间序列图 11–25 中也可以看出，$H_y(t)$、$E_x(t)$ 受到的干扰明显大于 $H_x(t)$、$E_y(t)$，从数据的相关性上也可以说明这一点。图 11–28 为雪峰山隧道 AKX 第 4 号点 50Hz 交流电干扰的电磁场频谱特征，可见，电磁场频谱特征的宏观规律与前面分析的几乎一样，但 50Hz 交流电干扰的奇次谐波值很高。

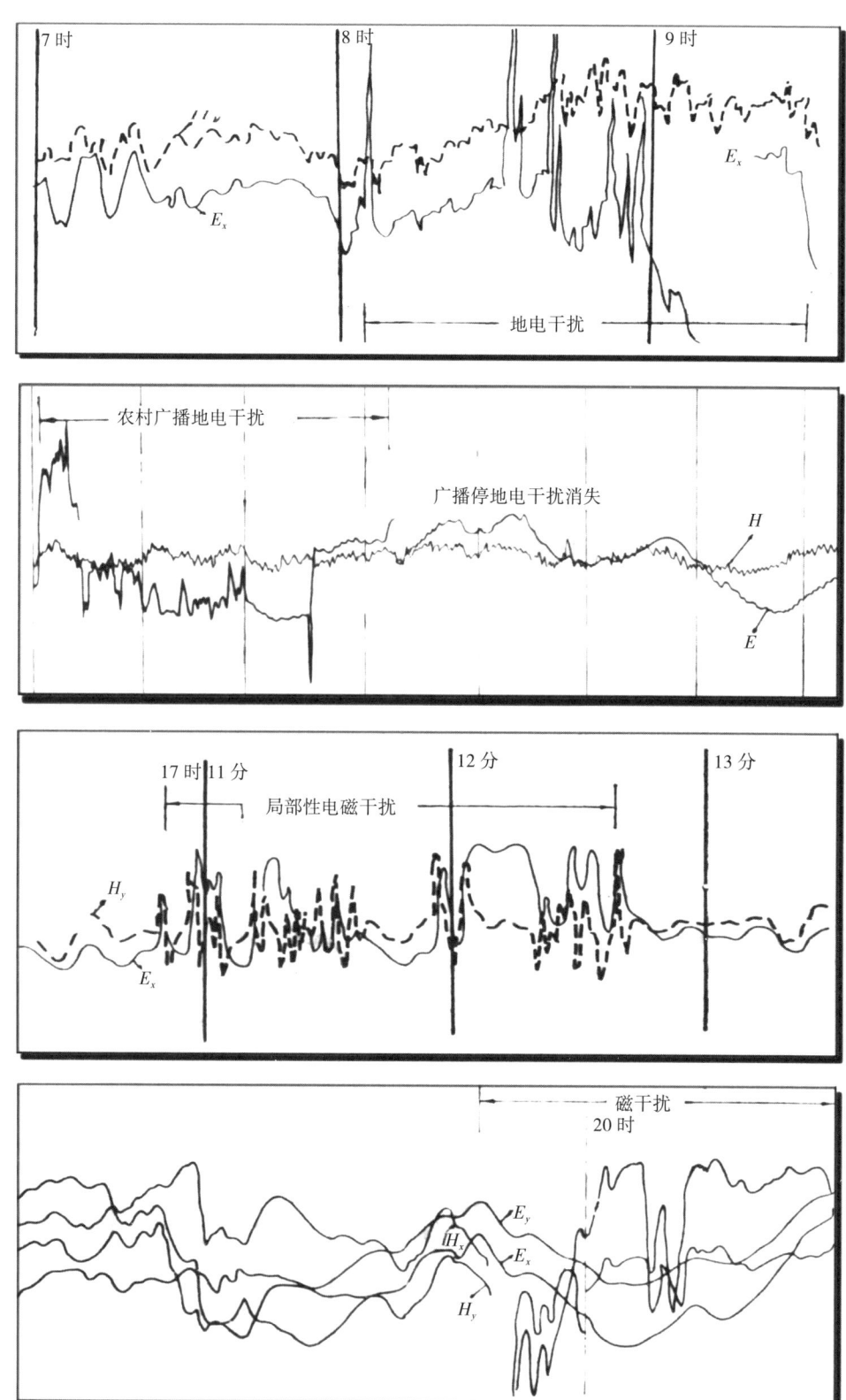

图 11-25　几种干扰情况的实测电磁信号时间序列波形图

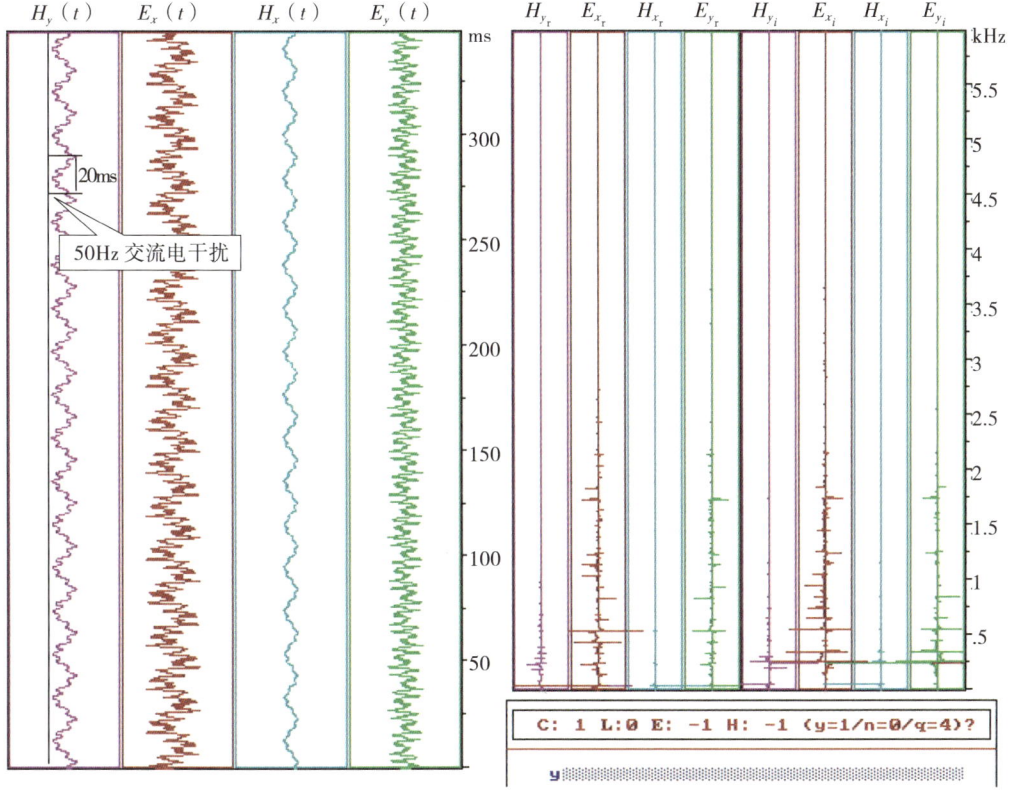

图 11-26　雪峰山隧道 AKX 第 4 号点 50Hz 交流电干扰时间序列和频谱特征

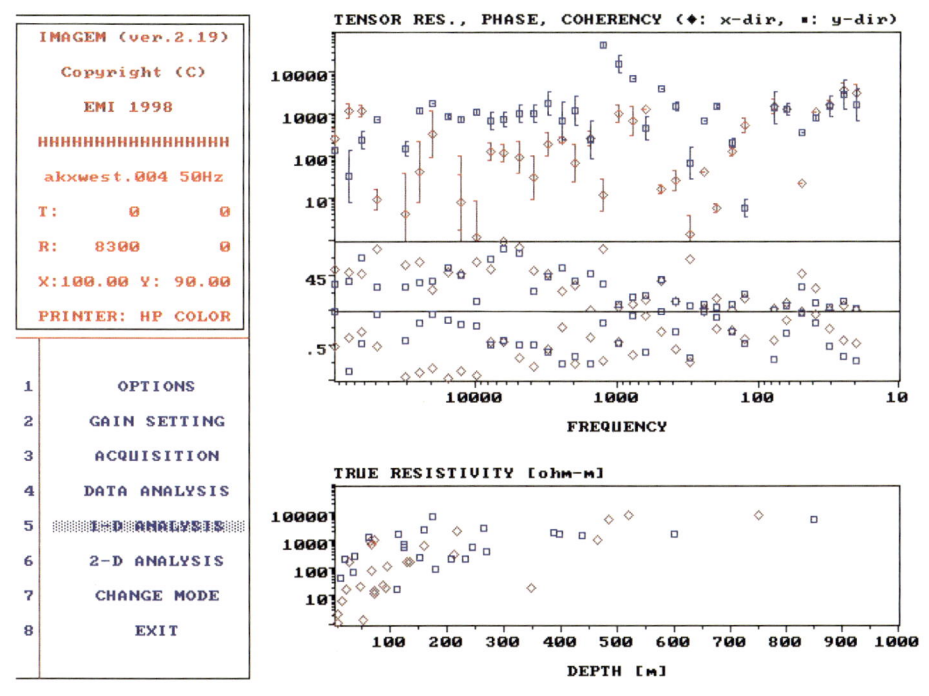

图 11-27　雪峰山隧道 AKX 第 4 号点 50Hz 交流电干扰的阻抗、相位频谱特征

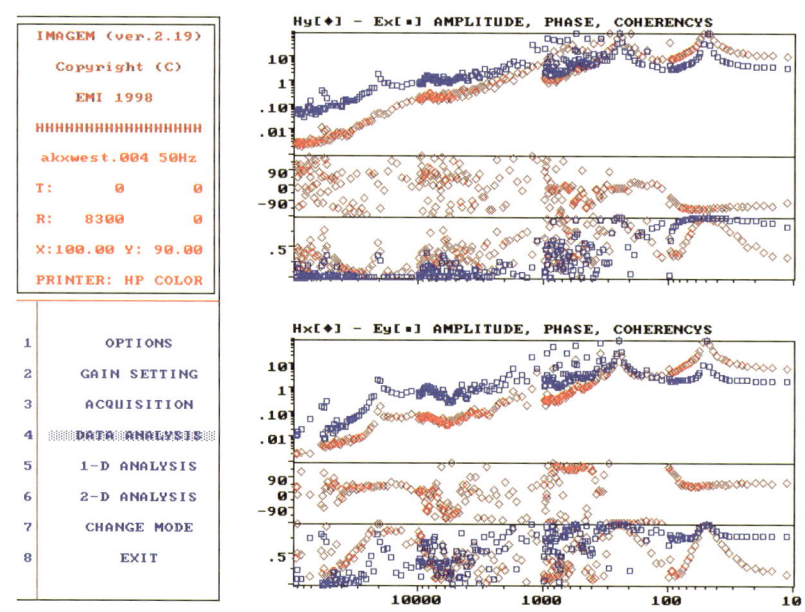

图11-28 雪峰山隧道AKX第4号点50Hz交流电干扰的电磁场频谱特征

（2）风的干扰

图11-29是雪峰山隧道KS线第21号点在风很大时实测的电磁场，可见电磁场频谱特别凌乱，其时间序列的波形不在轴的正中，漂移至轴线的两侧，如图11-30所示；经现场处理后，时间序列的波恢复在轴的正中，如图11-31所示。对比图11-32和图11-33可得，消除风的干扰后视电阻率的误差变小了很多。

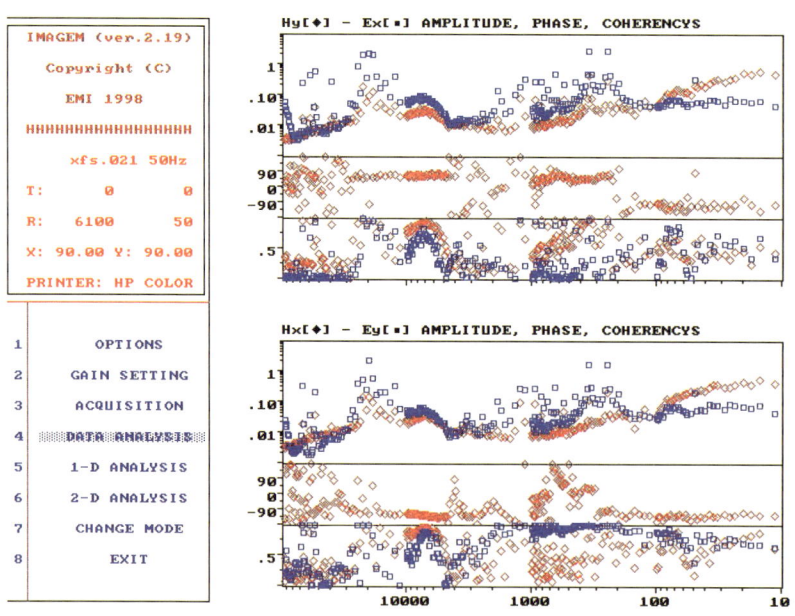

图11-29 雪峰山隧道KS线第21号点在风的干扰时的电磁场频谱特征

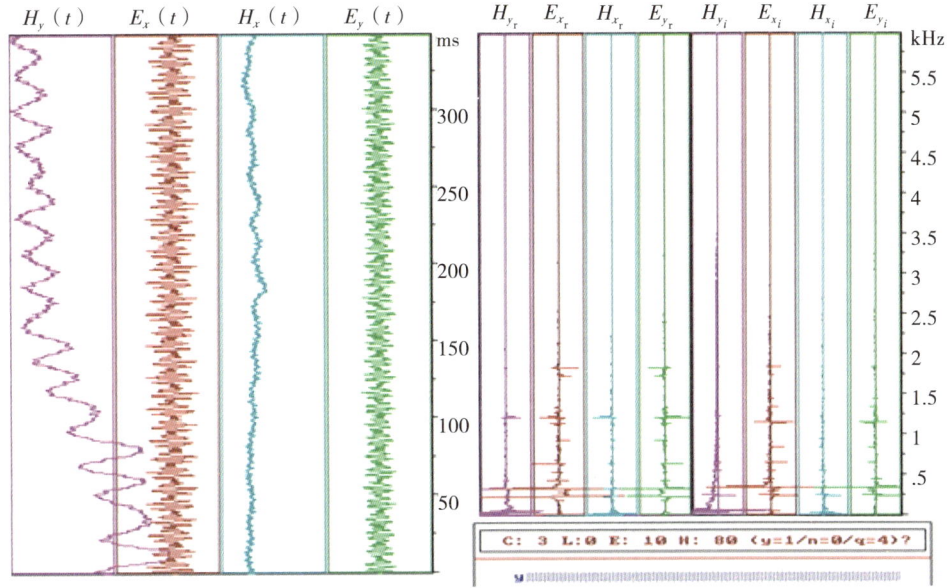

图 11-30 雪峰山隧道 KS 线第 21 号点在风的干扰时的时间序列和频谱特征

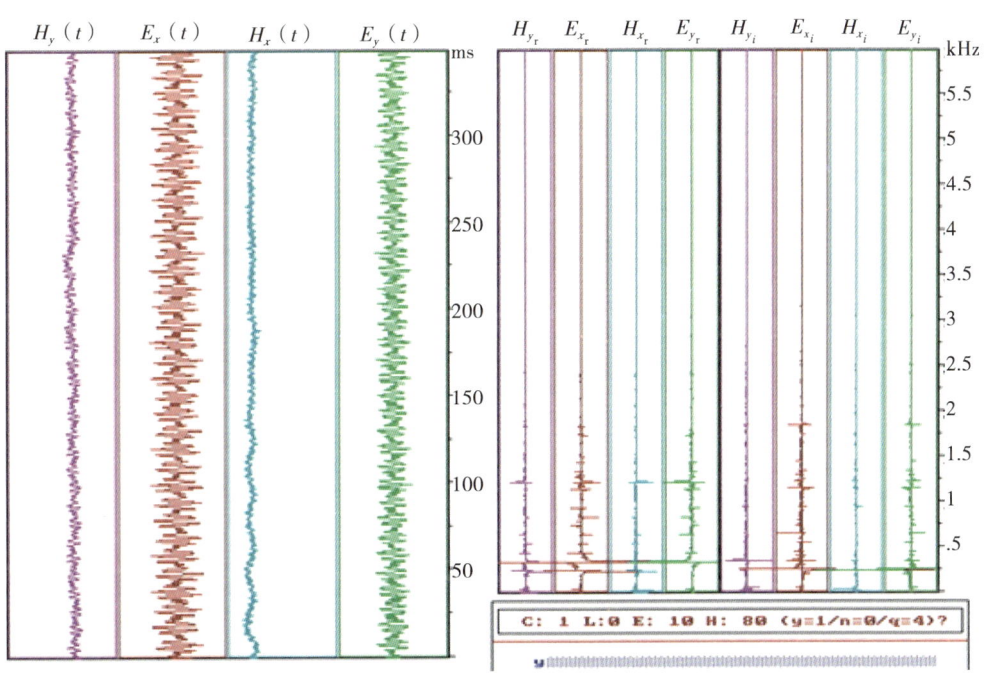

图 11-31 雪峰山隧道 KS 线第 21 号点消除风的干扰后的时间序列和频谱特征

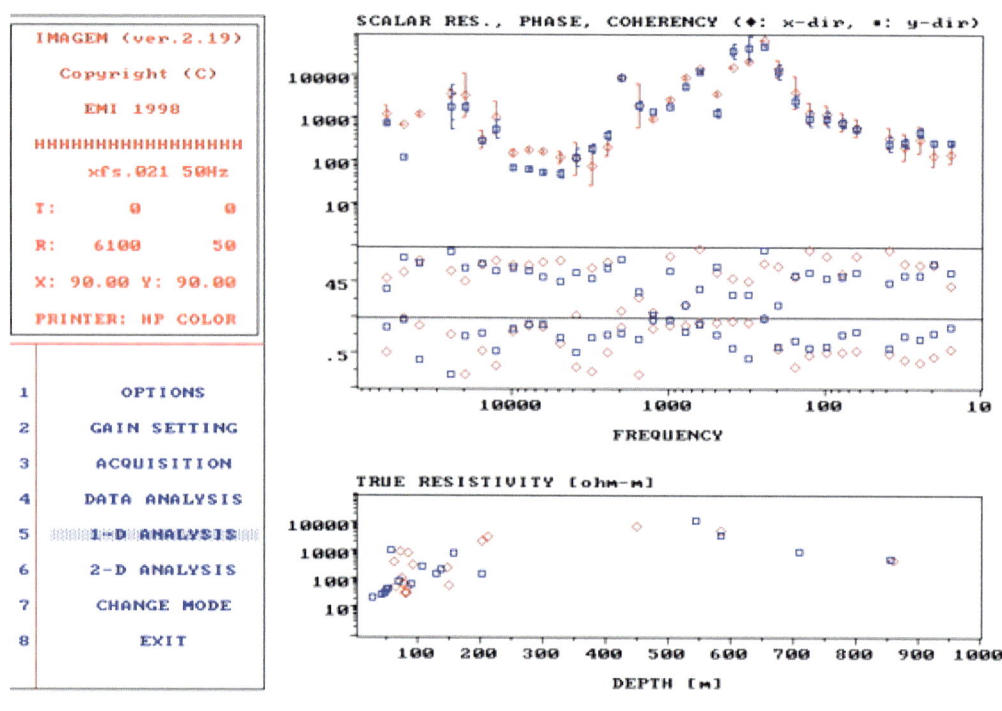

图 11-32　雪峰山隧道 KS 线第 21 号点在风的干扰时的阻抗、相位频谱特征

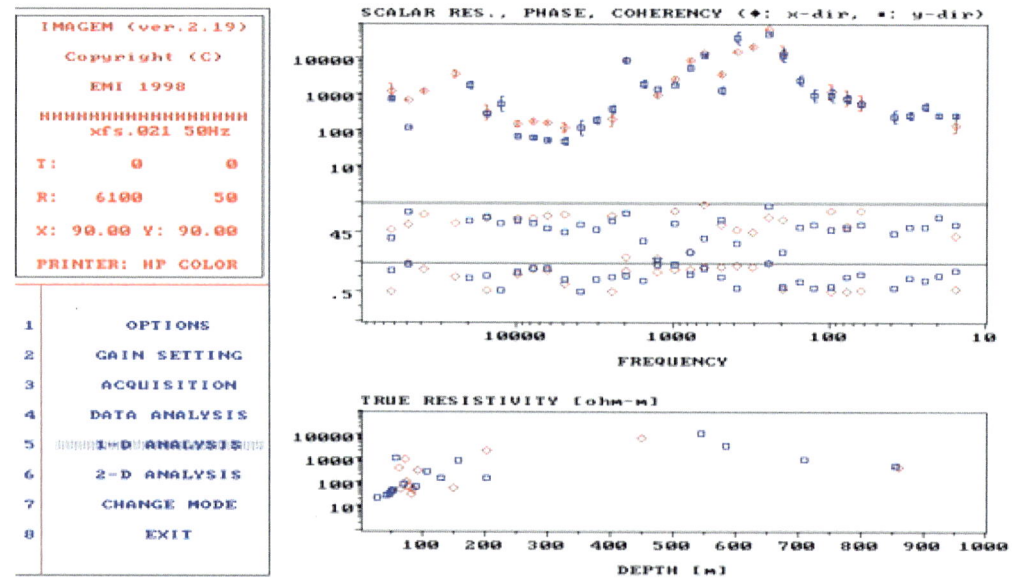

图 11-33　雪峰山隧道 KS 线第 21 号点消除风的干扰后的阻抗、相位频谱特征

11.3.1.2　地质噪声特征

地质噪声是被动型噪声，主要指静态效应，它是由地表不均匀体、地形等引起。理论上，此类噪声存在的原因是一次场（又称激励场）的作用。起伏不平的地形，改变了外电场（即一次场）的分布规律，导致一次场电流密度在正地形时减少，在

负地形时增加，从而导致视电阻率分布畸变。地表不均匀体，在外电场作用下，在这些不均匀体界面上形成积累电荷，从而引起视电阻率曲线畸变。

（1）静态效应的正演计算

图 11-34 是正演模型，模型主体为三层均匀层状介质，其电阻率分别为 100 Ω·m、10 Ω·m、1 000 Ω·m，其中上面两层的厚度分别为 600m、1 400m（层状介质中嵌入局部不均匀体）。局部不均匀体大小为 40m×40m×4m，电阻率为 5 Ω·m，观测点分布于不均匀体中心（MT0）、边界内侧（MT18）、边界外侧（MT25）和无穷远处（MT500）。图 11-35（a）为 MT500 的正演曲线，代表未受地表不均匀体影响的正常视电阻率测深曲线，曲线类型为 H 型，高频端接近第一层电阻率；图 11-35（b）为位于不均匀体中心（MT0）的正演曲线，与 MT500 相比，有了明显位移（偏低），位移值达 1 个级次。图 11-35（c）、（d）图中曲线是测深点位于不均匀体边界附近时静态位移的特点。

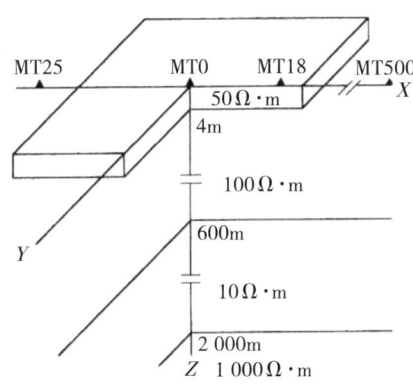

图 11-34　正演模型（层状介质中嵌入一局部三维不均匀体）

由图 11-35 可知，地表电性不均匀体引起的静态位移既明显，又复杂。在地质条件差，地形条件复杂的地区，静态位移对资料解译带来的影响不能低估。当测点位于不均匀体的不同部位时，静态位移特点各不相同，仅根据单点观测结果，将无法判断是否存在静态位移。

（2）地质噪声对 EH-4 电磁测深的影响

上述应用正演模式研究了地质噪声对 EH-4 电磁测深资料的影响规律及其特点。本小节以量化形式进一步讨论地质噪声问题，为此引入感度的概念。

EH-4 电磁测深在地面实测视电阻率是地下各点真实电阻率的综合反映，当地下某一点（i，j）的电阻率发生 $\Delta \rho_{ij}$ 变化时，显然，实测视电阻率必然随着发生

$\Delta \rho_\alpha$ 的变化。令 $W = \dfrac{\Delta \rho_\alpha}{\Delta \rho_{ij}}$，称 W 是实测视电阻率对该点（i, j）的感度。

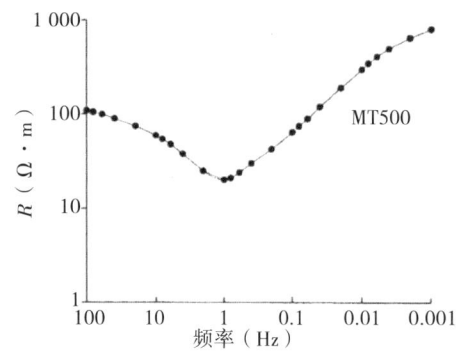

（a）测点距不均匀体无穷远（MT500）无静态偏移

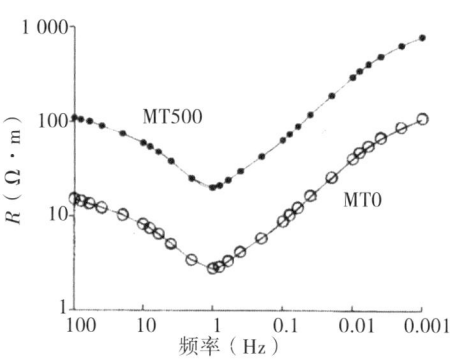

（b）测点位于模型中心（MT0）曲线
明显下降，但 TE、TM 重合

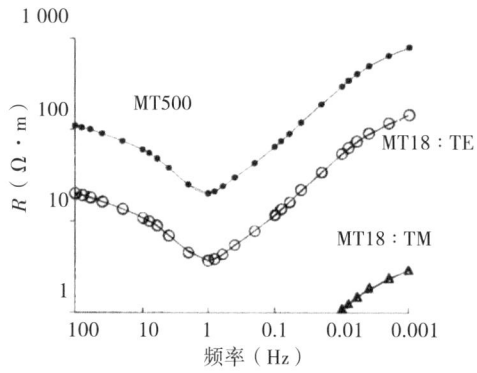

（c）测点位于模型内侧（MT18），TE、TM 曲
线均向下移

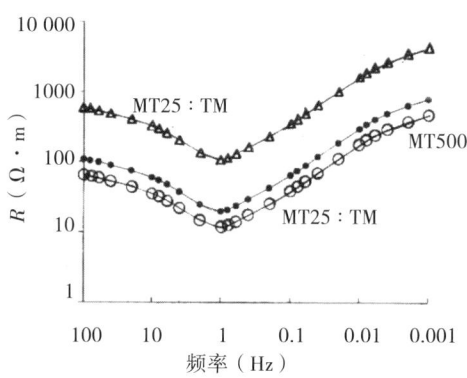

（d）测点位于模型外侧（MT25），TE、TM
曲线分别向上、向下移

图 11-35　正演曲线

图 11-36 是由二维正演程序计算出的 EH-4 电磁测深方法 TM 模式和 TE 模式的感度分布图。每个点上感度的计算，采用截面边长为 0.1 δ（δ 为趋肤深度）的二维地质体。图中感度值被放大 100 倍。

图 11-36（a）为 TM 模式的感度分布：测点下方为正感度，水平方向偏离测点后变逆感度（W_{ji} 为负值）。地表下方地表处的感度相当大，高达 135%。离开地表后急剧下降。而 TE 模式［图 11-36（b）］的感度分布为正感度（W_{ji}），不论是水平方向还是垂直方向变化相对平缓。下面根据感度分布来讨论静态影响问题。

对于 TM 模式，当测点处下方存在局部不均匀体时，所测视电阻率不仅与不均匀体成正比关系，而且因感度大于 100%，会引起过冲现象发生。若不均匀体为高阻时，实测视电阻率会大于不均匀体电阻率。反之，若不均匀体为低阻时，所测视电阻率会小于不均匀体电阻率。当在测点旁侧有局部不均匀体存在时，因逆感度的关系，所测视电阻率的变化与不均匀体电阻率的变化成反变化关系，旁侧不均匀体为高阻时，使实测视电阻率降低。而旁侧不均匀体为低阻时，实测值会增高。因此，对 TM 模式，不均匀体落在测点正下方和落在测点旁侧，对测点视电阻率的影响是恰好相反的。

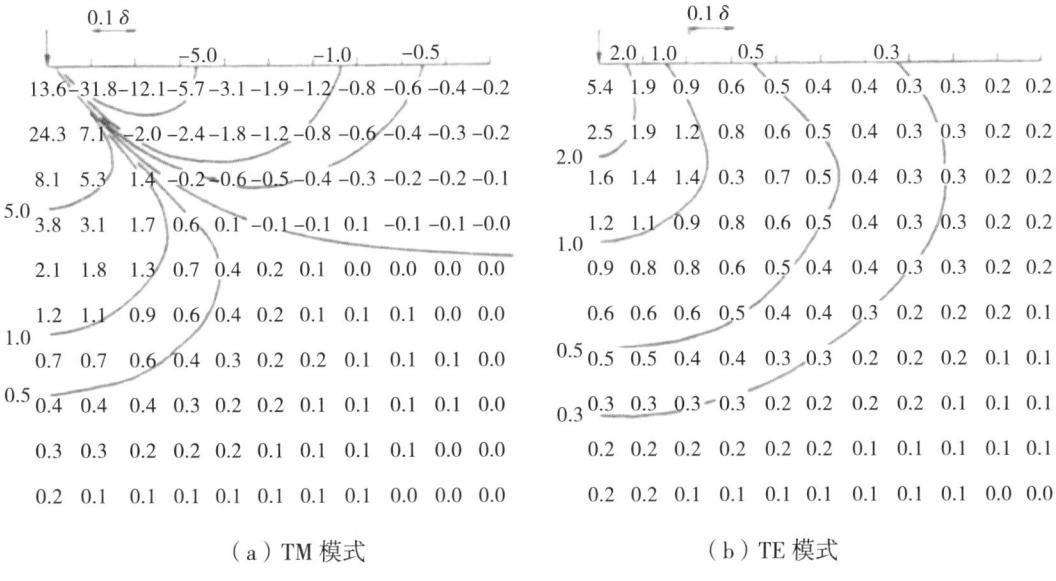

（a）TM 模式　　　　　　　　　　　　　　　　（b）TE 模式

图 11-36　EH-4 电磁测深感度分布图（所标数据放大了 100 倍）

TE 模式时，全为正感度，实测视电阻率对地下电性分布具有体积效应法，不管不均匀体是位于测点正下方，还是旁侧，实测视电阻率均与不均匀体电阻率呈正相关。此外，TE 模式的最大感度仅为 5.4%，远小于 TM 模式。所以说 TE 模式受静态影响远小于 TM 模式。

EH-4 电磁测深法的地形影响问题，许多学者开展了大量的研究工作。本节以感度方法分析地形影响规律。

当测点位于山脊时，相当于测点两旁存在高阻体分布，会使 TM 模式的视电阻率降低，TE 模式的视电阻率增高。反之，当测点位于山谷时，电性分布情况与山脊时恰好相反，会使 TM 模式的视电阻率增高，TE 模式的视电阻率降低。图 11-37 为视电阻率在 100 均匀介质的纯正地形时，TM 模式和 TE 模式视电阻-频率断面图。图中 0 号点为山脊地形，-150 号点为山谷地形。由图可知，在山脊地形时，TM 模式的视电阻率小于 100 Ω·m，TE 模式的视电阻率大于 100 Ω·m；相反，在山谷地形时，TM 模式视电阻率大于 100 Ω·m，TE 模式的视电阻率小于 100 Ω·m。同时，从图中资料对比可知，TE 模式受地形影响比 TM 模式要小；且 TM 模式从高频到低频，地形均有影响，而 TE 模式仅在高频段受到影响。所以说地形影响与静态影响是一样的，地形也是一种静态的表现形式。

由图 11-37 感度分布图可知，对地下电性的横向变化，TM 模式的测量结果相当于"放大器"的作用，它放大地下电性的横向变化，使视电阻率-频率断面图中的等值线呈竖条状变化，严重干扰电性的正常分布规律。而 TE 模式的测量结果相当于"积分器"作用，它平均了地下电性的横向变化，使视电阻率-频率断面图中的等值线横向连续性好。对 TM 模式、TE 模式视电阻率-频率断面进行分析，对定性认识地下电性特征非常有意义。

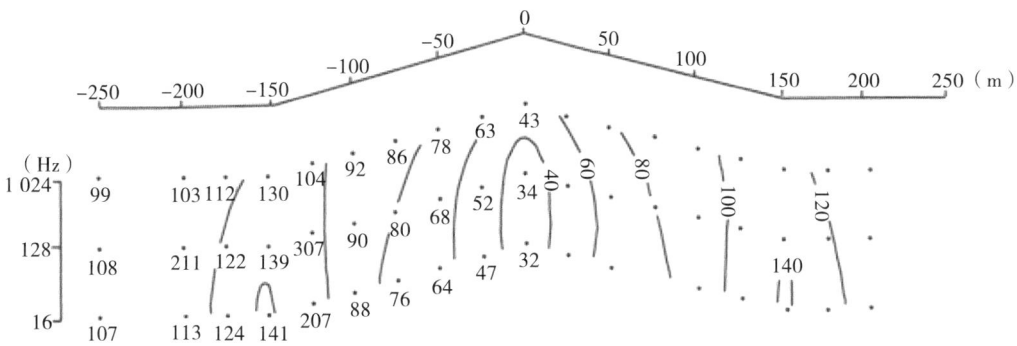

（a）TM 模式视电阻率-频率断面

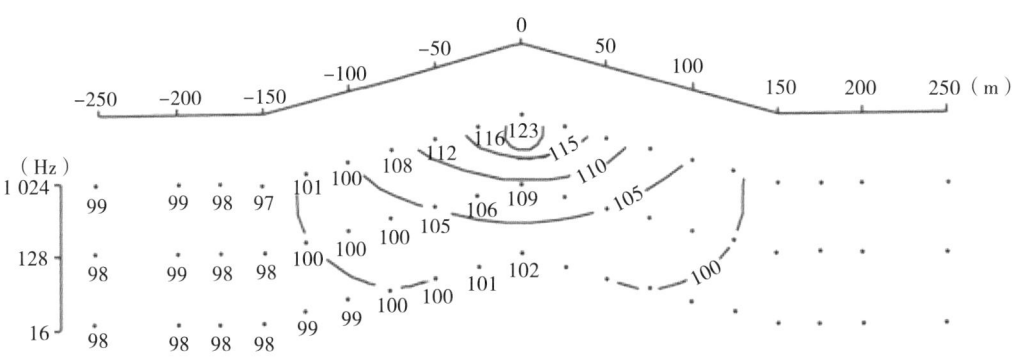

（b）TE 模式视电阻率-频率断面

图 11-37　纯正地形时 EH-4 电磁测深视电阻率-频率断面图

通过感度分布图的讨论，不论是 TM 模式还是 TE 模式，在垂直方向与水平方向均存在感度分布。EH-4 电磁测深资料不仅反映测点地下一定深度上电性随深度的变化规律，而且，在水平方向的相同范围内电性变化对资料同样产生影响。也就是说，在工程地质勘察中，若研究地下 1 000m 深度以内的大地电性结构，则不得不考虑在 1 000m 以内的水平方向的地质、地形和局部不均匀体的电性变化所产生的影响，尤其是在山区条件下，此类影响比较复杂。TM 模式和 TE 模式资料的差异，有可能也是重要的影响因素之一。

11.3.1.3　EH–4 电磁测深噪声分析

EH-4 电磁测深法中，实测的是水平方向相互正交的电场信号和磁场信号 $E_x(t)$、$E_y(t)$、$H_x(t)$、$H_y(t)$。如果将这些大地电磁场看成是不同圆频率为 ω_i 的谐波叠加，则在某一频率 ω_i 的电磁场分量可表示为：

$$E_x = Z_{xx}H_x = Z_{xy}H_y \ ; \quad E_y = Z_{yx}H_x = Z_{yy}H_y \tag{11-2}$$

实际工作中由于各种干扰的存在，不可避免地在实测信号中含有噪声，如何估计这些噪声的影响？下面就此开展讨论。

1.EH–4 电磁测深全信息矢量相干度

全信息矢量相干度 CP 定义为：

$$CP_{ij} = 1 - \frac{D_{ij}}{\left| R_{ij} \right|_L} \tag{11-3}$$

式中：$R_{ij} = \dfrac{1}{L}\sum\limits_{L=1}^{L}(Z_{ij})_L$ ，$D_{ij} = \dfrac{1}{L}\sum\limits_{i=1}^{L}\left|(Z_{ij})_L - R_{ij}\right|$ 。

由式（11-3）可知，若数据无干扰，则 D=0，CP=1。干扰噪声愈严重，数据质量愈差，CP 偏离 1 愈远。图 11-38 是雪峰山隧道 KS 线第 66 号点 Z_{xy}、Z_{yx} 全信息矢量相干度曲线，不难看出，在高频段 50~100kHz 时，CP 逐渐变小；中频段主要集在 2 000Hz 左右，CP 曲线出现低谷；在低频段 20~50Hz 时，CP 也出现低谷；因此，在这些频段存在干扰，而其他段 CP 值较高，说明噪声干扰较弱，数据质量较好。

2.EH–4 电磁测深电磁场信号相关分析

大地电磁场之间存在线性关系，满足线性叠加原理。如果将地球想象成一个滤波器，设磁场为输入信号，电场为输出信号，则可用图 11-39 对系统进行研究。

图中 $Z(t)$ 是大地滤波器时间因子，$Z(\omega)$ 则是相应的频率响应，那么该系统可用下式来描述：

$$e(t) = e(t_1) + e(t_2) = \int_{-\infty}^{\infty}\left[Z_1(\xi)h_1(t-\xi) + Z_2(\xi)h_2(t-\xi)\right]\mathrm{d}\xi \tag{11-4}$$

输入、输出信号的自相关和互相关分别为：

$$P_h(\tau) = \int_{-\infty}^{\infty}h(t)h(t+\tau)\mathrm{d}t = \int_{-\infty}^{\infty}\left[h_1(t) + h_2(t)\right]\left[h_1(t+\tau) + h_2(t+\tau)\right]\mathrm{d}t \tag{11-5}$$

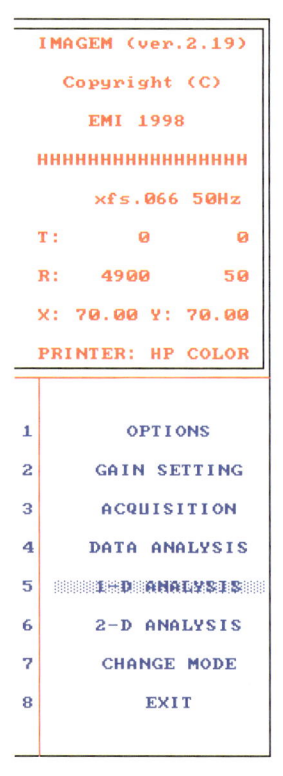

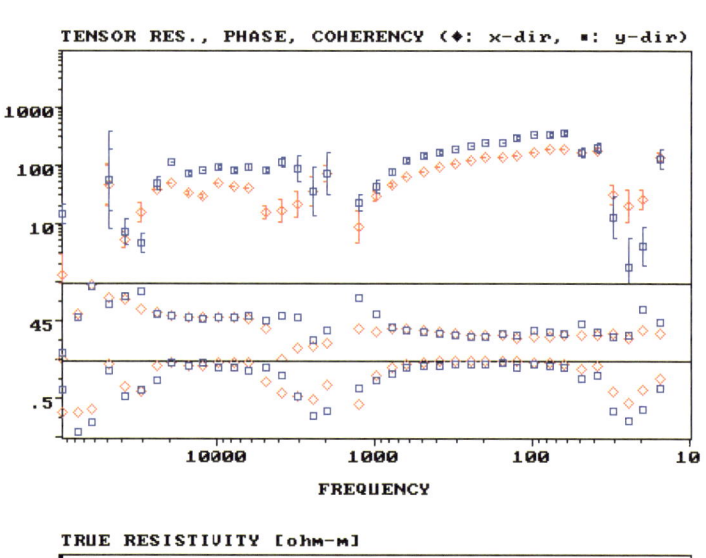

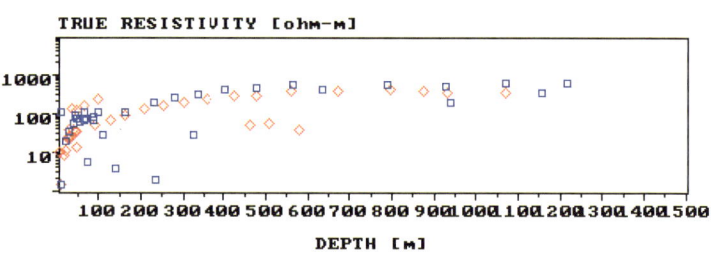

图 11-38　雪峰山隧道 KS 线第 66 号点 Z_{xy}、Z_{yx} 全信息矢量相干度曲线

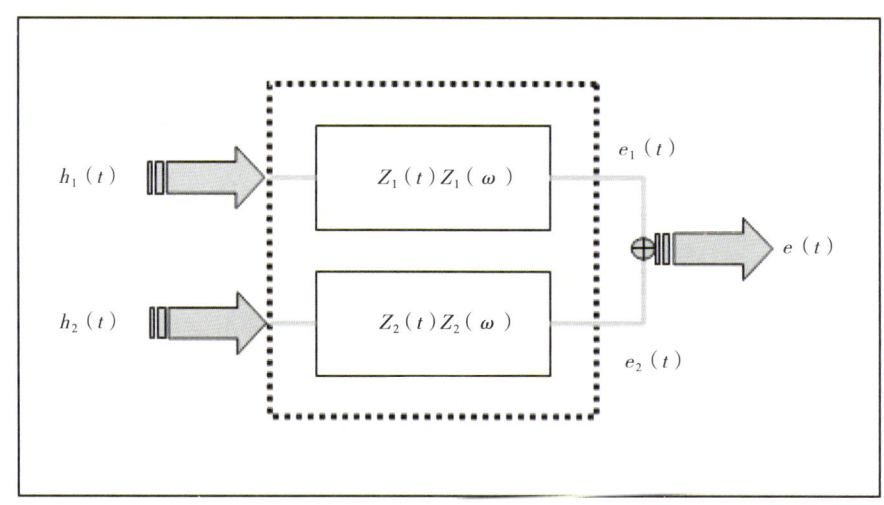

图 11-39　大地电磁输入输出系统

$$P_e(\tau) = \int_{-\infty}^{\infty} e(t)e(t+\tau)\mathrm{d}t = \int_{-\infty}^{\infty} \left[e_1(t) + e_2(t) \right] \left[e_1(t+\tau) + e_2(t+\tau) \right] \mathrm{d}t \qquad （11-6）$$

将式（11-4）代入式（11-5）、式（11-6），应用时移定理和共轭定理，求相关函数的傅氏变换，则：

深埋越岭隧道勘察技术研究与实践

$$P_{\mathrm{h}}(f) = F\left[R_{\mathrm{n}}(\tau)\right] = \left[H_1(f) + H_2(f)\right]\left[H_1^*(f) + H_2^*(f)\right] = \left[H_1(f) + H_2(f)\right]^2 \tag{11-7}$$

$$P_{\mathrm{e}}(f) = F\left[R_{\mathrm{e}}(\tau)\right] = \left|Z_1(f)H_1(f) + Z_2(f)H_2(f)\right|^2 \tag{11-8}$$

$$P_{\mathrm{h,e}}(f) = \left[Z_1(f)H_1(f) + Z_2(f)H_2(f)\right]\left[H_1(f) + H_2(f)\right]^* \tag{11-9}$$

在相关分析中，为了分析信号的输入、输出信号之间的相关性，引入常相干函数来描述它们之间的相关程度，现定义常相干函数 υ：

$$\upsilon^2 = \frac{\left|P_{\text{输入}} \cdot P_{\text{输出}}\right|^2}{\left|P_{\text{输入}}(f)\right| \cdot \left|P_{\text{输出}}(f)\right|} \tag{11-10}$$

将式（11-7）、式（11-8）、式（11-9）代入式（11-10），求得 $\upsilon^2 = 1$，说明在理想情况下，常相干函数等于 1，若输入、输出信号完全不相干时，$\upsilon^2 = 0$。当 $\upsilon^2 < 1$ 时说明输入、输出信号中存在噪声，噪声愈强，其 υ 值愈小。

在 EH-4 电磁测深中，将具体的电场分量（E_x、E_y）和磁场分量（H_x、H_y）代入式（11-10），则 E_x 和 H_x、H_y 的相关系数为：

$$\upsilon_{\mathrm{h}}^2, E_x(f) = \frac{\left|Z_{xx}(f)H_x(f) + Z_{xy}(f)H_y(f)\right|^2}{\left|E_x(f)\right|^2} \tag{11-11}$$

E_y 和 H_x、H_y 的相关系数为：

$$\upsilon_{\mathrm{h}}^2, E_y(f) = \frac{\left|Z_{yx}(f)H_x(f) + Z_{yy}(f)H_y(f)\right|^2}{\left|E_y(f)\right|^2} \tag{11-12}$$

图 11-40 和图 11-41 是雪峰山隧道 AKX 线第 22 号点和第 62 号点电磁场相关系数随频率分布特征。两测点相关系数曲线几乎具有相同的频率特征。在低频段 80~90Hz 信号、中频段 2 000Hz 左右的信号及高频 60~90kHz 的信号相关性较弱。其他频段相关性强。

根据上述相关分析的讨论，相关分析实质是一种激励与响应间（输入与输出信号间）的因果关系分析。相关性等于 1 时，说明找到了产生响应的所有激励，即所有的原因，否则还有未知的原因影响着响应的变化，所知的原因不具备充分性。具体到式（11-10），输出信号 E_x 和输入信号 H_x、H_y 的相关性小于 1 时，说明还有其他输入因素，这就是噪声。噪声越强，相关系数越小于 1。

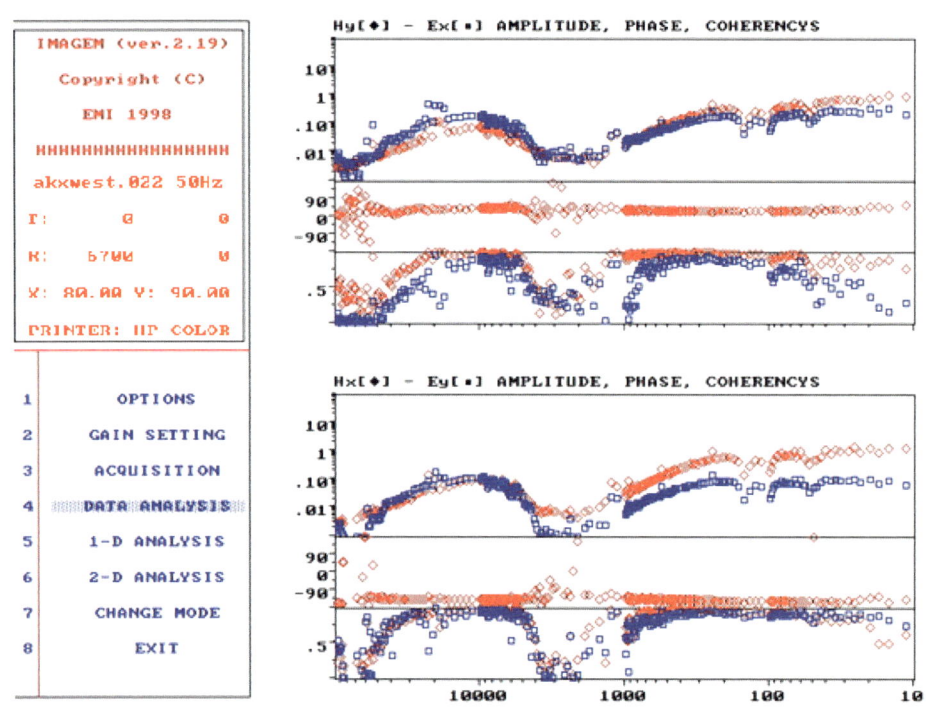

图 11-40　雪峰山隧道 AKX 线第 22 号点电磁场相关系数随频率分布特征

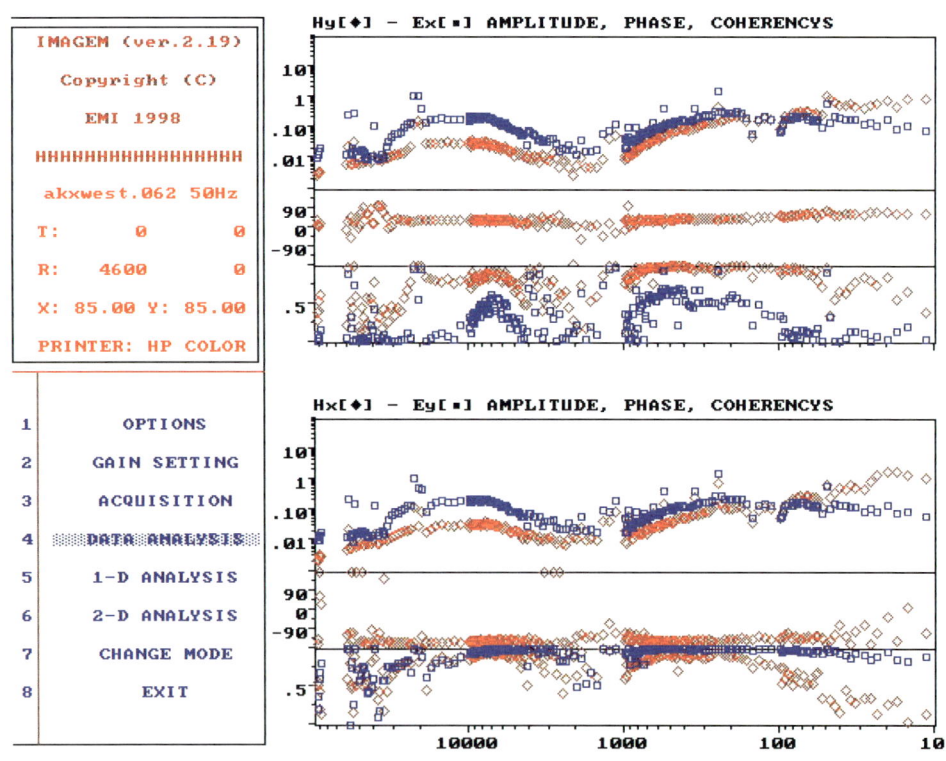

图 11-41　雪峰山隧道 AKX 线第 62 号点电磁场相关系数随频率分布特征

深埋越岭隧道勘察技术研究与实践

11.3.2　EH-4 电磁测深方法技术研究

11.3.2.1　EH-4 电磁测深野外工作方法技术

EH-4 电磁测深法采用的方法是 CEMAP（Continued Electromagnetic Array Profiling）连续电磁阵列剖面法。CEMAP 法在野外工作方法是在每一个测点进行张量测量，同时观测沿测线方向的电场、磁场和垂直测线方向的电场和磁场，并且，沿测线方向的电偶极子的长度等于点距，两个测点沿测线方向的电偶极子首尾连接，实现 CEMAP 法的连续观测。

1. 观测点的布设

电偶极方向是用罗盘指示，用皮尺测量偶极距离，并进行地形改正，误差小于 0.5m，方位差小于 1°。

2. 平行试验

在开展工作的前一天做平行试验，检测仪器是否工作正常，两个磁棒相隔 5m，平行放在地面，两个电偶极子也平行。观测电场、磁场通道的时间序列信号，分别为低频和高频段磁场、电场信号波形图，两个方向通道的波形形态和强度均基本一致，说明仪器工作正常（图 11-42）。

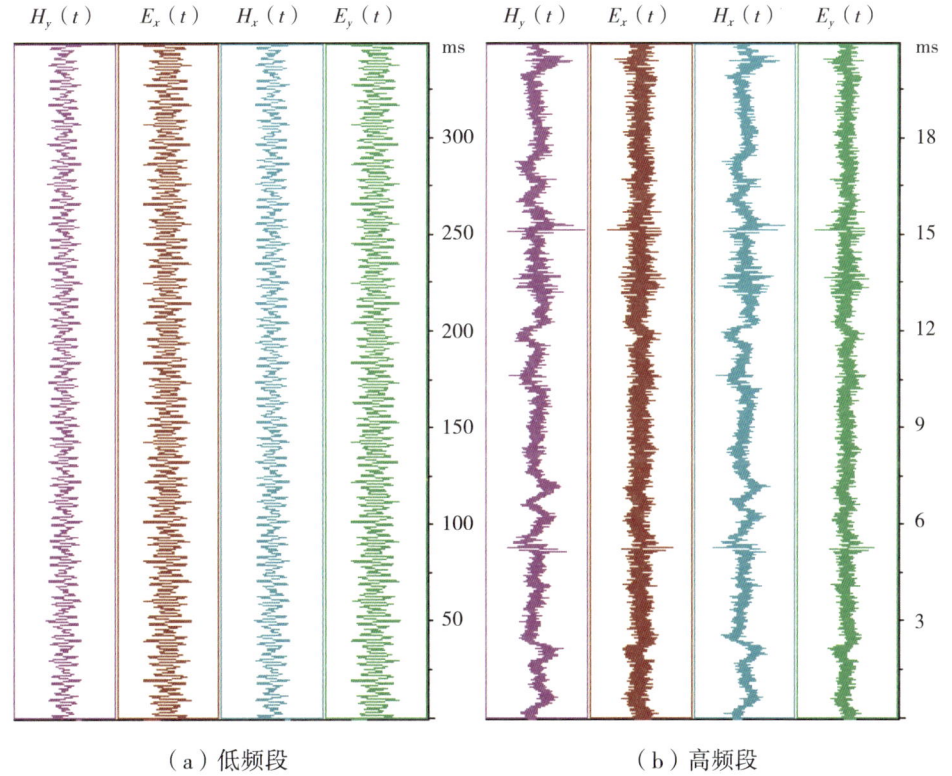

（a）低频段　　　　　　　　　（b）高频段

图 11-42　平行试验检查仪器通道相关性波形图

3.电极布设技术

如图 11-43 所示，本次工作共使用四个电极，每两个电极组成一个电偶极子，为了便于对比监视电场信号，其长度都为 100m（点距为 50m 时，长度均为 50m），与测线方向一致的电偶极子叫作 X-Dipole；与测线方向垂直的电偶极子叫作 Y-Dipole。为了保证 Y-Dipole 电偶极子的方向与 X-Dipole 电偶极子的方向相互垂直，用罗盘确定方向，误差 <±0.5°，电偶极子的长度用测绳测量，误差 <±0.5 m。

4.磁棒布设技术

磁棒离前置放大器大于 5m，为了消除人文噪声干扰，两个磁棒埋在地下至少 5cm，用罗盘定方向使其相互垂直，误差控制在 <±2° 且水平。所有的工作人员离开磁棒至少 10m，尽量选择远离房屋、电缆、大树的地方布设磁棒。

5.AFE（前置放大器）布设技术

电道、磁道前置放大器放在测量点上，即两个电偶极子的中心，为了保护电道、磁道前置放大器，应将其首先接地，并远离磁棒至少 5m。

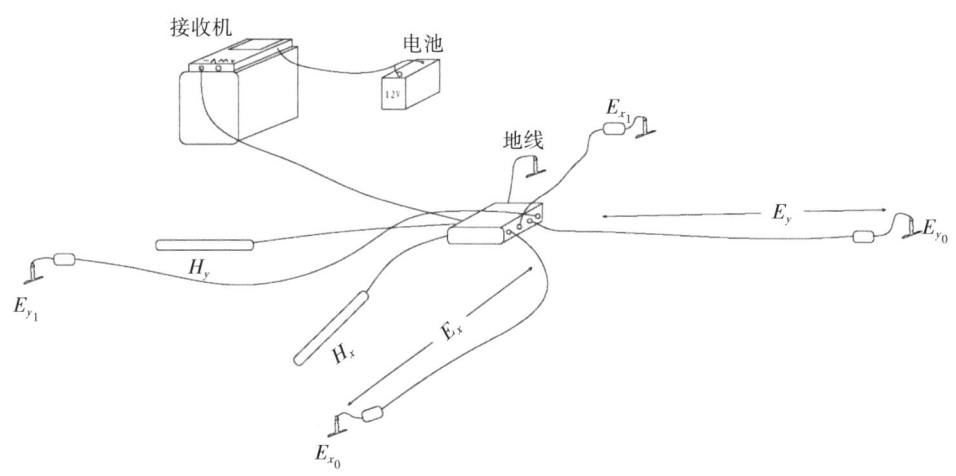

图 11-43　EH-4 电磁测深工作连接图

6.主机布设技术

主机要放置在远离 AFE（前置放大器）至少 5m 的一个平台上，而且操作员最好能看到 AFE 和磁棒的布设。

11.3.2.2　EH-4 电磁测深张量测量技术研究

在前面已经叙述过，EH-4 是全新概念的电导率张量测量仪。采用该设备进行电磁测深，同时接收和分析 X、Y 两个方向的电场和磁场，反演 X-Y 电导率张量剖面。

为了对比分析，以雪峰山隧道 R4YK102+000~103+400 段为例，首先只进行 X 方向电阻率反演（只提取出 X 方向电场信号和 Y 方向磁场信号），如图 11-44，通过解译，根据电阻率等值线变化规律，可以推测出在洞身 R4YK102+800~102+900 段有断层 F2 通过，在洞身 R4YK102+715 附近也有一隐伏断层 F 通过，这与 R4YK 线左侧 150m 左右的 ZK 线实际开挖情况比较吻合；预设计方案与施工方案测线平面位置如图 11-45 所示，此外，在洞身 R4YK102+655~102+960 段电阻率比较低，推测该段为厚层状砂岩地层，节理发育，且有两断层 F2、F 通过，岩石较破碎，含水性好,这与开挖的实际情况（围岩稳定性较差，靠近断层及节理附近常出现小塌方，普遍渗水量较大）较吻合；但在洞身 R4YK102+320~102+655 段开挖情况也表现为岩层节理发育，围岩稳定性较差，普遍渗水量较大，图 11-44 表现不太明显，反而呈现一相对高阻，与实际情况不符；此外，图 11-44 洞身 R4YK103+030~103+195 段表现为低阻区，与实际开挖情况（岩层较完整，总体稳定性好，渗水量较小，仅局部滴水）不吻合。

图 11-46 为 R4YK102+000~103+400 段 EH-4 张量测量电阻率反演图，结合以上分析可见，图 11-46 表现出来的电性特征更接近于实际开挖情况，进一步体现张量测量的优越性。

11.3.2.3 EH-4 电磁测深空间滤波技术研究

在对 EH-4 电磁测深数据进行反演时，由于其中必然存在测量误差和干扰因素，使得数据具有一定的分散性，特别是求导运算对这种分散性尤为灵敏，所以在做反演之前应先对实测数据进行空间滤波。然而，空间滤波最重要的就是对窗口大小的选择，窗口过大，会导致有用信息的丢失或掩盖；窗口过小，使得干扰误差得不到有效地去除；故必须合理地选择窗口的大小，使得反演更接近真实情况。

下面以雪峰山隧道 R4YK102+000~103+400 段为例，选择几个不同窗口对其进行空间滤波，然后反演成图。图 11-47 为在窗口系数 s=0.5 时的反演剖面图，其电性特征还是比较好地反映了地下构造及岩石特征，仅局部高阻表现得尤为突出，且所圈施工重点区域（低阻区间）过大；图 11-48 为窗口系数 s=0.8 时的反演剖面图，其等值线变化特征更好地反映两断裂 F2 和 F 及地下岩石特征，与实际开挖情况较吻合，故该系数为进行反演的首选滤波窗口值；而图 11-49 为窗口系数 s=1.5 时的反演剖面图，显然，该窗口偏大，掩盖许多有用信息，使得反演剖面图不能更准确地反映地下地质体特征。

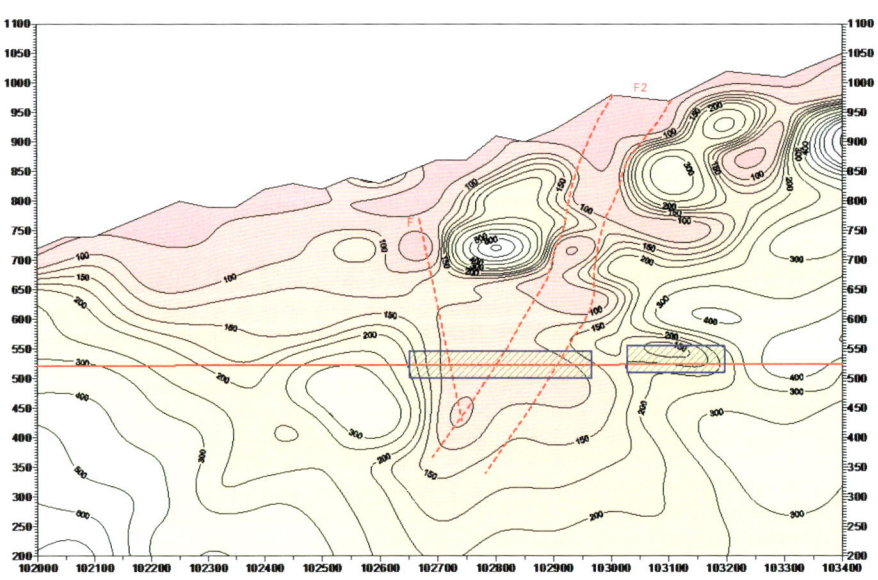

图 11-44　雪峰山隧道 R4YK102+000~103+400 段 EH-4 标量测量电阻率反演图

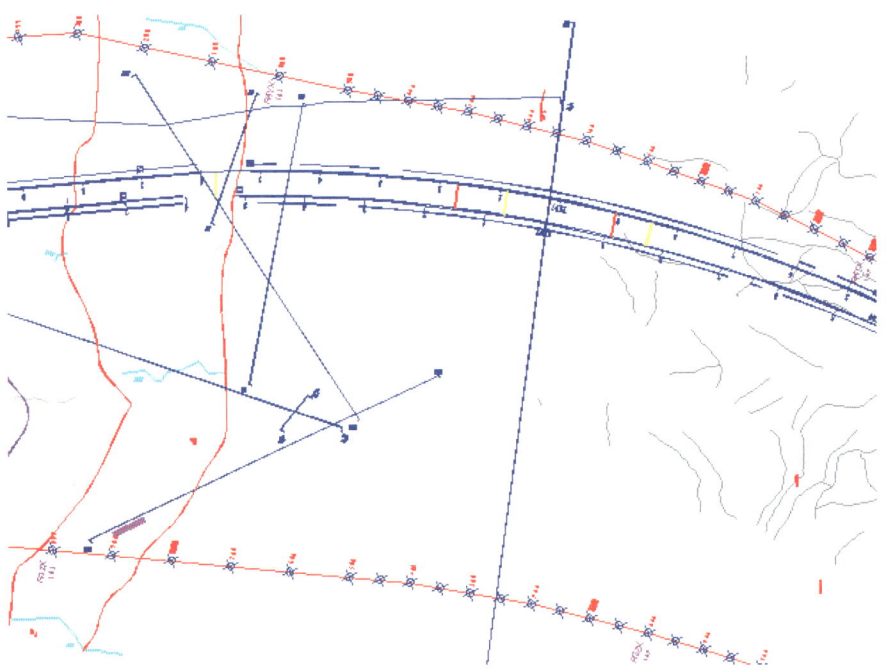

图 11-45　预设计方案与施工方案测线平面位置图

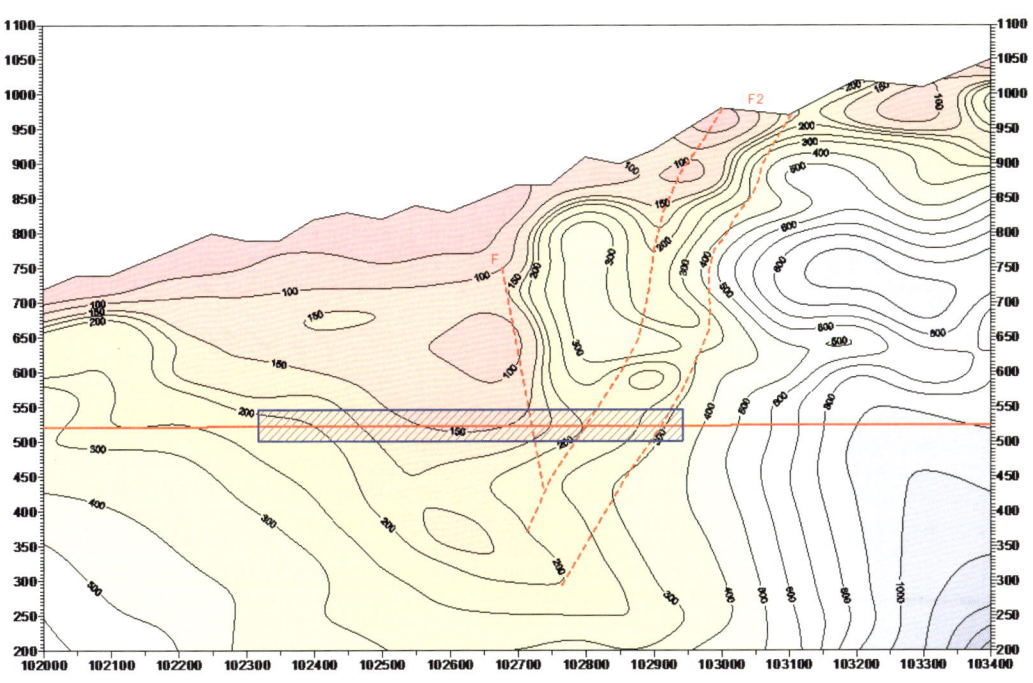

图 11-46　雪峰山隧道 R4YK102+000~103+400 段 EH-4 张量测量电阻率反演图

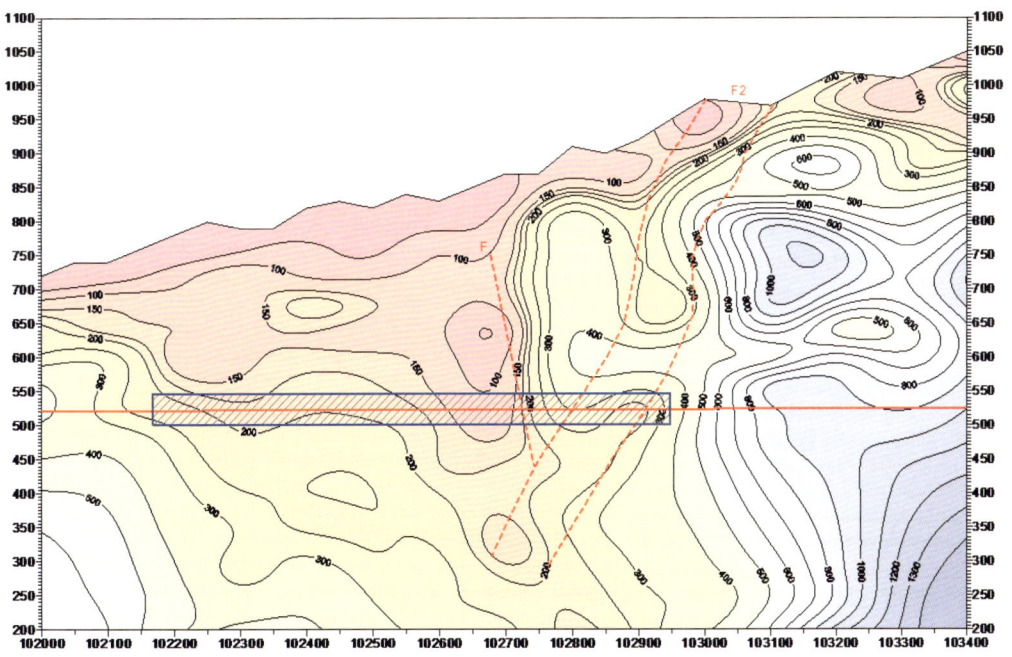

图 11-47　雪峰山隧道 R4YK102+000~103+400 段 EH-4 探测反演剖面图（s=0.5）

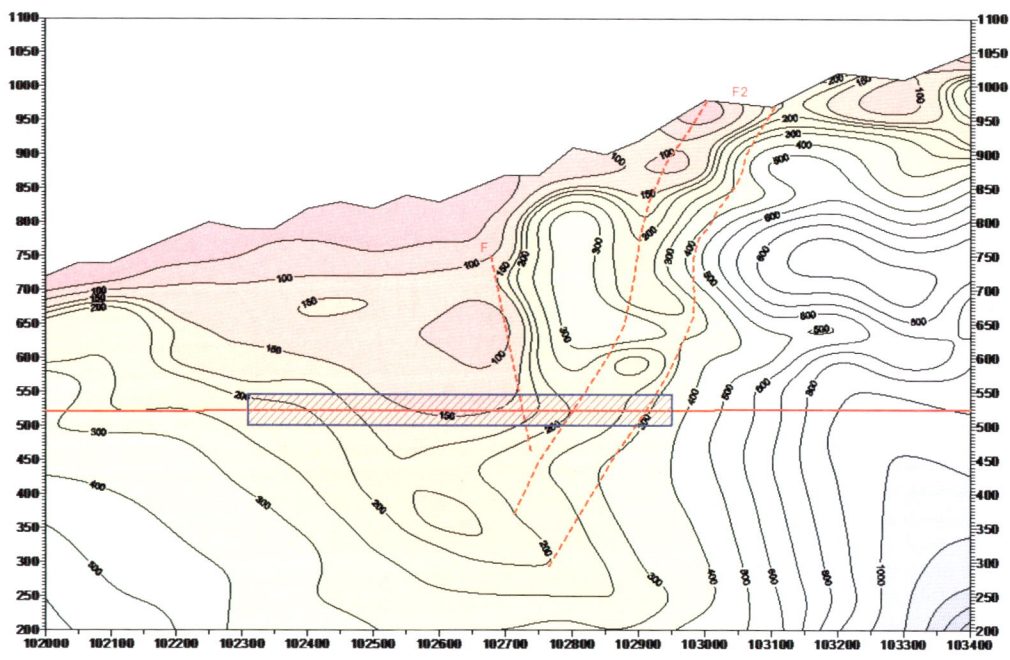

图 11-48　雪峰山隧道 R4YK102+000~103+400 段 EH-4 探测反演剖面图（$s=0.8$）

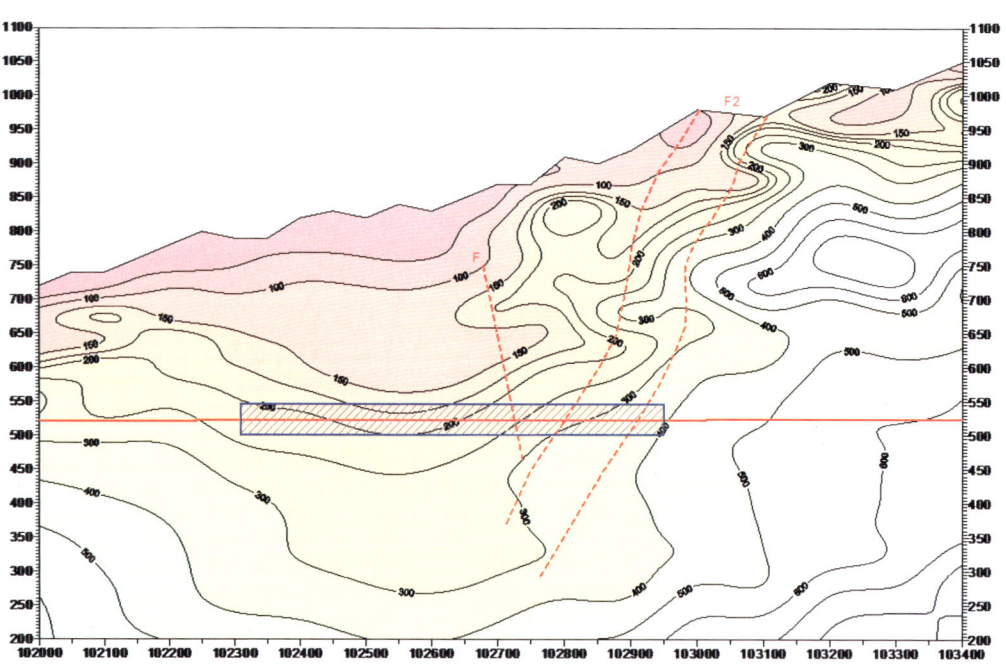

图 11-49　雪峰山隧道 R4YK102+000~103+400 段 EH-4 探测反演剖面图（$s=1.5$）

11.3.2.4 静态效应及其校正方法技术研究

1.静态效应的机理

静态效应在严格意义上说，它是与激励场有关的一种寄生效应，当大地浅部存在局部不均匀体，或者地表存在起伏地形时，会改变激励场的电流密度的分布。如在不均匀体边界上由于电阻率的不连续性，使得电流密度分布发生变化，从而引起电场在界面处的不连续性，使电场出现跳变。此时电场的大小和方向不随时间变化，从而导致电磁观测中所有工作频率上均会受到相同的影响，造成视电阻率曲线向下（不均匀体为相对低阻）或向上偏移（不均匀体表现为高阻），其影响范围与一次场和不均匀体的空间尺寸、围岩的电性差异有关。

由视电阻率计算公式：$\rho_a = 0.2T \left| \dfrac{E}{H} \right|^2$ 和图 11-47 可知，浅层不均匀体引起的视电阻率的变化大小在对数坐标中：

$$\Delta \rho = \log \rho_B - \log \rho_A = \log |E_B|^2 - \log |E_A|^2 = \log |E_A + \Delta E|^2 - \log |E_A|^2 \quad （11-13）$$

式中：ΔE 为不均匀体引起的电场。

一般天然电场较小，故上式近似等于：

$$\Delta \rho \approx E_A^2 + \Delta E^2 - E_A^2 = \Delta E^2 \quad （11-14）$$

即视电阻率位移量的大小约等于电场变化值的平方。

图 11-50 为浅层不均匀体影响的示意图。在二维地质体上，TE 极化曲线和 TM 极化曲线受静态影响是不相同的，TM 极化由于存在 E_x 分量，感应电流垂直构造走向，非均匀体在电场作用下充电产生多余电荷，又称积累电荷，它产生的畸变现象为电流效应，它是一种局部效应。TE 极化是由感应效应引起的畸变效应，是在趋肤深度范围内的大地介质中感应电流的总效应，它是一种体积效应。因此，感应效应的畸变要小于电流效应的畸变，也即是浅部不均匀体的影响主要表现在 TM 极化曲线，但在三维地质体中，影响更加复杂，TE 极化曲线和 TM 极化曲线都受到较大的影响。为进一步讨论静态干扰对视电阻率参数和厚层参数影响的大小，在本章引用 Bostick 反演公式来论证。此处假设静态影响使实测值各频率的电阻率值均变化一个系数 a，则：

$$\rho_a' = a\rho_a \quad （11-15）$$

式中：ρ_a 是未受静态干扰的视电阻率，a 是静态影响系数，ρ_a' 是受静态影响的视电阻率。

Bostick 反演公式为：

$$\rho = \rho_a \frac{1 - \partial \ln \rho_a / \partial \ln \omega}{1 + \partial \ln \rho_a / \partial \ln \omega} \qquad (11-16)$$

$$D = \sqrt{\frac{\rho_a}{\omega \mu}} \qquad (11-17)$$

式中：ω 为角频率，D 为深度，$\mu = 4\pi \times 10^{-7} H / M$。

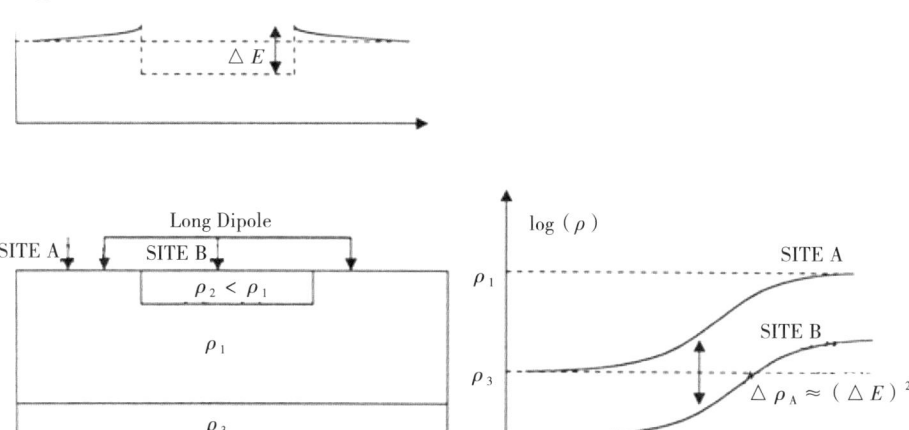

图 11-50　浅层不均匀体引起的视电阻率变化示意图

由式（11-15）可知：

$$\rho' = a\rho_a \frac{1 - \partial \ln \rho_a / \partial \ln \omega}{1 + \partial \ln \rho_a / \partial \ln \omega} = a\rho \qquad (11-18)$$

$$D' = \sqrt{\frac{a\rho_a}{\omega \mu}} = \sqrt{a} D \qquad (11-19)$$

上式表明，静态干扰使得反演出的视电阻率参数改变 a 倍，深度参数改变 $\sqrt{a}$ 倍。

2. 浅部不均匀的静态效应校正方法和实例

静态效应一直是大地电磁测深法资料处理中一个棘手的问题，到目前为止，可以说仍没有一个能完全消除静态效应的方法。而静态效应校正又是资料处理中必须进行、不可或缺的一步工作。学者总会尽所能，选择一个或几个目前的一些校正方法，对资料中的静态效应进行抑制。EH-4 电磁测深目前成熟的校正方法是电磁阵列剖面法（EMAP）。

电磁阵列剖面法（EMAP）是 1986 年由美国地球物理学家 Bostick 首先提出的。具有三维导电率分布的地球模型的 Born 近似解表明：一维和二维 TE 模式的电场传输函数的空间频率特性具有低通的特点，也就是说电场分量是地下电阻率分布的低通输出，在这种情况下测量结果不受静态效应的影响。而在二维 TM 模式和三维情况时，电场传输函数中又增加了一项产生静态效应的静态项，它具有高通输出特征。所以当沿剖面进行高密度采样后，通过改变窗口宽度，进行低通滤波，来抑制二维 TM 模式和三维资料的静态效应。EMAP 处理的思路不仅可以消除地表电性不均匀体的影响（通常意义下的静态效应），同时也可以消除深部电性不均匀体的影响（广义上的静态影响）。所以处理后的资料，相当于测点下方的电性介质在平面上（X 方向和 Y 方向）无限延伸时的响应。其实质是一种降维处理，将资料一维化。因此对这些资料只能用一维反演的方法去定量解译。下面以雪峰山隧道 14 线静态效应校正为例说明 EMAP 静态校正的效果。

图 11-51 和图 11-52 是雪峰山隧道 14 线静态效应校正前后的反演剖面图，其中 375 号点、425 号点，490m 标高附近为隧道洞身通过处。从图 11-51 可见，分别在 210 号点、707m 标高，387 号点、800m 标高，582 号点、930m 标高，856 号点、800m 标高附近存在四个类条带状高阻体，为明显的高阻静态；而在 124 号点、770m 标高，476 号点、855m 标高，675 号点、980m 标高，775 号点、805m 标高附近存在四个条带状低阻体，为明显的低阻静态。如图 11-52 所示，经过 EMAP 静态校正后，这些条带状异常基本消失或减弱，而且在隧道洞身附近表现为相对高阻，这与该段实际开挖情况（中～厚层硅化砂质板岩，岩层总体较干燥，局部滴水、线状出水）相吻合。可见静态效应不但可以改变剖面的电性形态，而且掩盖了一些异常，同时，EH-4 电磁测深的静态效应是可以校正的。

3. 地形的静态效应校正方法和实例

正如前面所述，TE 模式受静态影响远小于 TM 模式。可见消除静态效应最好是用张量测量的方法，EH-4 电磁测深法就是同时观测 2 个正交的电场和 2 个正交的磁场，采用 CEMAP 的工作方法，直接用 TE 模式的数据进行反演，使静态效应降到最低。下面以雪峰山隧道 14 线槽谷地形静态效应为例，如图 11-53 和图 11-54 所示，可见在地形剧烈变化的里程最好采用 TE 模式的数据反演，可以最大限度地降低静态效应。

11.3.2.5　EH-4 电磁测深横向分辨率技术研究

电磁测深方法为频率测深，其趋肤深度（探测深度）只与频率和视电阻率有关，与极距没有直接关系；但极距的大小却影响横向分辨率，由于地下为非均匀体，且不同地质体形态、大小、产状各不同，从而使得测量极距越大，分辨率就越低，反之，分辨率越高。由于 EH-4 电磁测深是密点连续测量，进行 CEMAP 连续观察，故极距就是点距。下面以雪峰山隧道 14 线为例进行对比分析。

雪峰山隧道 14 线实际 EH-4 探测点距为 50m，极距也为 50m，其电阻率二维反演剖面图如图 11-55 所示，图中 650 号点、700 号点，515m 标高附近为隧道左右线通过点，根据剖面电性特征推测洞身附近岩性变化较大，岩层总体较破碎，稳定性较差，与实际开挖情况较吻合。

图 11-56 为雪峰山隧道 14 线在点距为 100m 的情况下电阻率二维反演剖面图，可见两图电性变化特征大致相似，但图 11-56 没有图 11-55 反映得细腻，精度要略低。所以，为了有效地探测地下地质体情况，应合理选择点距，点距越小，横向探测精度越高，但工作效率越低，所以根据各地区实际情况、测量要求选择合适的点距，进行 EH-4 电磁测深。

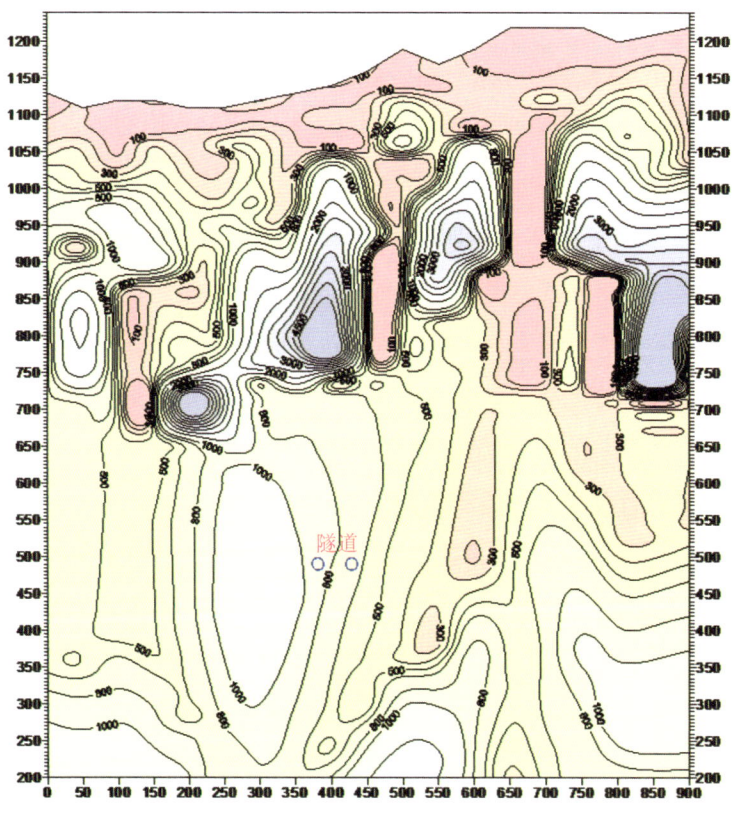

图 11-51　雪峰山隧道 14 线 EH-4 电磁测深静态校正前的反演剖面图

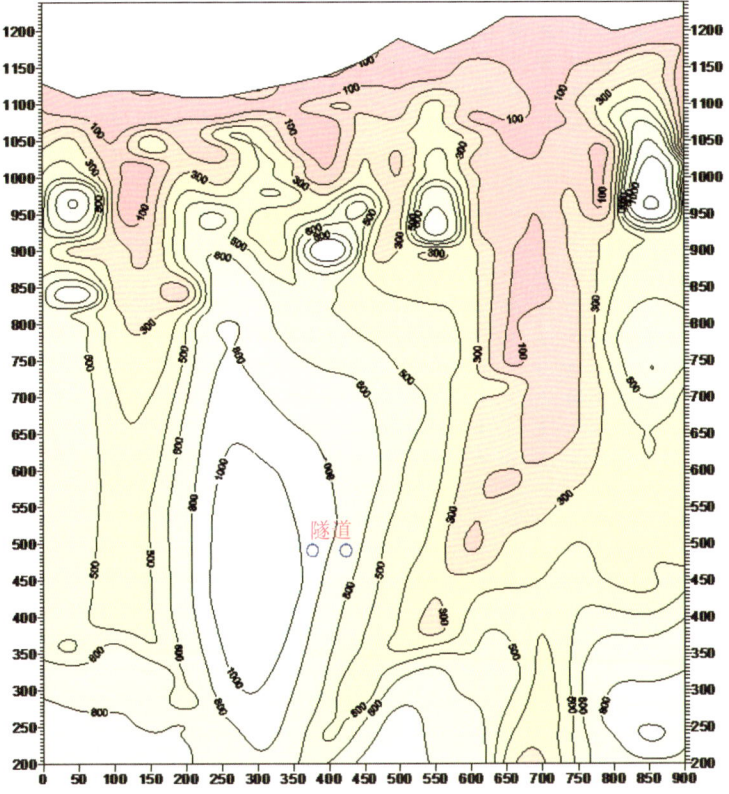

图 11-52　雪峰山隧道 14 线 EH-4 电磁测深静态校正后的反演剖面图

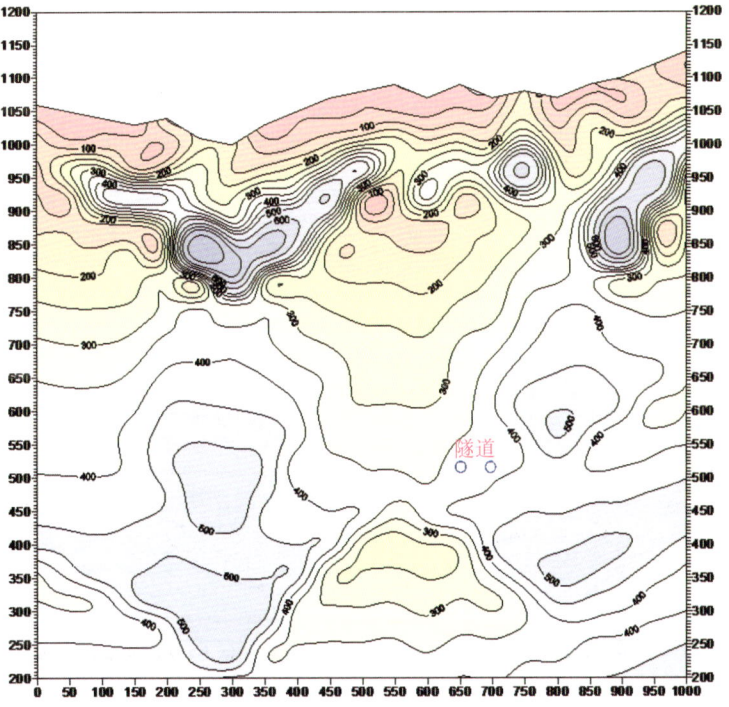

图 11-53　雪峰山隧道 14 线 EH-4 电磁测深静态效应现象

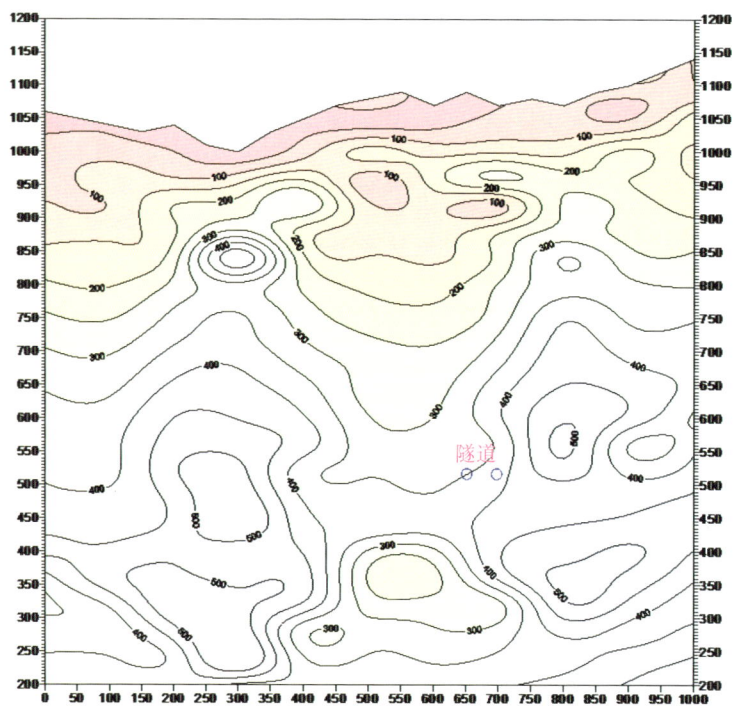

图 11-54　雪峰山隧道 14 线 EH-4 电磁测深静态效应校正后的反演剖面图

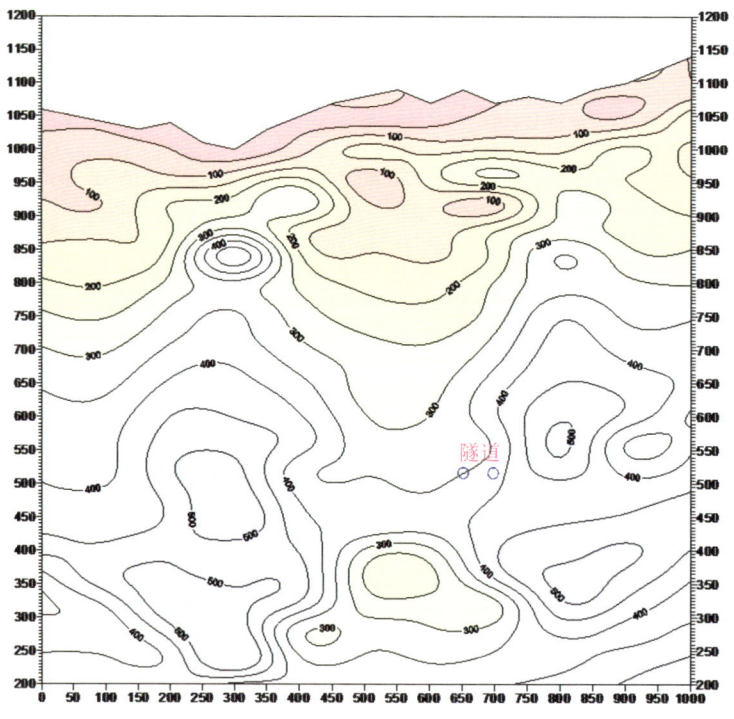

图 11-55　雪峰山隧道 14 线 EH-4 电磁测深反演剖面图（点距为 50m）

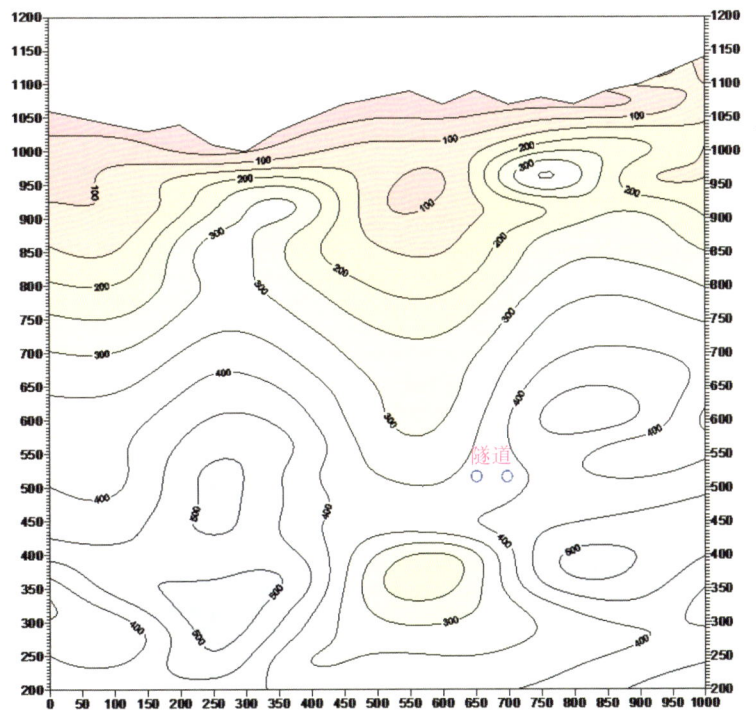

图 11-56 雪峰山隧道 14 线 EH-4 电磁测深反演剖面图（点距为 100m）

11.4 瞬变电磁法在隧道超前地质预报中的应用

在应用瞬变电磁法对雪峰山隧道进行超前地质预报研究中，现场共在三个工作面开展了工作。

图 11-57 为雪峰山隧道进口处的瞬变电磁法探测成果。由探测结果可知，洞口往前约 10m 范围内为全~强风化层低阻区，电阻率小于 20 Ω·m；在离洞口约 25m 附近有一比较大的低阻含水断层；其余各段岩性比较稳定。

后经隧道开挖后的地质调查可知：隧道进口 ZK95+870~945 段的围岩为震旦系江口群长滩组第三段（Zc³），为硅化砂质板岩，厚层状，风化程度为强风化（ZK95+895 之前）至弱风化；节理十分发育，节理间为铁红色粉末状铁锰氧化物，沿节理局部含碎裂状石英脉。在 ZK95+894~926 处 F8 断层与隧道斜交，断层宽 25m，纵向影响隧道长 32m；该断层带内主要为角砾岩、糜棱岩、碎裂风化岩、石英岩脉等，断层带内的岩层经搓揉较紊乱并有擦痕。

对比开挖结果与瞬变电磁法的推断成果后可知，瞬变的推断解译基本结果与地质情况基本吻合，准确反映了 F8 断层的位置，但对小的局部含水裂隙没有明显反映。

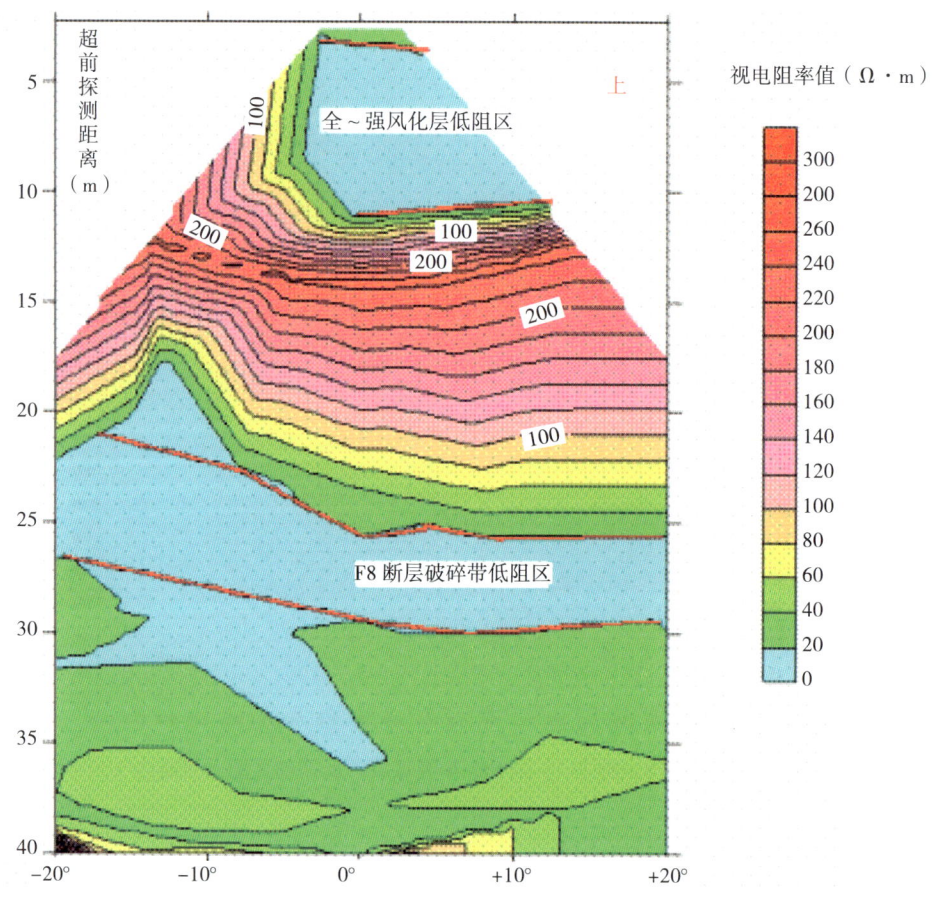

图 11-57 雪峰山隧道进口处瞬变电磁法超前探测剖面图

图 11-58 为 YK97+426 掌子面上瞬变电磁法超前探测成果。根据该图可知，由掌子面往前 20m 左右的范围内，视电阻率等值线均匀变化，未见明显异常，推断该范围内围岩无明显变化

从隧道开挖后的地质调查结果可知：YK97+285~445 段具有 F2 断层的明显特征，该段出现明显的揉皱特征，多小褶皱、小构造、多石英脉和石英岩，局部有片理化和韧性剪切特征。YK97+435~445 段含大量浅灰色半透明的石英砂岩，在 YK97+439 右侧壁还出现两处晶洞，最大的一个洞直径有 25cm，深 60cm，洞内有六棱形水晶结晶体。并且本段普遍渗水量较大，有多处股状淋水。由此可见，瞬变电磁法未将 F2 断层中的局部小构造预测出来。

图 11-59 为 ZK100+720 掌子面的瞬变电磁法探测成果。由图可知，视电阻率等值线均匀变化，未见有明显异常，推测掌子面前方 25m 范围内围岩稳定，无明显变化。

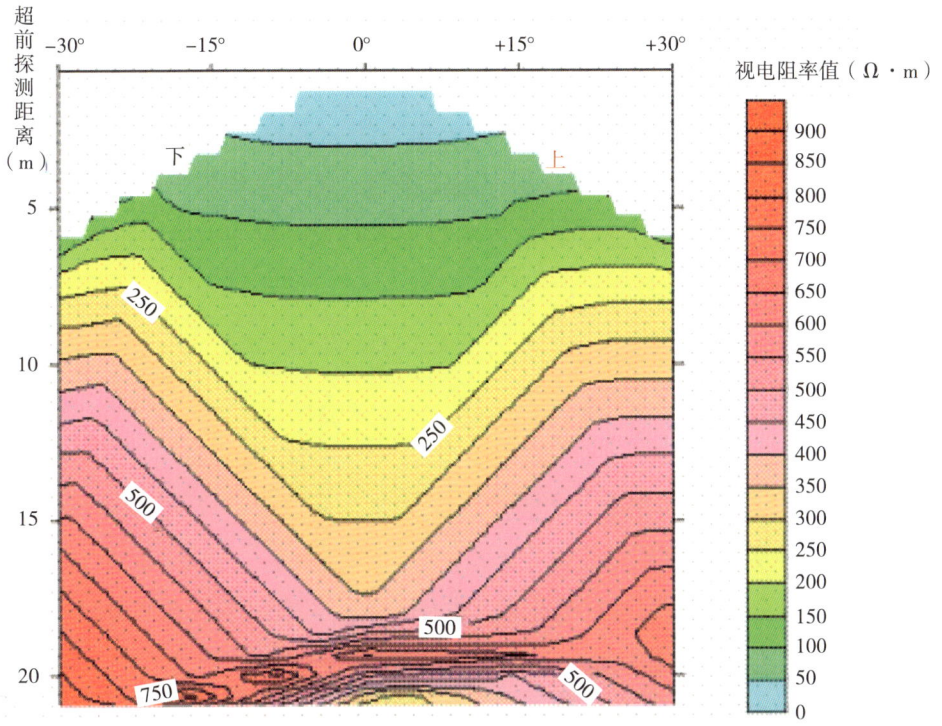

图 11-58　YK97+426 掌子面瞬变电磁法超前探测剖面图

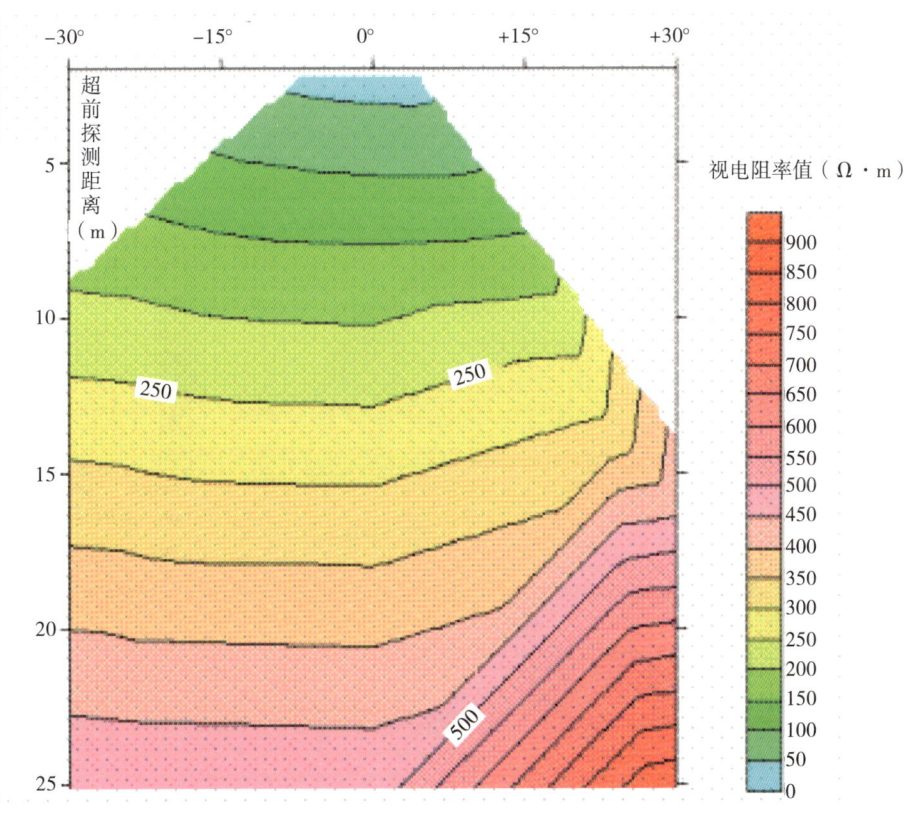

图 11-59　ZK100+720 掌子面瞬变电磁法超前探测剖面图

根据开挖后的结果可知：ZK100+640~900为前震旦系芙蓉溪群岩门寨组（Ptfy）中~厚层硅化砂质板岩，岩层产状为110°~120°∠40°~60°；节理裂隙较发育，以走向100°~120°、近直立的一组为主，其次为走向25°~35°、倾角45°~60°、倾向SE的一组，该组与层面近于平行；该段总体较干燥，局部滴水。

由上可见，ZK100+720掌子面前方围岩比较稳定，瞬变电磁法推断解译结果与实际情况吻合。

11.5 围岩稳定性分析

通过详细的工程地质调查，实测了大量层面、节理面、劈理面的产状，应用Dips程序，按地层、构造单元进行了统计分析，从而获得了不同构造部位的优势结构面产状及其组合关系。通过对钻孔岩芯的仔细观测，掌握了各类结构面产状随深度的变化规律，为评价围岩稳定提供了可靠的数据。

图11-60表明：该构造单元节理主要有三大组，第一组（图中第1、第2组）走向145°~155°，倾角75°~90°，倾向NE或SW；第二组（图中第3组）倾向近EW，近直立的一组；第三组（图中第4组）走向100°~110°，倾角75°~85°，倾向NNE或SSW。

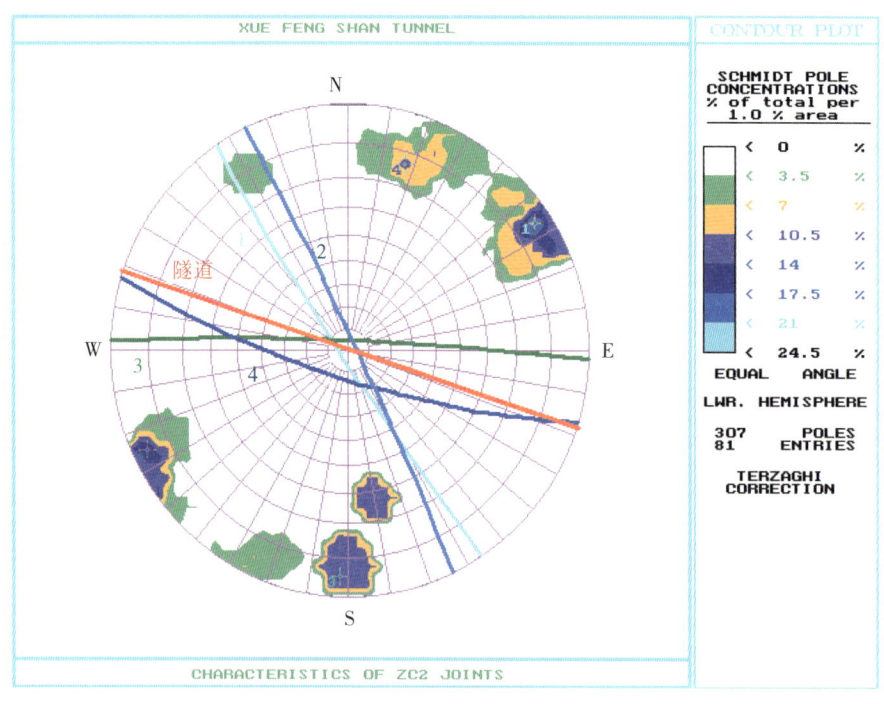

图11-60 Dips程序分析结果图

在查明了各隧道段优势结构面的基础上，运用 Unwedge 程序，结合隧道各临空面分析围岩的稳定性。图 11-61 为雪峰山隧道某段的分析成果图，可得出如下判断：①主要结构面的组合，易在洞顶切割形成楔形危岩体，其中张节理具有控制作用。由走向与隧道轴线小角度相交的一组结构面及走向与隧道轴线大角度相交的一组结构面组合（图 11-61 中的图1及图6），形成的楔形危岩体体积较小，一般在 20m³ 以内，将产生掉块或滑坍。最不利的组合是密集的张节理，同走向与隧道轴线大角度相交的结构面组合，将在洞顶产生大规模落石。②在侧壁将产生小规模的滑塌或掉块等失稳现象（图 11-61 中的图2及图5），体积在 3m³ 以内。

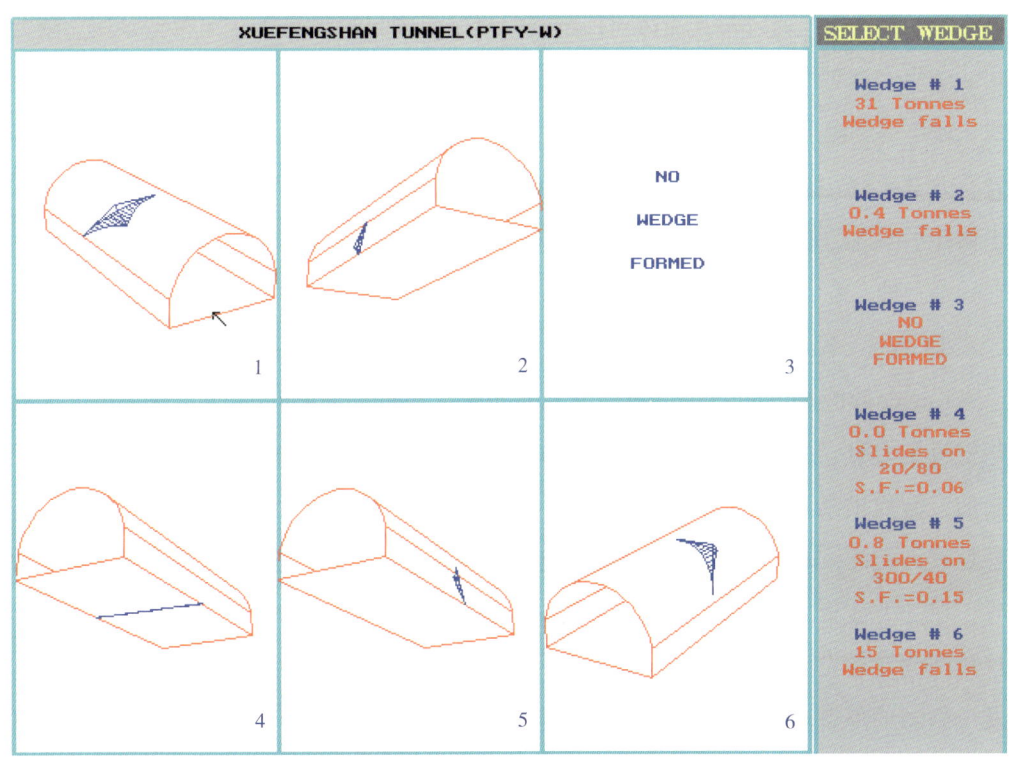

图 11-61 Unwedge 程序分析成果图

雪峰山隧道大部分围岩为坚硬岩石，被层面、节理面等结构面切割成各种块体，块体稳定性主要受重力及结构面的组合及其强度控制。基于这一认识，运用 Unwedge 程序对围岩块体进行了稳定性预测。通过大量计算，得出了如下主要结论：

1. 轴线变动只影响楔形体的体积，不影响围岩破坏的形式；

2. 不同结构面的组合均反映围岩失稳将主要产生在洞顶，其中张节理具有控制作用；

3. 主要结构面的组合易在洞顶切割形成楔形岩体，产生坍塌，楔形体的体积主要在 20m³ 以内。

11.6 地应力测试及岩爆预测

在原地应力场的测试方面常用的方法为水压致裂法原地应力测量，在此特别介绍 Kaiser 效应测试方法。二者各有利弊，可相互验证补充。

11.6.1 水压致裂法原地应力测量原理

水压致裂法原地应力测量方法就是利用一对可膨胀的封隔器在选定的测量深度封隔一段钻孔，然后通过泵入流体对该试验段增压，同时利用 $X-Y$ 记录仪记录压力随时间的变化。对实测记录曲线进行分析，得到特征压力参数，再根据相应的理论计算公式，就可得到测点处的最大和最小水平主应力的量值以及岩石的水压致裂抗张强度等岩石力学参数。裂缝方位的测定采用定向印模法。水压致裂法测量结果只能测得垂直于钻孔平面内的最小主应力的大小与方向，经计算求得最大主应力。故从原理上讲，它只是一种二维应力测量方法，该方法的突出优点是能够测得深部的地应力值。

11.6.2 Kaiser 效应测试原理

Kaiser 效应测试的原理：脆性材料对曾经受过的力具有记忆性。这是因为当这些材料受力时，其中的细微裂纹随应力的增大而不断扩展。在进入非稳定破裂阶段之前，裂纹的扩展与应力水平具有对应性，即应力增大裂纹扩展。然而，这一过程是不可逆的，也就是说当材料中的应力卸除后，裂纹并不能愈合。当其重新受力时，在受力性状相同的条件下，应力水平达到先期受力水平以前，裂纹不扩展，一旦达到或接近先期受力水平，裂纹便开始扩展。裂纹的扩展引起岩石产生声发射，发出微弱的声音。这一现象最先是由德国学者 J.Kaiser 于 20 世纪 50 年代在金属材料单向拉伸试验中发现的，故称之为 Kaiser 效应。利用 Kaiser 效应可确定岩体天然应力状态，具体办法如下：应用程控伺服及低噪声试验机和智能化高灵敏度声发射测试仪等设备，按照弹性力学理论，将某一点的岩芯按 X、Y、Z、$X45°Y$、$Y45°Z$、$Z45°X$ 六个方向制取试件，在加载的同时，同步测定声发射特征参数，测得天然应力在这六个方向的应力分量。在已知各方向每个测点应力值的条件下，利用弹性力学的计算公式，可得取样点的三向应力状态，即取样点三个主应力的大小和方位。

11.6.3 水压致裂法测试和 Kaiser 效应测试两种方法的比较

水压致裂法测试和 Kaiser 效应测试两种方法各有优劣，详见表 11-1。在实际运用时，这两种方法结合使用，可相互验证、相互补充。

表 11-1　两种方法的比较

方法名称	优点	缺点
水压致裂法测试	1. 测试深度大，特别适用于深孔中量测； 2. 测试方法较简单且可连续测试。	1. 假定钻孔方向为一个主应力的方向，一般与实际存在差异； 2. 只能测定垂直钻孔方向的两个应力值； 3. 只适用于完整的脆性岩石。
Kaiser 效应测试	1. 可测定三维应力场的大小与方向； 2. 测试工作主要在室内进行。	1. 必须对试样在野外进行定位，而深孔内岩芯定位困难； 2. 测试方法复杂，一般勘察单位不具备条件； 3. 测试结果反映的是岩石经历的最大应力。

11.6.4　雪峰山隧道原地应力测量结果

11.6.4.1　水压致裂法原地应力测量结果

水压致裂法原地应力测量结果见表 11-2，从表中可以看出最大水平主应力为 15.0~24.5MPa，最小水平主应力为 11.0~16.5MPa，最大水平主应力的方向为 N57°~73°W，平均为 N70°W。

表 11-2　水压致裂法原地应力测量结果

钻孔编号	序号	测段深度（m）	主应力值（MPa）			破裂方位
			S_H	S_h	S_V	
ZK2	1	75.63	6.58	4.26	2.04	
	2	150.68	8.43	5.71	4.07	
	3	217.65	11.00	8.68	5.88	
	4	273.09	13.25	8.03	7.37	N73°W
	5	329.12	13.11	9.29	8.89	
	6	375.16	12.57	8.25	10.13	
	7	404.68	14.37	9.55	10.93	N69°W
	8	424.11	15.06	9.74	11.45	N74°W
	9	445.03	15.77	10.95	12.02	
ZK3	1	70.07	2.16	2.00	1.89	
	2	178.18	8.85	5.78	4.81	

钻孔编号	序号	测段深度（m）	主应力值（MPa）			破裂方位
			S_H	S_h	S_v	
ZK3	3	261.84	7.48	5.12	7.07	
	4	298.74	9.55	7.49	8.07	N57° W
	5	402.03	17.58	11.02	10.85	
	6	484.57	15.41	10.85	13.08	
	7	548.38	16.05	10.98	14.81	
	8	614.09	21.20	14.14	16.58	N71° W
	9	677.69	15.59	12.03	18.30	
	10	744.82	24.51	16.45	20.11	
	11	767.81	19.74	14.18	20.73	N86° W
	12	778.41	14.85	11.78	21.02	
ZK4	1	149.50	11.33	6.24	4.04	
	2	244.88	13.69	8.18	6.61	N67° W
	3	353.74	16.57	9.89	9.55	
	4	393.40	18.42	12.23	10.62	
	5	450.35	19.59	13.10	12.16	
	6	473.04	21.03	13.68	12.77	N64° W
	7	486.45	23.86	14.84	13.13	
ZK6	1	117.00	6.38	4.15	3.10	N78° W
	2	163.00	10.83	6.60	4.31	
	3	203.00	11.72	7.49	5.37	
	4	235.00	11.52	7.30	6.22	N69° W
	5	243.00	11.10	6.88	6.43	
	6	255.00	10.73	6.50	6.75	N65° W
	7	275.00	12.43	8.70	7.28	
ZK7	1	227.00	9.98	6.72	6.01	
	2	274.28	11.21	7.94	7.26	N50° W

钻孔编号	序号	测段深度（m）	主应力值（MPa）			破裂方位
			S_H	S_h	S_V	
ZK7	3	277.48	9.74	6.47	7.34	
	4	356.00	13.51	9.49	9.42	
	5	434.00	17.26	11.00	11.48	
	6	445.00	19.62	12.61	11.77	
	7	495.00	14.11	9.35	13.10	
	8	498.00	14.14	10.13	13.18	N62° W
	9	554.00	15.45	10.68	14.66	
	10	627.00	15.40	11.38	16.59	
	11	637.00	14.75	10.74	16.86	
	12	654.00	16.43	12.41	17.30	N71° W
ZK9	1	106.00	10.66	7.54	2.80	
	2	159.00	14.67	8.56	4.21	N65° W
	3	212.00	17.19	11.08	5.61	
	4	265.35	11.21	6.60	7.02	
	5	308.10	12.13	8.02	8.15	
	6	354.92	12.59	7.98	9.39	
	7	386.00	14.89	9.78	10.21	N78° W
	8	410.00	14.57	10.52	10.85	
	9	452.87	15.05	9.94	11.98	
	10	470.00	18.23	11.61	12.44	N84° W
	11	497.00	19.48	12.87	13.15	
ZK10	1	90.49	3.93	2.69	2.39	
	2	102.00	4.64	3.10	2.70	
	3	113.00	6.55	3.81	2.99	
	4	129.00	10.89	6.36	3.41	N68° W
	5	152.00	15.33	8.99	4.02	
	6	200.53	8.61	5.27	5.31	N76° W

续表3

钻孔编号	序号	测段深度（m）	主应力值（MPa）			破裂方位
			S_H	S_h	S_V	
ZK10	7	270.00	9.89	6.25	7.14	
	8	284.00	10.31	6.68	7.51	
	9	300.00	11.68	7.74	7.94	N82° W

注：S_H 为最大水平主应力，S_h 为最小水平主应力，S_V 为垂直应力。

11.6.4.2 Kaiser 效应测试结果

Kaiser 效应测试无须像水压致裂法那样假定主应力的方向，但需要对孔内岩芯定向。由于钻探中无法定向取芯，试样的定向是根据岩石中的条纹走向确定的，因为地表调查表明勘察区内条纹走向绝大部分为 N20°~30° E，从而为试样的定向奠定了基础，但由此确定的方向可能与实际情况有出入。此外所测定的应力值是该试样历史上受到的最大应力，故测试的量值也可能与实际的地应力水平有差异。Kaiser 效应测试结果见表 11-3，从表中可以看出最大主应力均随深度的增加逐渐增大，最大主应力均大于水压致裂法的测量值，不同深度的最大主应力方向几乎都为 NW 向，经统计总体方向为 N54.5° W，平均倾角为 32.73°。

表 11-3 Kaiser 效应测试结果

钻孔编号	取样深度(m)	主应力	方位	量级（MPa）	倾向	倾角
ZK2	145.88	σ_1	N58.28° W	15.60	SE	44.30°
		σ_2	N69.82° W	8.84	NW	37.57°
		σ_3	N19.08° E	1.15	SW	23.09°
	299.12	σ_1	N7.3° W	21.84	SE	17.33°
		σ_2	N77.15° W	14.09	NW	26.81°
		σ_3	N30.61° E	5.30	SW	65.12°
	435.49	σ_1	N59.79° W	24.78	SE	27.84°
		σ_2	N34.09° E	12.45	NE	8.41°
		σ_3	N38.69° W	0.17	NW	60.54°
ZK3	151.2	σ_1	N60.23° W	17.26	NW	30.60°
		σ_2	N41.78° E	9.79	SW	30.51°
		σ_3	N1.24° W	3.12	SE	42.18°

钻孔编号	取样深度（m）	主应力	方位	量级（MPa）	倾向	倾角
ZK3	295.5	σ_1	N65.38° W	22.3	NW	45.90°
		σ_2	N46.71° W	12.26	SE	38.52°
		σ_3	N37.59° E	1.53	SW	15.34°
	463.42	σ_1	N87.18° W	25.53	NW	34.91°
		σ_2	N3.47° E	17.84	NE	1.51°
		σ_3	N87.82° E	10.16	SW	50.01°
	613.48	σ_1	N51.06° W	28.49	SE	8.49°
		σ_2	N32.99° E	18.46	SW	18.19°
		σ_3	N88.87° E	8.00	NE	76.34°
	762.0	σ_1	N78.50° W	33.18	SE	33.07°
		σ_2	N41.31° E	15.36	NE	49.59°
		σ_3	N4.06° W	0.11	NW	21.23°
ZK4	97.6	σ_1	N76.53° W	14.67	SE	10.94°
		σ_2	N22.19° E	8.07	NE	50.99°
		σ_3	N6.56° E	1.64	SW	36.48°
	199.0	σ_1	N51.29° W	16.72	NW	43.29°
		σ_2	N74.4° W	9.96	SE	45.73°
		σ_3	N28.26° E	3.35	NE	9.64°
	295.0	σ_1	N11.21° E	21.28	NE	42.74°
		σ_2	N40.19° W	11.32	NW	40.25°
		σ_3	N77.59° E	2.2	SW	22.27°
ZK5	70.3	σ_1	N43.27° W	15.44	NW	41.29°
		σ_2	N56.78° E	7.49	SW	26.12°
		σ_3	N5.5° E	0.70	NE	36.73°
ZK6	182.7	σ_1	N49.10° W	13.22	SE	13.49°
		σ_2	N21.46° E	7.49	NW	50.50°
		σ_3	N51.69° E	1.56	SE	36.66°

钻孔编号	取样深度(m)	主应力	方位	量级（MPa）	倾向	倾角
ZK7	150.5	σ_1	N23.43° W	11.17	SE	18.60°
		σ_2	N66.51° E	6.09	SE	14.65°
		σ_3	N81.73° W	1.46	NW	62.11°
	306.7	σ_1	N47.75° W	12.63	NW	22.66°
		σ_2	N7.46° E	6.87	NW	53.89°
		σ_3	N54.25° E	1.11	SE	26.48°
	452.8	σ_1	N20.79° W	16.13	NW	46.86°
		σ_2	N76.03° W	8.57	SE	29.39°
		σ_3	N33.16° E	1.12	SE	28.73°
	606.1	σ_1	N50.34° W	16.25	NW	10.90°
		σ_2	N18.94° E	8.92	NW	38.61°
		σ_3	N62.14° E	0.39	SE	54.58°
	649.5	σ_1	N24.26° W	16.65	NW	31.06°
		σ_2	N65.42° W	8.14	SE	56.68°
		σ_3	N56.49° E	1.29	SE	13.16°

两种方法均反映本区最大水平主应力（水平投影）方向为 N54°~70° W。但两种方法测得的最大主应力值有差异，分析认为最主要的原因是水压致裂法测得的 S_H 与 S_h 只是主应力在水平面的投影，故其量值比实际值偏小。

11.6.4.3 地应力场的数值模拟

参照上述测试成果，运用二维有限元数值模拟的方法，模拟雪峰山隧址区岩体应力场的形成演化过程，初始模型如图 11-62 所示。河谷下切过程用四步由上至下的"开挖"来模拟，其中初始状态的计算模型上表面相当于海拔高程 1 358m，基本上与现今雪峰山主峰高程一致，代表了河谷下切前的最后一级区域夷平面；第一次、第二次、第三次分别下切 223m、169m、242m；最后，第四次在前面的基础上，再下切 206m 至现在地形海拔高程 518m 部分，其最终状态的计算模型如图 11-63 所示。

地应力场数值模拟结果表明，雪峰山隧址区地应力场分布总体上有以下特点：

（1）近坡面附近，最大主应力 σ_1 的方向与坡面近于平行，且量级总体较低。随着埋深的加大，σ_1、σ_2 逐渐增大，应力场渐趋于自重应力场和构造应力场联合作用（图 11-64、图 11-65、图 11-66）；

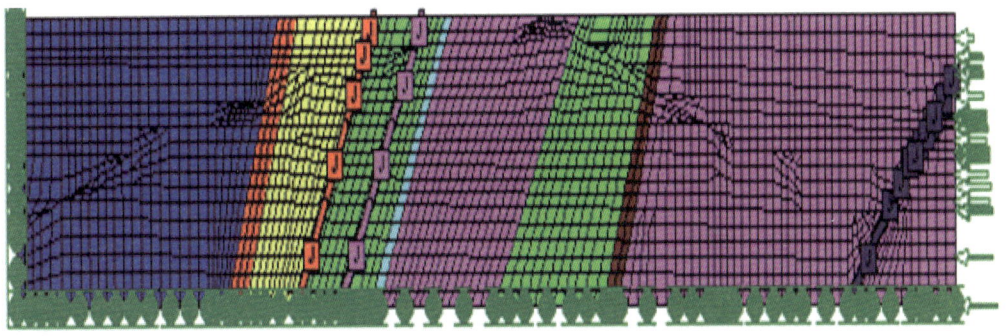

图 11-62　计算模型的初始状态

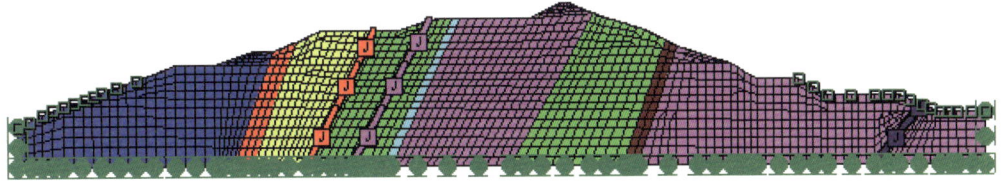

图 11-63　计算模型的最终状态

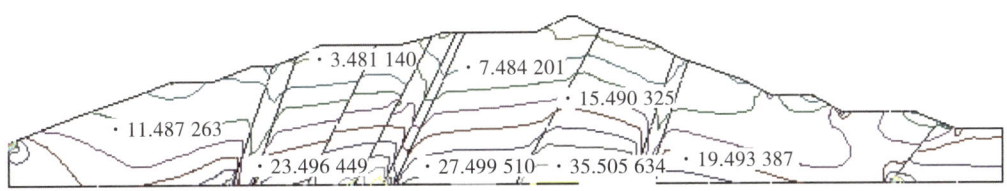

图 11-64　最大主应力 σ_1 等值线图

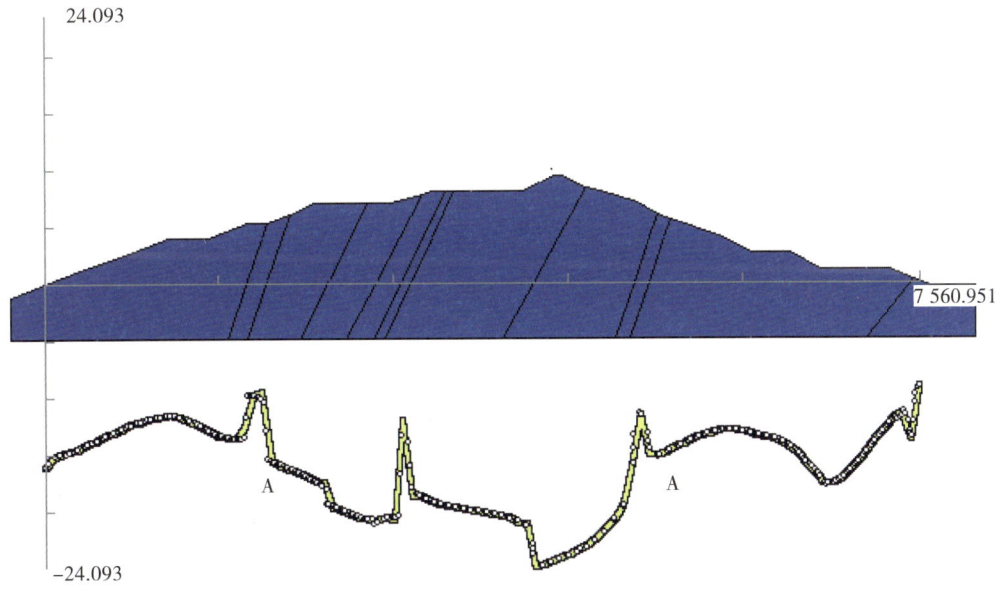

图 11-65　隧道通过部位剖面最大主应力 σ_1 变化曲线

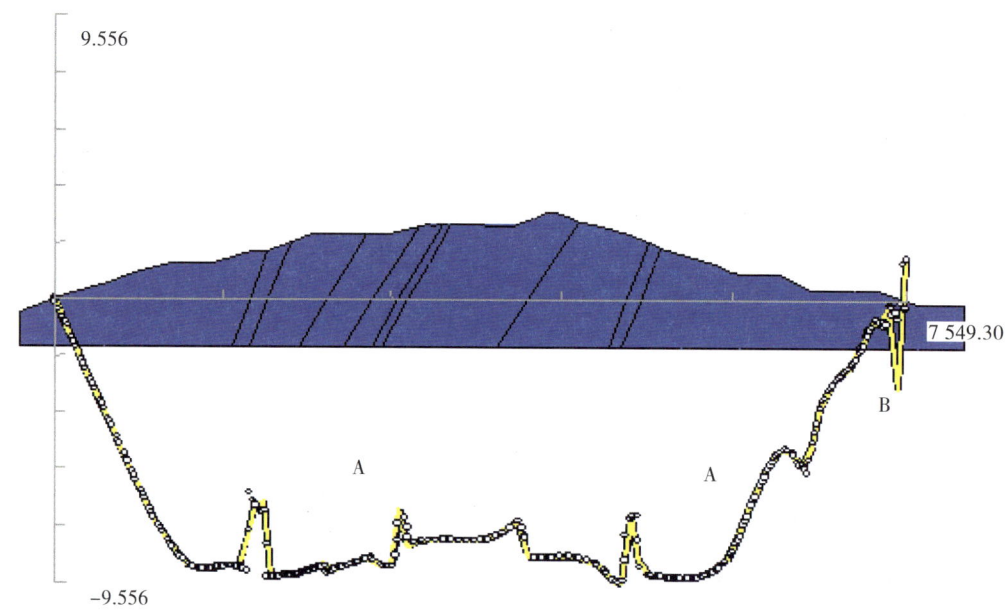

图 11-66 隧道通过部位剖面主应力 σ_2 变化曲线

（2）隧道通过部位岩体最大主应力分布具有明显的分带现象（图11-64、图11-65）：

①应力平稳带（A）

地应力基本状况形成于山体剥蚀之前，在山体下蚀过程中基本保持原有状态。但带内也有应力分异，受控于岩体的力学性能与结构特征，在硬软相间部位或断层带附近，出现应力分异现象（AD）。

②浅表生改造影响带（B）

地应力状态受山体形成过程的影响，通常造成应力降低。而在应力降低带内侧，尤其是地形明显变化处，可造成应力局部增高带（BIN）。

11.6.5　初始地应力场特征

在雪峰山隧道各阶段的勘察过程中累计完成水压致裂法原地应力测试67段，Kaiser效应测试19组，经统计分析并结合地应力场的数值模拟，发现雪峰山隧道的初始地应力场存在如下特征：

1.最大主应力方向：各个钻孔内，不同深度的最大主应力方向几乎都是NW向，经统计分析，总体方向为N54.5°W，平均倾角为32.73°。

2.最大主应力的量级及其变化：最大主应力都有随深度的增加逐渐变大的趋势。实测的最大值为33MPa。

3.应力分量在隧道走向（N70°W）上的投影 σ_x 具有随隧道埋深的增加逐渐增

深埋越岭隧道勘察技术研究与实践

高的趋势。

4. 岩体最大主应力的分布具有明显的分带性，大致可分为应力平稳带和浅表生改造影响带。最大主应力的总体方向为 NW 向，应力平稳带内最大主应力的量级一般介于 15~30MPa，浅表生改造影响带内最大主应力的量级一般介于 10~15MPa。

5. 在应力平稳带内硬软相间部位或断层带附近，存在应力分异现象，最大主应力量级为 15~20MPa；而在浅表生改造影响带内，尤其是地形有明显变化处，存在应力局部增高带，最大主应力的量级约为 15MPa。

11.6.6 初始地应力场现场的三孔交汇孔径变形法现场测试

三孔交汇孔径变形法是发展时间最长、技术上也比较成熟的一种初始地应力现场测试方法。使用钻孔变形计测定测试小孔的孔径变形，通过三个互相不平行钻孔的孔径变形测试，求得岩体中三维应力的大小和方向。

在雪峰山隧道施工过程中，依据勘察阶段对地应力场的研究成果，选择隧道中部埋深较大的三个位置进行地应力测试。

11.6.6.1 测试原理与方法

1. 孔径变形测试技术

岩体处于三向应力状态中，如果在岩体中钻一个孔，再用大孔钻头套钻小孔，解除小孔周围的应力，小孔将发生膨胀变形，如果小孔中安装了测定小孔变形的传感元件，则小孔的变形可被测定出来，由此变形可以计算原岩的应力。

孔径变形法是应力解除法中的一种，是目前国内工程岩体应力测试中使用较多的方法，该方法将室内加工制作好的探头现场安装在测试小孔中，测定小孔在套钻应力解除时的孔径变形。一个钻孔中的测试，可以求得垂直于钻孔平面上的主应力大小和方向，这就是平面应力测试。要求确定三维应力时，需要在互相不平行的三个钻孔中测试，这就是所谓的三孔交汇。三个钻孔在交汇时又有虚交和实交之分，可根据不同位置的具体情况加以确定。

孔径变形法包括制作孔径变形探头→钻大孔至测试部位→钻小孔→安装探头→套钻应力解除→取出岩芯→岩芯弹性模量测定→应力解除资料的整理→应力计算等工序。

2. 计算公式

取基本坐标系为 $OXYZ$，OX 轴指向北，OZ 轴垂直向上。

对钻孔建立钻孔坐标系 $Oxyz$，其中 x 轴为钻孔钻进方向，y 轴位于 XOY 平面上。如图 11–67 所示。钻孔坐标系各轴对基本坐标系各轴的方向余弦如表 11–4 所示。

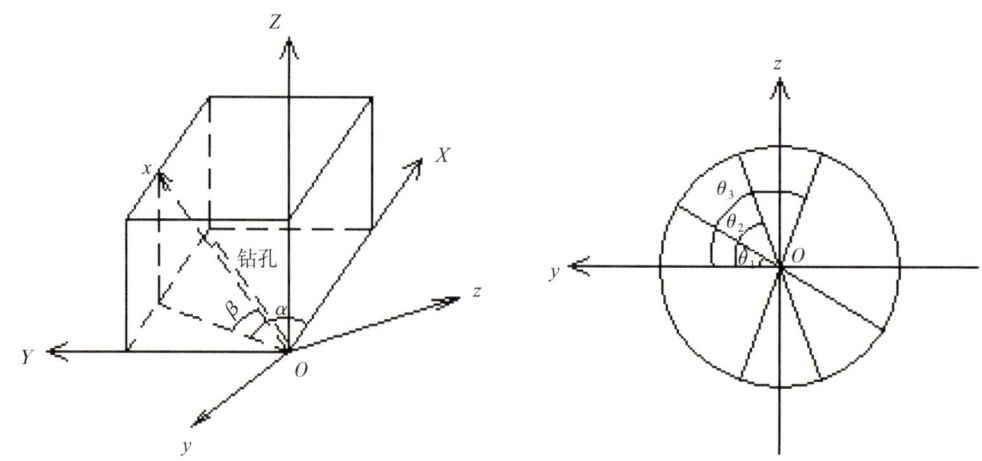

图 11-67　基本坐标系和钻孔坐标系

表 11-4　方向余弦符号

	X	Y	Z
x	l_1	m_1	n_1
y	l_2	m_2	n_2
z	l_3	m_3	n_3

岩体中任意一点的应力状态是三维的，具有六个独立的应力分量，分为 σ_x、σ_y、σ_z、τ_{xy}、τ_{yz}、τ_{xz}。

在基本坐标系中，岩体测点处钻孔孔径变形与应力分量关系式为：

$$\frac{\Delta d}{d} = \sum_{k=1}^{6} a_k \sigma_k \qquad (11\text{-}20)$$

式中：$a_1 = [1 - l_1^2 - \mu l_1^2 + 2(1-\mu^2)(l_2^2 - l_3^2)\cos 2\theta + 4(1-\mu^2)l_2 l_3 \sin 2\theta] / E$

　　$a_2 = [1 - m_1^2 - \mu m_1^2 + 2(1-\mu^2)(m_2^2 - m_3^2)\cos 2\theta + 4(1-\mu^2)m_2 m_3 \sin 2\theta] / E$

　　$a_3 = [1 - n_1^2 - \mu n_1^2 + 2(1-\mu^2)(n_2^2 - n_3^2)\cos 2\theta + 4(1-\mu^2)n_2 n_3 \sin 2\theta] / E$

　　$a_4 = [-2(1+\mu)l_1 m_1 + 4(1-\mu^2)(l_2 m_2 - l_3 m_3)\cos 2\theta + 4(1-\mu^2)(l_2 m_3 + m_3 l_3)\sin 2\theta] / E$

　　$a_5 = [-2(1+\mu)m_1 n_1 + 4(1-\mu^2)(m_2 n_2 - m_3 n_3)\cos 2\theta + 4(1-\mu^2)(m_2 n_3 + n_2 m_3)\sin 2\theta] / E$

　　$a_6 = [-2(1+\mu)n_1 l_1 + 4(1-\mu^2)(n_2 l_2 - n_3 l_3)\cos 2\theta + 4(1-\mu^2)(n_2 l_3 + l_2 n_3)\sin 2\theta] / E$

Δd——应力解除前后钻孔直径的变形（cm）；

d——钻孔直径（cm）；

E——岩石弹性模量（GPa）；

μ——岩石泊松比；

θ——测量方向与 y 轴夹角，从 y 轴算起顺时针方向为正；

σ_1、σ_2、σ_3、σ_4、σ_5、σ_6 分别表示 σ_x、σ_y、σ_z、τ_{xy}、τ_{yz}、τ_{xz}。

钻孔坐标系中各轴对基本坐标系各轴的方向余弦 l_k、m_k、n_k（$k=1$，2，3）均可由实测的 α 和 β 推求。其中 α 表示钻孔轴在基本坐标系中的方向角；从 Ox 轴算起，反时针向为正。β 表示钻孔轴在基本坐标系中的倾角（与 OXY 面的夹角），以仰角为正（详见图 11–67）。

从钻孔孔径变形与岩体应力关系式（11–20）中可以看到，三个不同方向的钻孔似乎仅需取得 6 个变形测值就能建立 6 个方程求得 6 个独立的应力分量，然而，具体实施过程中为了使应力分量达到最佳值，往往每个测点至少要得到一组 n 个（$\geqslant 12$）观测值，由此建立观测方程组，用最小二乘法求出应力分量的最佳值。

求得 6 个应力分量后，根据弹性理论，得到主应力与应力分量之间的关系式：

$$\sigma^3 + b_1\sigma^2 + b_2\sigma + b_3 = 0 \tag{11–21}$$

其中：$b_1 = -(\sigma_x + \sigma_y + \sigma_z)$；

$b_2 = \sigma_y\sigma_z + \sigma_z\sigma_x + \sigma_x\sigma_y - \tau_{yz}^2 - \tau_{zx}^2 - \tau_{xy}^2$；

$b_3 = -(\sigma_x\sigma_y\sigma_z - \sigma_z\tau_{yz}^2 - \sigma_y\tau_{xy}^2 - \sigma_z\tau_{xy}^2 + 2\tau_{yz}\tau_{zx}\tau_{xy})$。

解此方程式，可以求得最大主应力、中间主应力和最小主应力的大小。

3. 主应力的方向

主应力的大小同坐标选择无关，主应力方向与坐标系有关。已知主应力分量后，可根据下列齐次方程及方向余弦之间的关系式求得主应力方向：

$$\left.\begin{array}{l} (\sigma_z - \sigma_i)l_i + \tau_{xy}m_i + \tau_{xz}n_i = 0 \\ \tau_{xy}l_i + (\sigma_y - \sigma_i)m_i + \tau_{yz}n_i = 0 \\ \tau_{xz}l_i + \tau_{yz}m_i + (\sigma_z - \sigma_i)n_i = 0 \end{array}\right\} \tag{11–22}$$

$$l_i^2 + m_i^2 + n_i^2 = 1 \tag{11–23}$$

式中：$i=1$，2，3。

求解方程组，可求得主应力的方向余弦。最后将主应力方向用它在基本坐标系的方位角 α 和倾角 β 表示，α、β 的正负号规定同钻孔轴的符号规定。

11.6.6.2 雪峰山隧道初始地应力现场测试

1. 测点布设

三组初始地应力测试均布设在雪峰山隧道左线左侧的边墙上，各组的具体位置参见表 11–5。

表 11-5 雪峰山隧道初始地应力测试位置

测点编号	测点位置	测点岩性	垂直埋深（m）	钻孔编号	方向（°）	倾角（°）
S1	ZK98+990	硅化砂质板岩	617~625	S1-1	207	2
				S1-2	227	7
				S1-3	164	8
S2	ZK98+050	变质砂岩	497~502	S2-1	267	-13
				S2-2	258	13
				S2-3	248	-12
S3	ZK99+730	硅化砂质板岩	592~600	S4-1	218	11
				S4-2	175	11
				S4-3	240	5

2. 测试过程

（1）用 ϕ130mm 的金刚石钻头在预定点开孔，钻进至开挖影响范围之外的完整岩体，磨平孔底，然后用锥形钻头钻喇叭口。

（2）用 ϕ56mm 金刚石钻头在 ϕ130mm 钻孔的中心钻测试小孔，取出小孔岩芯，选择无裂隙的完整部位作为试验孔段。

（3）将钻孔变形计安装到小孔中的相应部位，测定探头元件在钻孔中的方向。

（4）将变形计电缆从 ϕ130mm 钻具、ϕ50mm 钻杆及立轴钻杆中穿出，接到仪器上。

（5）开动钻机，以 ϕ130mm 金刚石钻头套钻安装有变形计的小孔，与此同时测定应力解除时小孔的孔径变形。

（6）应力解除后，取出带有探头的岩芯或探头。

（7）在同一钻孔和不同钻孔中重复以上（1）~（6），直到取得可供计算的符合要求的试验资料。

3. 测试结果

对现场测试资料进行综合分析，选用测试过程完整、测值合理的资料，连同钻孔方向、弹性模量、泊松比等参数代入计算公式进行计算，得到测试成果（表11-6）。

4. 测试成果分析

（1）三组现场测试中，S1测点的最大主应力量值达到29.5MPa，为三组中最大的，S2 测点的最大主应力量值也达 27.8MPa，S3 测点的最大主应力量值为 24.8MPa，是三组中最小的。事实上 S1 埋深最大，S2 埋深虽小，但岩体完整，因此 S1、S2 应力都较高，S3 埋深虽然也大，但是周围岩体较破碎，因此，测试值较其他二组都低。可见，埋深虽然是影响应力大小的因素，但不是唯一因素，应力大小是新老构造应力、自重应力等多种应力成分叠加的结果。

表 11-6　雪峰山隧道初始地应力现场测试成果

测点编号	测点位置	测点岩性		最大主应力 σ_1	中间主应力 σ_2	最小主应力 σ_3
S1	ZK98+990	硅化板岩	量值（MPa）	29.5	23.9	5.41
			方　向	N54.0° W	N59.3° W	N35.6° E
			倾角（°）	15.4	−74.5	−1.4
S2	ZK98+050	变质砂岩	量值（MPa）	27.8	17.7	4.51
			方　向	N61.5° W	N20.4° W	N36.9° E
			倾角（°）	24.4	−58.9	18.0
S3	ZK99+730	硅化粉砂质板岩	量值（MPa）	24.8	14.8	3.7
			方　向	N78.8° W	N69.9° W	N18.8° E
			倾角（°）	67.5	−22.2	3.1
说　明	主应力方向是主应力的投影方向，以象限角表示；倾角"−"表示俯角，正角为仰角。					

（2）三组测试成果中，主应力倾角最大的为 74.5°、67.5°、58.9°，倾角最小的为 1.4°、3.1°，其余为 24.4°、22.2°、18.0°、15.4°。可见，主平面都是倾斜的，不能用简单的水平、垂直来描述应力状态。

（3）三组的最大主应力 σ_1 方向均为 NW 向，与隧道轴线（约 N70° W）小角度相交；中间主应力 σ_2 正倾角时方向均为 SE 向（NW 方位均为俯角）；最小主力 σ_3 主要方向表现为 NE 向，角度较小。方向和倾角随中间主应力倾角的变化而做了相应调整，这种调整是地形、地貌、侵蚀作用的局部差异及由此产生的应力局部调整所致。

在雪峰山隧道勘察中创立的以钻孔岩芯的 Kaiser 效应测试，配合有限元数值模拟分析方法的地应力预测的技术方法，在缺少或难于开展深部常规地应力测试的条件下，是一条获取场地地应力场的重要途径。雪峰山工程实践证明，这套系统预测的地应力场与实际情况较为接近，是一套值得进一步开发推广的关键技术。

11.6.7 勘察阶段的岩爆预测

岩爆的预测评价分为两个阶段进行：一是勘察阶段，进行宏观的岩爆可能性预测评价；二是施工期间在岩爆可能发生地段进行重点研究。岩爆预测采用了"形成演化机制分析与量化评价相结合"的研究思路。

11.6.7.1 初始地应力场研究

运用前述两种地应力的测试方法，基本查明了各孔位处初始地应力的大小与方向。为研究隧道围岩初始地应力场的空间分布规律，运用二维有限元方法，利用前述两种测试方法取得的成果，模拟雪峰山隧址区岩体应力场的形成演化过程。初始模型假定地面为平面，河谷下切过程用四步由上至下的"开挖"来模拟，"开挖"高程根据区域夷平面调查分析成果确定。通过数值模拟，全过程再现地应力场的形成演化过程，进而对隧址区高地应力的形成机制和地应力场的分布规律作出了较准确的判断。

11.6.7.2 围岩二次应力场研究

选择不同应力区（应力平稳带深埋高地应力区、应力平稳带地应力变异区、应力浅表生改造带应力增高区）的代表性断面，采用二维有限元数值模拟计算，获得了隧道开挖后洞壁、洞顶、洞底地应力分布曲线图。

11.6.7.3 围岩岩爆力学机制岩石力学试验研究

为研究围岩岩石是否具备发生岩爆的性能，开展岩石岩爆倾向性指数和破坏后的破坏形式的试验研究。两项研究均在 TMS815 Teststar 程控伺服刚性试验机上进行。

岩爆倾向性指数（Wet）试验获得单轴应力状态下的加卸载应力－应变曲线，从而求得卸载时所释放的弹性应变能和耗损弹性应变能的比值，作为岩爆倾向性指数。本次共对 20 件试样进行了此类试验，结果如表 11-7 所示。

表 11-7 岩爆性能 Wet 判别结果

Wet 值	试样数量	岩爆性能
<2	1	不具备发生岩爆的性能
2~4.9	15	具备发生低~中烈度岩爆的性能
≥ 5	4	具备发生高烈度岩爆的性能

单轴压缩下全过程试验是判断岩石破坏后的破坏形式，可分为两类。Ⅰ型破坏属稳定破坏，岩石在破坏后只有继续做功才能使其破裂继续扩展；Ⅱ型破坏属非稳

定破坏，一旦破坏不需要外力做功，岩石通过自身应变能释放继续破裂，表现出岩石具有岩爆的性能。本次共对17件试样进行了试验，结果是4件属Ⅰ型，13件属Ⅱ型，与岩爆倾向性指数（Wet）试验成果有良好的对比性。

11.6.7.4　初步预测的烈度分级

综合目前国内外的研究成果，制定了表11-8所示的岩爆烈度分级方案。

表 11-8　岩爆烈度分级方案

级别 特征	轻微岩爆 （Ⅰ级）	中等岩爆 （Ⅱ级）	强烈岩爆 （Ⅲ级）	剧烈岩爆 （Ⅳ级）
声响特征	嘶啪声、撕裂声	清脆的爆裂声	强烈的爆裂声	剧烈的闷响爆裂声
运动特征	爆裂松脱、剥离	爆裂松脱、剥离现象严重，少量弹射	强烈的爆裂弹射	剧烈的爆裂弹射，甚至抛掷
岩块形态特征	薄片状、薄透镜状	透镜状、棱板状	棱板状、块状、板状	板状、块状或散体
断口特征	新鲜的贝壳状	新鲜的贝壳状、弧形凹腔、楔形	弧形凹腔、楔形	大规模弧形凹腔或楔形
发生部位	拱部及边墙	边墙与拱部	主要在边墙与拱部，可波及其余部位	边墙及拱部，并伴有底板爆裂隆折
时效特征	零星间断爆裂	持续时间较长，有随时间累时性向深部发展特征	具有延续性，并迅速向围岩深部扩展	具突发性，并迅速向围岩深部扩展
影响深度 h/B	表面 <0.1	深度可达1m左右 0.1~0.2	2m左右 0.2~0.3	3m左右 >0.3
对工程的危害	影响甚微，适当的安全措施就可使施工正常进行	有一定影响，应及时采取挂网喷锚支护措施，否则有向深部发展的可能	有较大影响，应及时采取挂网喷锚支护措施	严重影响甚至摧毁工程，必须采取相应的特殊措施加以防治
$\sigma_{\theta max}/R_b$	0.3~0.5	0.5~0.7	0.7~0.9	>0.9

注：h 为破坏波及深度（m）；B 为洞径（m）；$\sigma_{\theta max}$ 为洞壁最大切向应力（MPa）。

11.6.7.5　雪峰山隧道岩爆的初步预测

通过对测区岩体物理力学性质、地应力量级、岩体室内试验（岩石破坏全过程试验、岩爆倾向性指数试验等）等方面的研究，并与类似的工程（二郎山隧道、秦岭隧道等）类比，对本隧道可能发生岩爆的区段进行初步预测（表11-9）。

11.6.8　施工阶段的岩爆预测与评价

11.6.8.1　岩石力学试验

在施工阶段对前期预测可能发生岩爆地段进行重点研究，主要进行单轴压缩试验、直接拉伸全过程试验及抗拉强度测试、三轴全过程试验、岩爆倾向性指数试验等。

表 11-9　岩爆初步预测表（左洞）

里　程 桩　号	埋深 （m）	总长 （m）	露出岩层 围岩类别	最大主应力 量级（MPa）	岩爆类型 与级别
ZK97+200~ ZK98+800	450~710	1 600	Zc²/Zc¹ 含 F2、F3、F5 III~IV	15~25	断裂应力分异带岩爆区， 集中发育在断裂带前后 I 级，局部 II 级
ZK98+800~ ZK100+000	720~800	1 200	Ptfy/Zc¹ IV	25~30	深埋高地应力岩爆区 I~ II 级
ZK100+300~ ZK100+700	500~620	400	Zc¹/Ptfy 含 F6 III~V	15~25	断裂应力分异带岩爆区， 集中发育在断裂带前后 I 级，局部 II 级

由于硅化砂质板岩具有板（层）理构造，加之构造应力所形成的各种结构面（以下统称为结构面），这些结构面的发育程度有一定差异，故将硅化砂质板岩划分为无明显结构面、平行结构面、垂直结构面和斜交结构面四大类型组进行试验。

1. 单轴压缩试验

单轴压缩试验的目的是获得岩石的单轴抗压强度、弹性模量、变形模量、泊松比等表征岩石变形特征和强度特征的常规力学指标，同时还要获得岩石的岩爆倾向性指数、应力应变全过程曲线等结果。为了参数的统一性，本次试验采用了优化的试验方案，即将多个测试项目和多项测试指标在一个试件上进行测试。试样采用直径 50mm、高度 100mm 的标准圆柱体试件，每组三个试件。

试验得到典型应力应变全过程曲线如图 11-68 所示，试验中获得的各力学参数见表 11-10。

图 11-68 和表 11-10 的结果揭示了如下主要特征：三种应力条件的试验所得应力应变全过程曲线均属 II 型，但三种情况又有明显区别；反映了岩石的变形破坏机制、过程具有较强的各向异性特征。

（1）加载方向平行于结构面的试验中［图 11-68（a）］，轴向应力达到峰值后还经历了较长的不稳定破裂阶段，主要表现为轴向应力保持不变，应变逐渐增大，且横向应变较轴向应变的增量大得多（此阶段轴向应变增量为 150 $\mu\varepsilon$，横向应变为 1 050 $\mu\varepsilon$，体积应变近 2 000 $\mu\varepsilon$），表明当所受应力与结构面平行时，应力达到一定水平后，岩石沿结构面产生张性破裂，引起强烈扩容，最终导致岩石破坏。

（2）加载方向垂直于结构面的试验中［图 11-68（b）］，应力达到峰值以后立即进入软化阶段，并迅速破坏。

（3）加载方向与结构面小角度斜交的试验中，应力应变曲线在峰值前后经历了几个明显的峰谷起伏，且峰谷尖棱，显示出较强的渐进性脆性爆裂破坏特征；

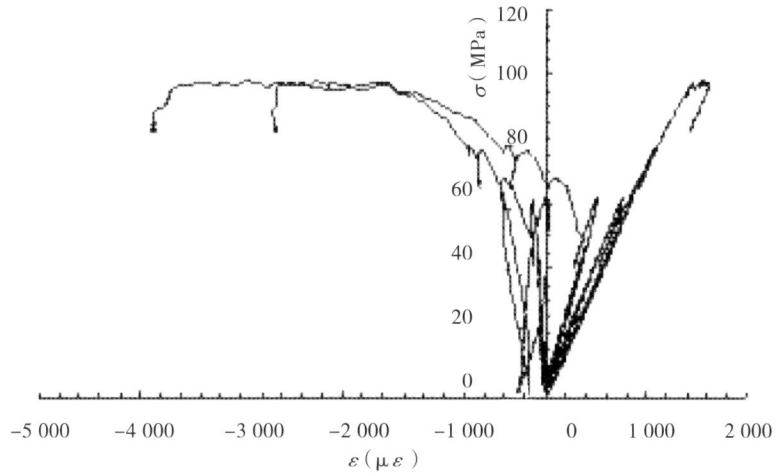

（a）平行结构面试验（YK98+947-3p 试件）

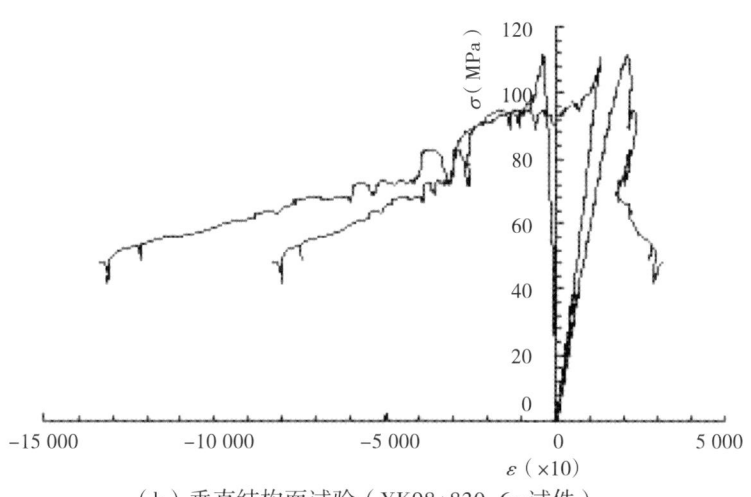

（b）垂直结构面试验（YK98+830-6c 试件）

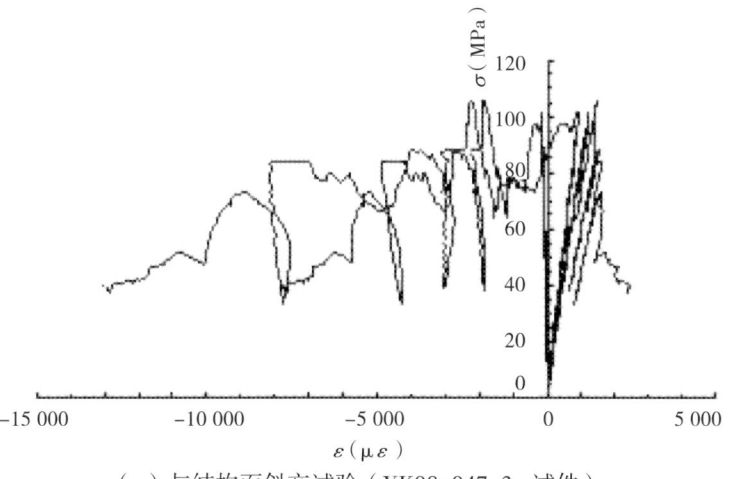

（c）与结构面斜交试验（YK98+947-3p 试件）

图 11-68　单轴压缩全过程试验典型应力应变曲线图

表 11-10　单轴压缩试验成果一览表

试样编号	抗压强度	弹性常数		变形参数				纵波波速
	R_c（MPa）	E（GPa）	μ	E_{50}（GPa）	μ_{50}	E_0（GPa）	μ_0	m/s
YK98+830-c	97.96	51.73	0.13	57.47	0.09	42.57	0.31	5 057
YK98+830-p	127.23	83.90	0.17	79.30	0.18	77.20	0.39	5 872
YK98+830-x	133.08	83.46	0.12	84.62	0.11	76.33	0.18	
YK98+946-c	135.20	64.10	0.17	64.57	0.17	47.47	0.42	5 592
YK98+946-p	130.40	93.70	0.23	92.80	0.20	86.70	0.23	6 056
YK98+946-b	130.90	65.10	0.11	64.7	0.15	46.60	0.36	5 570
YK98+946-x	114.4	69.5	0.16	69.0	0.16	55.4	0.24	5 608
ZK98+111-X	208.60							
ZK98+990-X	81.85							
ZK97+896-X	142.24							
ZK100+540-X	58.50							
ZK97+780-X	108.89							
ZK98+795-X	174.7							

且爆裂破坏过程中伴有强烈的扩容，破坏后横向应变达到 8 000 $\mu\varepsilon$，体积应变达 10 000 $\mu\varepsilon$，表明岩石破坏主要由沿结构面的暴烈扩容引起。

2. 直接拉伸全过程试验及抗拉强度测试

由于岩石具有脆性、非均匀性、各向异性和不连续性等一系列特殊性质，直接拉伸全过程试验很难实现，因此目前都采用间接方法测试岩石的抗拉强度。现行国家标准和国际上通用的方法是采用劈裂法，但具体试验条件的规定又有所差异。为了准确获得岩石的抗拉强度指标，同时深刻揭示岩石在拉应力作用下的变形和破坏特征，本项研究采用了直接拉伸试验。为了比对，也进行了劈裂试验（表 11-11）。

从试验结果中可以看出以下特征：

（1）岩石直接拉伸试验中，应力应变关系呈非线性特征，破坏前的拉伸变形非常微小，一般不到 100 $\mu\varepsilon$，峰后迅速弱化，残余强度极低。这一全过程曲线揭示了岩爆发生的力学行为：岩爆的破裂是一种张性破裂，破裂前应变微小，破裂过程短暂，破裂后急剧弱化，整个破裂过程消耗能量少，因而前期积聚的大量应变能急剧释放，极低的残余强度不足以抵御和消耗释放的能量，因而大量剩余能量转化

表 11-11　试验所得抗拉强度汇总表

试样编号	试验条件	直接拉伸（MPa）	劈裂试验 σ_t（MPa）	纵波波速（m/s）	备注
YK98+830-1c	垂直于结构面	4.09		5 590	直接拉伸强度均值3.28
YK98+830-2c		2.38	4.85	5 105	
YK98+830-7c		4.36		5 540	
YK98+830-8c		2.27		5 163	
YK98+830-p	平行	7.6	18.57	5 953	
YK98+946-p	平行		8.83	6 056	
YK98+946-c	垂直		2.27	5 592	

为动能，将从洞壁剥离下来的岩块弹射出去，于是岩爆产生了。

（2）直接拉伸试验所得抗拉强度较间接拉伸试验小，这是因为直接拉伸试验总是从试件最薄弱部位拉断，而间接拉伸试验采用劈裂法，破坏部位通常并非试件最薄弱处。

（3）拉应力平行结构面的试验所得抗拉强度较垂直的高得多，说明这种岩石具有极强的抗拉各向异性特征。

（4）抗拉强度各向异性特征与纵波波速具有较好的对应性。同一组试件中，一般抗拉强度高的试件，其纵波波速也较高。

3. 三轴全过程试验

岩体的初始应力状态是一种三向应力状态，隧道的开挖是一个卸荷过程。本次试验中用三轴试验来模拟这种卸荷的力学条件，进行了两组常围压三轴全过程试验（方案一）和七组卸荷三轴全过程试验（方案二）。据试验结果（表11-12）可以

表 11-12　方案一试验成果汇总表（垂直结构面）

试件编号	围压（MPa）	强度特征参数 $(\sigma_1-\sigma_3)$ 峰值（MPa）	强度特征参数 $(\sigma_1-\sigma_3)$ 残余（MPa）	变形特征参数 弹性模量（GPa）	变形特征参数 泊松比	变形特征参数 变形模量（GPa）	破坏前总变形量 ε_1（$\mu\varepsilon$）	破坏前总变形量 ε_2（$\mu\varepsilon$）	破坏前总变形量 ε_v（$\mu\varepsilon$）
S1-1c	10	216.1	75.7	71.0	0.26	49.3	4 577	-3 126	-1 676
S1-2c	20	217.4	89.6	72.9	0.33	54.1	4 062	-2 124	-186
S1-3c	40	283.6	148.3	74.3	0.36	53.3	5 584	-2 947	-3 097
S1-4c	60	332.8	199.3	76.9	0.38	43.4	7 054	-6 171	-5 287
S1-5c	80	380.9	255.3	76.7	0.41	56.4	6 720	-3 479	-236
均值				74.4	0.35	41.1			

得到如表 11-13 所示的岩石强度参数。

表 11-13　方案一所得强度参数（垂直结构面）

参数	内摩擦角（°）	内聚力（MPa）
峰值（抗剪断）	35	44.4
残余值（抗剪）	34.6	11.4

图 11-69 是方案一垂直结构面试验得到的典型应力－应变全过程曲线。从该曲线可以明显看出岩石的变形破裂经历了线弹性变形、非线性变形、稳定破裂、非稳定破裂、破坏几个阶段，且各阶段呈圆滑过渡，表明常围压加载条件下这种岩石的弹脆性特征并不突出。

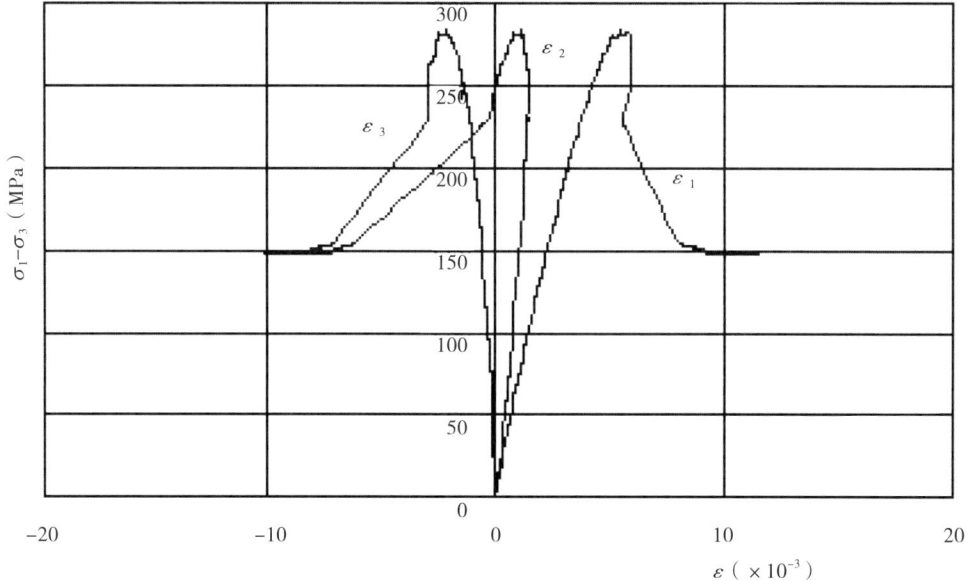

图 11-69　方案一典型应力-应变全过程曲线（垂直结构面）

试验获得常围压加载应力条件下，轴向应力与结构面平行时岩石的力学性能参数如表 11-14 所示。据试验结果（表 11-14）可以得到如表 11-15 所示的岩石强度参数。

从表 11-15 可看出强度参数特别小，但围压为 10MPa、20MPa、40MPa、80MPa 的四个试件试验结果，其 σ_1 与 σ_3 的关系完全为直线关系，此结果反映了岩石的强度本质。仔细分析应力应变曲线和试件破坏特征，可发现岩石峰后扩容是横向急剧扩展的结果。这种扩容首先是试件远离端部效应区的中部发生沿纵向结构面的张性破裂，继而形成贯通张剪性破裂面。

观察试件的破坏特征可以发现，轴向应力与结构面垂直的情况下，破裂面与结

表 11-14　方案一所得强度参数（垂直结构面）

试件编号	围压（MPa）	强度特征参数（$\sigma_1 - \sigma_3$）		变形特征参数			破坏前总变形量		
		峰值（MPa）	残余（MPa）	弹性模量（GPa）	泊松比	变形模量（GPa）	ε_1（$\mu\varepsilon$）	ε_2（$\mu\varepsilon$）	ε_v（$\mu\varepsilon$）
S1-1p	10	188.8	72.6	83.9		71.4	2 644		
S1-2p	20	211.7	142.7	76.1		75.7	2 755		
S1-3p	40	264.0	172.3	72.7	0.18	35.1	7 514		
S1-4p	60	391.8	199.3	76.9		43.4	5 501		
S1-5p	80	358.6		84.4		74.8	4 793		
均值				78.8		60.1			

表 11-15　方案一所得强度参数（平行结构面）

参数	内摩擦角（°）	内聚力（MPa）
峰值（抗剪断）	24.7	52.7
残余值（抗剪）	24.0	18.5

构面交角很大，完全是切层破坏，破裂面只有一条。轴向应力与结构面平行时就大不相同，破裂面与结构面交角很小，破裂面迁就和利用结构面的情况十分普遍，且破裂面密集。因此后者强度较前者低。

图 11-70 是方案一平行结构面试验得到的典型应力-应变全过程曲线。从该曲线可以明显看出岩石的变形破裂经历了线弹性变形后，没有经过明显的屈服阶段即产生破坏，峰后强烈扩容过程中还伴有应力起伏，整个变形-破裂-破坏过程显示出较强的脆性特征。

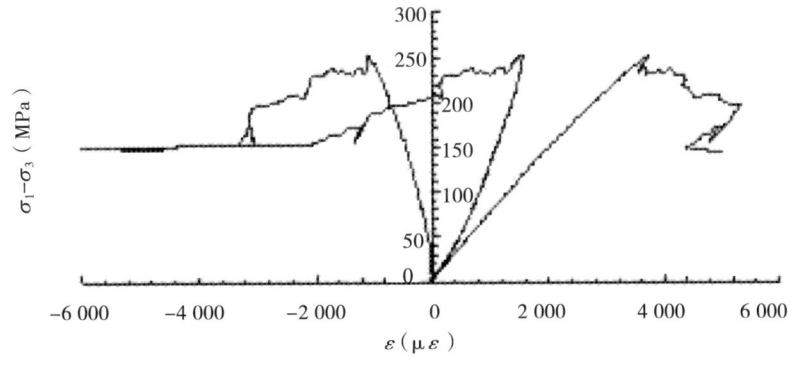

图 11-70　方案一典型应力 - 应变全过程曲线（平行结构面）

升轴压降围压试验的应力路径与隧道开挖的应力分异相似，以升轴压降围压的方式来模拟隧道开挖引起的应力分异过程中的切向应力升高、径向应力降低的应力路径。采用本方案试验的岩性为硅化粉砂质板岩,共进行了σ_1与结构面斜交、平行、垂直三种应力条件的升轴压、降围压三轴试验。从图 11-71 可以看出,虽三种条件下的应力–应变曲线都具 II 形曲线特征,但与结构面斜交[图 11-71(a)]和垂直[图 11-71(c)]两种条件下,岩石在破坏时应力–应变曲线呈圆滑过渡,并没有能量的瞬间释放,没有强烈的脆裂破坏。在 σ_1 与结构面平行的应力条件下[图 11-71(b)],轴压升高、围压降低的破坏过程中应力应变–曲线各阶段转折尖棱,并伴有高低起伏,显示出较强的脆裂破坏特征。

试验过程中,无论是大主应力与结构面垂直、平行还是斜交,这种应力路径下岩石的强度都低于常规的加载三轴试验,特别是大主应力平行于结构面的条件下更为明显。统计表明,这种应力路径下岩石的强度较加载三轴试验时最多可降低近 20%。试验得到的认识:

(1)在最大主应力与结构面垂直、斜交和平行的三种条件下,后者的脆性破坏特征最为强烈,破坏时的扩容更加剧烈,表明在隧道开挖引起的应力分异过程中,大主应力与结构面平行的情况下岩爆特征更为明显。

(2)大主应力升高、小主应力降低的应力路径下,试验得到的岩石强度低于加载三轴试验的岩石强度,降低幅度最大可至 20%。

4. 岩爆倾向性指数试验(Wet)

岩爆倾向性指数测定是由波兰学者奇代宾斯基(A.Q.Kidybinski)于 1972 年首先提出的。本次测试中以 20kN/min 的加载速率对岩石试样施加轴压进行加载,加载终值为岩石单轴抗压强度(R_b)的 0.7~0.8 倍,然后开始卸载,卸载至轴压为 0.05 倍岩石单轴抗压强度(R_b)。通过上述的加载与卸载试验过程,最后可以得到岩石在单轴应力状态下的加载、卸载应力–应变曲线,从而求得卸载所释放的弹性应变能(φ_{sp})和耗损的弹性应变能(φ_{st})之比值 $\varphi_{sp}/\varphi_{st}$ 作为岩爆倾向性指数(Wet)。本次共进行了十组试验,典型测试曲线如图 11-72~图 11-77,试验结果见表 11-16。

11.6.8.2 对岩爆预测判据的修正

雪峰山隧道勘察阶段,从岩爆产生的内部因素和外部因素出发,采用岩爆预测的多种方法和手段进行综合分析研究,提出岩爆预测,认为若干洞段是潜在岩爆发生段,部分可达到二级岩爆。实际施工过程中岩爆的发生与预测结果略有出入。在前人研究的基础上,采用 11.6.8.1 系列岩石力学试验进行综合分析研究,对岩爆预测评价取得了一些新的认识。

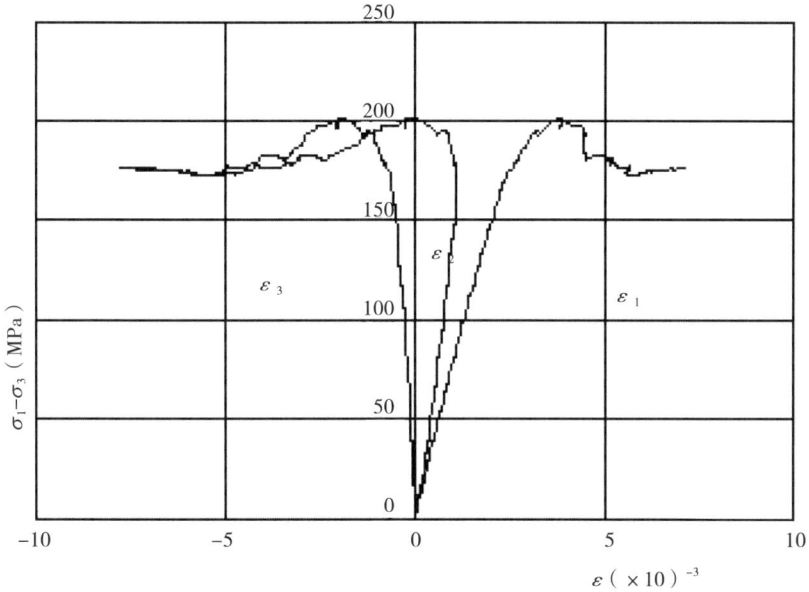

（a）σ_1 与结构面斜交

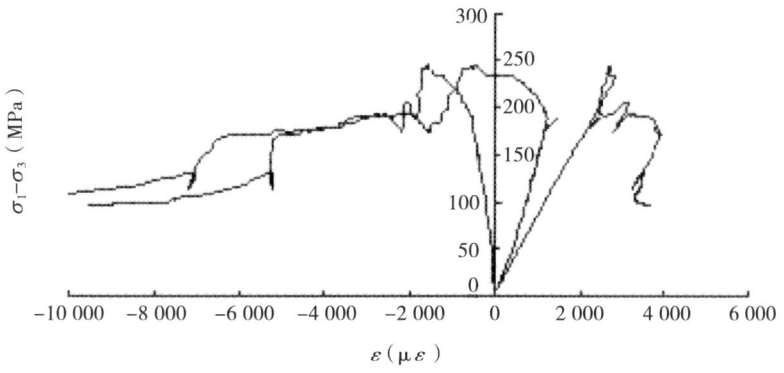

（b）σ_1 与结构面平行

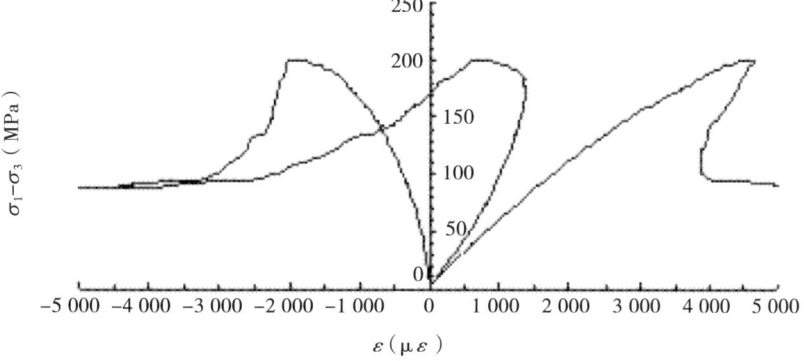

（c）σ_1 与结构面垂直

图 11-71 方案二试验应力 – 应变全过程曲线（斜交）

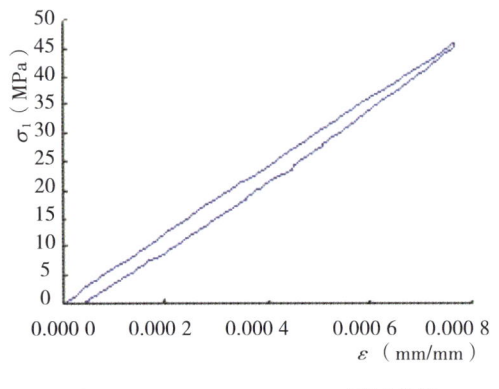

图 11-72　ZK97+780Wet 测试曲线

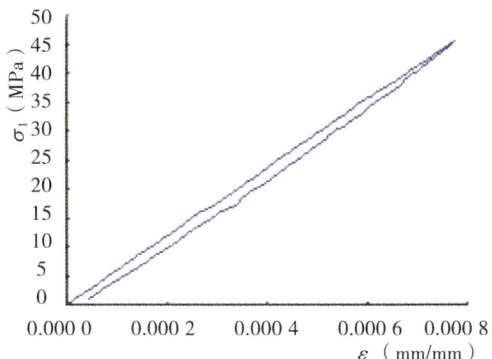

图 11-73　ZK97+894Wet 测试曲线

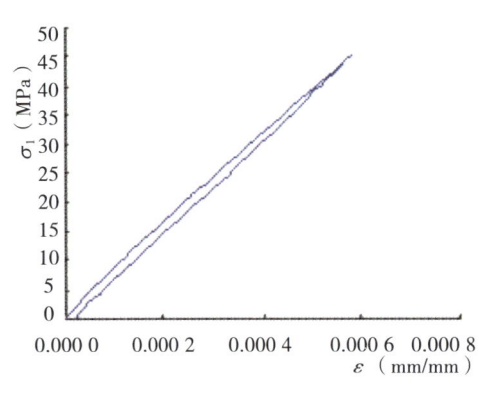

图 11-74　ZK98+110Wet 测试曲线

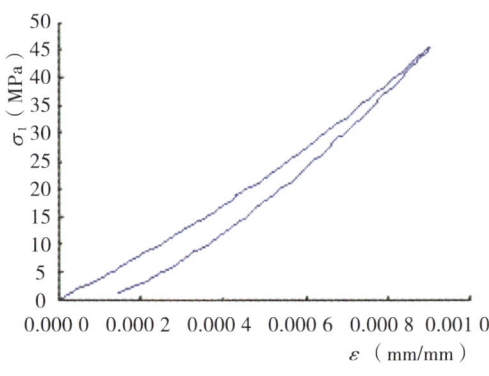

图 11-75　ZK98+795Wet 测试曲线

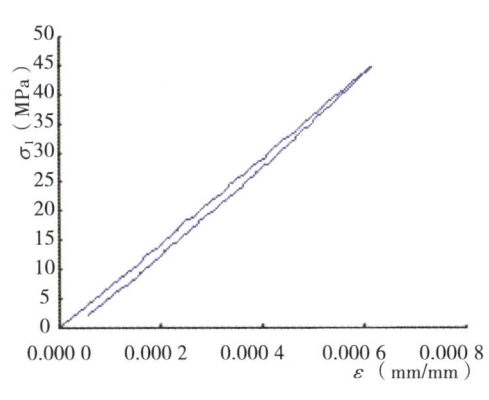

图 11-76　ZK98+990Wet 测试曲线

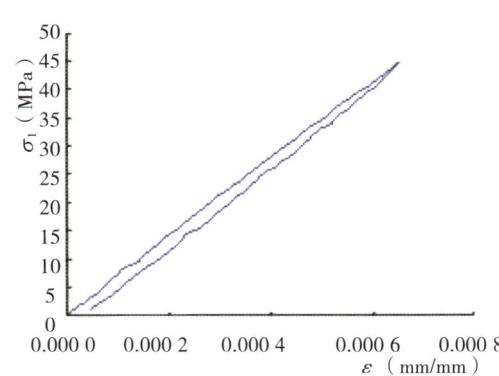

图 11-77　ZK100+540Wet 测试曲线

1. 岩爆产生条件

研究表明，对于工程岩体发生岩爆须有两个方面的基本条件：

（1）岩石为坚硬岩。其单轴或三轴压缩试验应力–应变全过程曲线为Ⅱ形曲线，并具有较高的强度和应变能储积和瞬间释放性能，以及弹脆性破坏特征。

（2）岩体应力水平高。可能在地下工程施工中由于应力分异导致切向应力迅速升高到一定程度。

深埋越岭隧道勘察技术研究与实践

表 11-16　岩爆倾向性指数测试成果表

σ_1 与结构面关系	试样位置	埋深（m）	岩性	Wet（$\varphi_{sp}/\varphi_{st}$）
无明显结构面	ZK97+780	460	硅化砂质板岩	7.96
斜交	ZK97+894	505	硅化砂质板岩	9.89
斜交	ZK98+110	501	硅化砂质板岩	16.11
无明显结构面	ZK98+795	618	变质砂岩	4.54
斜交	ZK98+990	621	硅化砂质板岩	13.11
斜交	ZK100+540	596	硅化粉砂质板岩	13.86
垂直	YK98+830-1	620	变质砂岩	7.37
平行	YK98+830-2	620	变质砂岩	16.81
垂直	YK98+946-1	623	变质砂岩	10.06
平行	YK98+946-2	623	变质砂岩	15.84

应当指出，本次研究揭示出具有较强各向异性特征的岩石（体），其宏观结构面和细观结构面对岩体的岩爆性能具有重要影响。试验结果表明，当岩石（体）结构面与洞壁平行或小角度相交时，发生岩爆的可能和级别都较垂直或大角度相交要高。

2. 岩爆的预测评价及其判据

综上所述，可将工程岩体岩爆的预测判据总结如下：

（1）岩爆判据

$R_b > 30$MPa，$\sigma - \varepsilon$ 曲线为 II 形曲线，Wet > 2，$R_b/\sigma_t < 40$，$\sigma_\theta/R_b > 0.3$。当宏观和细观结构面与洞壁平行或小角度相交，且各向异性指数小于 0.9（$V_{cp}=V_c/V_p < 0.9$）时，R_b 应乘以 0.8 的修正系数。

（2）岩爆级别预测

岩爆发生的级别可按表 11-17 进行判别。

表 11-17　岩爆级别综合评价表

	轻微岩爆	中等岩爆	强烈岩爆
σ_θ/R_b	0.3~0.5	0.5~0.7	> 0.7
Wet	2~4.9	2~4.9	≥ 5
R_b/σ_t	26.7~40	14.5~26.7	< 24.5

注：当各向异性指数小于 0.9（$V_{cp}=V_c/V_p < 0.9$）时，且结构面与洞壁交角大于 30°时，应将预测结果降低一个级别。

3. 预测实例

如果考虑到岩石的各向异性和雪峰山隧道的岩体产状及细观结构面的方向（其与洞壁的交角均大于 30°），则按上面的判据应重新评价，如表 11-18 所示。可见采用修正后的评价判据，其预测结果更加接近实际情况。

表 11-18　按修订的应力强度比预测岩爆

试样位置 （及受力条件）	σ_θ （MPa）	R_b （MPa）	σ_θ/R_b	预测结果	按结构面角度 修正评价结果
ZK97+780（无）	38	108.9	0.349	轻度岩爆	不产生岩爆
ZK97+894（斜交）	38	142.2	0.267	不产生岩爆	不产生岩爆
ZK98+110（斜交）	38	208.6	0.182	不产生岩爆	不产生岩爆
ZK98+795（无）	38	174.7	0.218	不产生岩爆	不产生岩爆
ZK98+990（斜交）	38	81.15	0.468	轻度岩爆	不产生岩爆
ZK100+540（斜交）	38	58.5	0.650	中等岩爆	轻度岩爆
YK98+830-1（垂直）	38	97.96	0.388	轻度岩爆	不产生岩爆
YK98+830-2（平行）	38	127.23	0.299	不产生岩爆	不产生岩爆
YK98+946-1（垂直）	38	135.20	0.281	不产生岩爆	不产生岩爆
YK98+946-2（平行）	38	130.40	0.291	不产生岩爆	不产生岩爆

注：斜交指结构面与试验轴向力的夹角，这里均为小角度（小于 30°）。

雪峰山隧道施工期间，在部分洞段实测洞壁应力，并在这些实测点附近取样进行室内试验，将其应力强度比判别结果列于表 11-19。对比表 11-18 与表 11-19，可见经各向异性修正后的岩爆预测结果更加符合实际。

11.6.9　对雪峰山隧道围岩力学特征及岩爆预测的主要认识

11.6.9.1　围岩力学特征

1. 揭示了广泛分布于雪峰山隧址区的主要岩性——硅化砂质板岩的力学性质，获得了主要的变形特征参数和强度参数（表 11-20）。

2. 岩石在单轴和三轴应力下，以及加载和卸载过程中，所表现的力学性能有所差别，即应力状态和应力路径对岩石的力学性能有一定影响；大主应力升高、小主应力降低的卸载应力路径，比加载条件下的岩石强度降低 20% 左右。

3. 岩石中的细观结构面与应力状态的关系对其变形特性、强度特性以及破裂特征、破坏特征均具有重要影响，这种影响即岩石的各向异性特征。

4. 弹性波纵波波速能够反映岩石的细观结构面存在引起岩石力学性能各向异

表 11-19 据实测洞壁应力判别结果

试样位置 （及受力条件）	埋深 （m）	岩性	σ_θ （MPa）	R_b （MPa）	σ_θ/R_b	按结构面角度 修正评价结果
ZK97+780（无）	460	硅化砂质板岩	17.23	108.9	0.158	不产生岩爆
ZK97+894（斜交）	505	硅化砂质板岩	24.77	142.2	0.174	不产生岩爆
ZK98+110（斜交）	501	硅化砂质板岩	31.92	208.6	0.153	不产生岩爆
ZK98+795（无）	618	变质砂岩	14.88	174.7	0.085	不产生岩爆
ZK98+990（斜交）	621	硅化砂质板岩	11.39	81.15	0.140	不产生岩爆
ZK100+540（斜交）	596	硅化粉砂质板岩	18.32	58.5	0.313	不产生岩爆
YK98+830-1（垂直）	620	变质砂岩	20.83	97.96	0.213	不产生岩爆
YK98+830-2（平行）	620	变质砂岩	20.83	127.23	0.164	不产生岩爆
YK98+946-1（垂直）	623	变质砂岩	17.35	135.20	0.128	不产生岩爆
YK98+946-2（平行）	623	变质砂岩	17.35	130.40	0.133	不产生岩爆

表 11-20 岩石力学参数建议值

受力 条件	强度参数				变形特征参数							V_p （m/s）
	R_c （MPa）	σ_t （MPa）	C （MPa）	φ （°）	E （GPa）	μ	E_{50} （GPa）	μ_{50}	E_0 （GPa）	μ_0	G （GPa）	
平行	127.2	7.6	52.5	24.4	83.9	0.17	79.3	0.18	77.2	0.39	37.2	5 872
垂直	98.0	3.3	44.4	35.0	51.7	0.13	51.5	0.09	42.6	0.31	22.9	5 057
斜交	114.4				69.5	0.16	69.0	0.16	55.4	0.24	30.0	5 608

的特征，将弹性波传播方向与结构面垂直时的纵波波速与平行时的纵波波速的比值 V_c/V_p 定义为岩石的细观各向异性指数，并用 V_{cp} 来表示，根据试验，当 $V_{cp}=V_c/V_p < 0.9$ 时，硅化砂质板岩具有较强的各向异性特征。

11.6.9.2 岩爆预测评价

前人对岩爆预测评价的方法对工程岩体的岩爆预测评价具有重要实用价值，总体可归纳为：对岩石的岩爆性能，可采用 R_b、应力-应变全程曲线类型、Wet、R_b/σ_t 予以判别，实际工程中的岩爆预测还必须结合 σ_θ/R_b 等进行评价。

岩石岩爆性能试验是一种较简便的综合试验方法，在应力状态已知的情况下，仅用单轴压缩试验和抗拉强度试验，即可满足岩爆判据对评价参数的要求。

本书对前人的岩爆预测评价体系及判据作出了补充和完善，主要补充了岩爆性能的各向异性判据，即：

（1）当结构面与洞壁平行或小角度相交（小于30°），且各向异性指数小于0.9（$V_{cp}=V_c/V_p < 0.9$）时，R_b 应乘以0.8的修正系数；

（2）当结构面与隧道洞壁交角大于30°，且各向异性指数小于0.9（$V_{cp}=V_c/V_p < 0.9$）时，岩爆预测评价等级应降低一个级别。

注：本章第11.6节主要成果来源于湖南省交通运输厅交通科技项目"深埋隧道勘察技术研究"及西部交通建设科技项目"雪峰山特长公路隧道关键技术研究"子课题——"雪峰山隧道施工地质勘察技术研究"。第11.6节由课题组主要成员张志龙、王兰生、徐进、王跃飞、赵其华撰写。

第12章　雅泸高速公路地震高烈度区双螺旋隧道创新示范

12.1　工程地质概况

12.1.1　地形地貌

四川省雅安经石棉至泸沽高速公路（石棉至泸沽段）地处青藏高原与四川盆地的交接地带（图12-1），区内山脉连绵起伏，河流深切，沟壑纵横，地形复杂，地貌类型多样，高中山、中山、河谷平坝、河谷阶地等类型齐全。地形地貌属于构造剥蚀成因，大体可分为以下三类：

图12-1　雅泸高速公路区域位置图

1.高中山峡谷区（石棉县川心店—栗子坪段）（图12-2）

石棉县城大渡河高程845m，栗子坪山峰高程3 376.6m，相对高差达2 500m

左右，一般高差800~1 500m，自然坡度均大于45°，南桠河谷为典型的峡谷，植被以乔木为主。总的地貌特点是山高谷深，地形险峻，沟谷横断面多呈"V"型，自然坡度均大于45°，局部地段为30°~40°；沟谷宽一般10~30m，属典型高中山峡谷。山体主要由早震旦系花岗岩、基性~超基性岩构成，局部为震旦系下统流纹岩、安山岩等构成。

图12-2　高中山峡谷区

2.高中山深切河谷区（栗子坪—菩萨岗段）（图12-3）

栗子坪高程1 400m，菩萨岗高程2 871m，相对高差1 400m左右，自然坡度40°~50°。近分水岭附近出现山间平台，如大小营盘等地。脊岭带出现沼泽，植被以乔木与高大灌木相间。

图12-3　高中山深切河谷区

3. 高中山湖盆区（菩萨岗 — 下鲁坝段）（图 12-4）

本段区域地形自然坡度上陡（35°~40°）下缓（22°~30°），沿线河谷多为宽 V 型谷，两岸出现新月型一、二级阶地，断续相连，局部出现心滩。在支沟交汇处出现较多宽阔的冲洪积锥扇。该地植被发育一般，是当地的旱地农业区。山体主要由早震旦系花岗岩构成，局部为三叠系上统~侏罗系下统白果湾群粉细砂岩、粉砂质泥岩互层夹页岩、砾岩及煤线。岩体构造裂隙发育，岩石极为破碎，斜坡松散堆积层厚大，为泥石流提供了丰富的松散物源。

图 12-4　高中山湖盆区

12.1.2　地层岩性

勘察区的主要地层如下：

1. 第四系全新统（Q_4）

块石、碎石土：在山坡上广泛分布，为崩坡积成因。松散、中密为主，在地势较陡的山坡厚度一般较小，一般 <5m，在地势较平坦地段厚度较大，厚约 10m。在泸沽端洞门附近该层厚度约 9.4m。碎石、块石成分与附近基岩一致。

2. 第四系更新统（Q_{2+3}）

漂石、卵石：冲洪积成因，褐黄色，砂、砾充填，密实。成分主要为花岗岩，卵石粒径 0.1~0.2m，漂石粒径大者约 0.5m。仅分布在隧道雅安端洞口附近，厚度 >10m。

3. 第三系昔格达组（N_{2x}）

主要为一套薄~中厚层状的粉砂质泥岩出露，成岩差，软弱，呈硬塑~坚硬土状，普遍具有近水平层理，厚14m左右。

4. 早震旦系花岗岩（γ_2^2）

花岗岩，以灰白色夹灰黑色斑点为主、间或出现肉红色，暗色矿物含量少，成分以石英为主，少量长石、云母，局部分布有钾长花岗岩，中~粗晶结构，块状构造。其强风化岩岩质一般较软，风化节理裂隙十分发育，岩石极破碎，隧址区主要分布在两端洞口附近；其弱风化岩，岩质坚硬，倾角 70°~85° 陡倾角以及倾角 45°~50°、20°~30° 的缓节理裂隙发育，岩石较破碎。花岗岩中有大量辉长岩俘房体或岩脉，辉长岩呈深灰色、暗绿色、绿色，变余辉长结构，陡倾角节理裂隙十分发育，岩石十分破碎。

其中细粒花岗岩厚度 >60m，呈灰、深灰色，隐晶质含量高，岩质硬、脆，节理裂隙发育，较上部中、粗粒花岗岩破碎，推测可能为后期侵入岩体所致。

5. 构造岩

压碎岩：根据隧址区附近调查，花岗岩内断层破碎带构造岩主要为压碎岩，其母岩成分主要为辉长岩，次为花岗岩，岩石挤压破碎明显，岩石大多挤压片理化、糜棱化明显，岩石极破碎，岩质普遍较软。

12.1.3 区域地质构造

本路段区域内对路线影响的主要断裂有以下三条（图 12-5）：

1. 大凉山断裂

大凉山断裂展布于安宁河、则木河断裂东侧的大凉山腹地。北起于石棉，与鲜水河断裂呈左阶羽列，向南经海棠、越西、普雄、竹核（昭觉县竹核镇）、拖都、布拖、吉夫拉打、交际河至巧家与小江断裂呈右阶羽列，全长约 280km。断裂总体走向为 N30° W 至近 NS，倾向不定，倾角较陡，显示明显的左旋走滑运动特征。

2. 鲜水河断裂

北西起于甘孜西北，向南东经炉霍、道孚、乾宁、康定、磨西（泸定县磨西镇），至新民（石棉县新民乡）以南活动形迹逐渐减弱，最终消失于石棉公益海附近。断裂走向在康定木格措以西为 N40°~50° W，过木格措后断裂走向向南逐渐偏转呈 N20°~30° W，全长约 400km。晚新生代以来，鲜水河断裂表现出强烈的左旋走滑运动，是松潘—甘孜造山带内部一条大型走滑断裂，横切了松潘—甘孜造山带的主体，系造山运动后期陆内变形的产物，晚新生代以来的位移总规模在 60km 左右。

3. 安宁河断裂

北起于石棉田湾附近，在田湾—新民附近与鲜水河断裂呈十分复杂的空间羽列关系，形成了密集的地表破裂图像，向南经麂子坪、紫马垮、野鸡洞、大桥、冕宁、泸沽、沙尔、新华、西宁（西昌市西宁镇）、德昌至会理一带消失，断裂总体走向近南北，全长约375km。

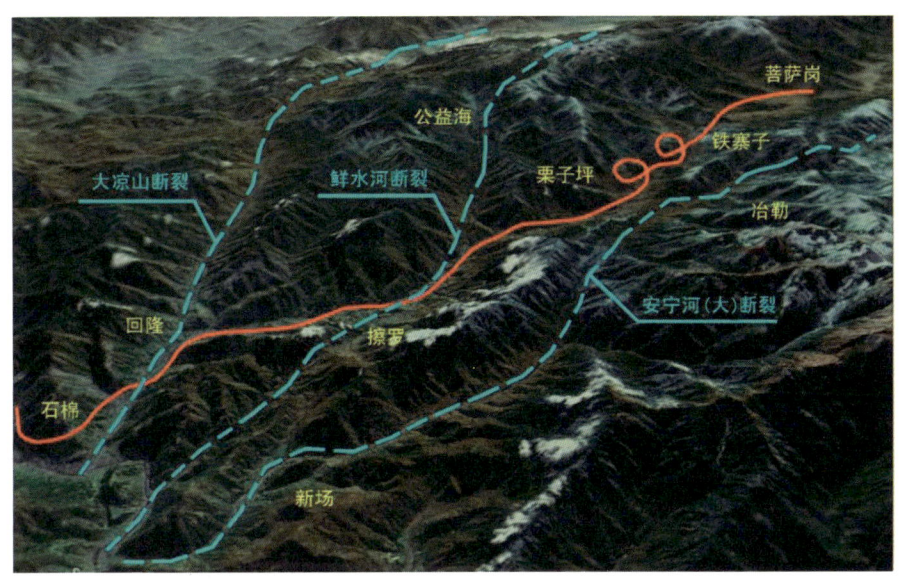

图 12-5 隧道所处区域地质构造

12.1.4 水文地质

隧道所处区域内水系属大渡河（图 12-6）和雅砻江水系之南桠河和安宁河及其次级支流，菩萨岗为其分水岭，整个水系平面上呈树枝状。南桠河发源于冕宁县与九龙县交界的头灶发山口，全长 72km，流域面积 1 180km²，多年平均年径流量 14.1×108m³，平均比降 3.83%，年平均流量 39.95m³/s，最大流量 179m³/s，最小流量 12.1m³/s，具明显的山区河流特征，水流湍急，涨落迅速，洪水期水位抬高约 1.00m 左右，与本项目伴行 32km，径流丰富稳定，落差大，是理想的水能开发基地，规划 6 级阶梯电站。孟获城河发源于菩萨岗，为南桠河的一级支流，在栗子坪汇入南桠河，与本项目伴行 12km。

12.1.5 地震

项目区位于安宁河地震带和鲜水河地震带交汇部位，两地震带均为我国主要的地震活动带之一，地震活动频繁（图 12-7）。根据地震安全评价结果，路线起点至菩萨岗所经场区范围内地震烈度为 VIII 度区，菩萨岗至终点所经场区范围内地震烈度为 IX 度区。

图 12-6　大渡河照片

图 12-7　隧道所处区域地震烈度分区图

12.2　地震安全评价

12.2.1　地震构造评价

由于地震活动和断裂构造有密切的关系且区域地震活动有较明显的分区特征，所以划分地震区（带）的目的是确定地震统计单元，并体现出地震活动的时空不均一性。它是分析地震活动时间分布特征、估计未来百年地震活动趋势以及地震危险性分析中确定地震活动性参数的基本统计单元。地震区（带）的划分，直接影响着工程场地地震危险性评价的结果，因此是概率法主要的基础工作之一。在本次评价中，我们参考了《中国地震动参数区划图》（GB 18306—2001）中的地震带划分方案和研究区地震空间分布的实际情况，并充分考虑到地震活动对工程场地的影响及合理的统计计算需求，统计单元范围比研究区的范围稍大，共划分出西部、北部、东部三个地震区（图 12-8），并以此作为地震时间分布特征研究、地震活动趋势预测和地震危险性分析的统计单元。现将西部、北部、东部三个地震区的地震活动概况简述如下：

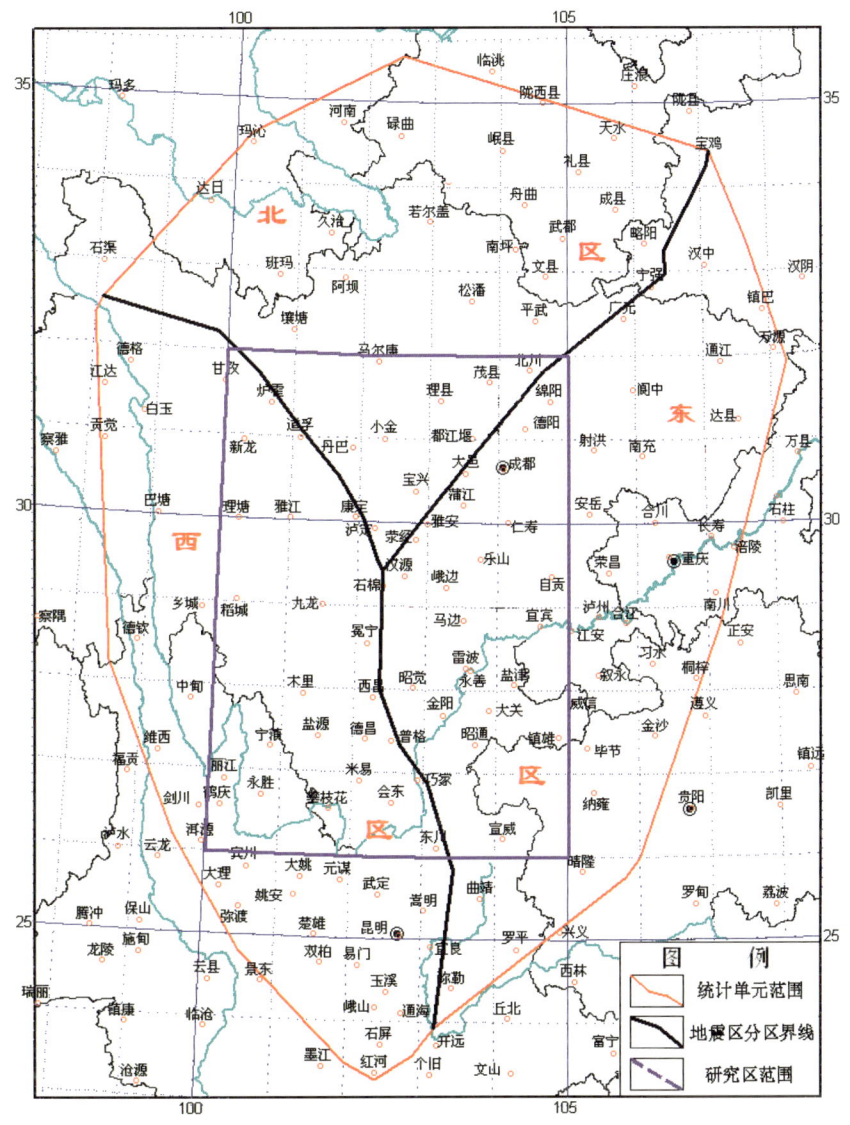

图 12-8　地震区带划分方案示意图

1.西部地震区

西部地震区（以下简称西区）系指以鲜水河—安宁河—则木河—小江断裂带为北东边界、以金沙江断裂带和红河断裂带为西南边界围限而成的川滇块体地区。川滇块体地震区是我国西部地震活动最强烈的地区之一，区内的活动断裂多呈北西、北北西和近南北向展布，沿诸多断裂构造发生的强烈地震形成了以下几条著名的地震活动条带：鲜水河—安宁河—则木河—小江强震活动条带、峨山—通海强震活动条带、剑川—大理强震活动条带，以及川滇块体内部的巴塘、理塘、永胜、盐源—宁蒗和楚雄—建水等区域性地震活动条带。西区东缘处在布格重力异常梯度带和地壳厚度陡变带上，西部则变化比较平缓，地壳厚度在 48~70km 之间，且具有自南东向北西逐渐增厚的趋势。西区的主压应力场方向具有自北西向南东逐步呈 NEE → EW → NW → NNW 方向的转折，与块体的滑移方向相适应。

西区自 624 年起有地震史料记载，至 2004 年共记到 Ms ≥ 4.7 级地震 413 次（已删除余震，震群型地震只取较大的 1~2 次），其中 8 级地震 1 次、7.0~7.9 级地震 24 次、6.0~6.9 级地震 75 次。本区目前的最大地震是 1833 年 9 月 6 日发生在云南嵩明的 8 级地震。

2. 北部地震区

北部地震区（以下简称北区）系指鲜水河断裂带以东、西秦岭北缘断裂带以南、龙门山断裂带及其以北地区。北区北部以北西西向的西秦岭北缘断裂带及甘南—川西北弧形构造系为主，南部则以北东向的龙门山断裂带为主体构造格架，并发育有近南北向的岷江断裂、虎牙断裂等，是青藏高原东缘的重要组成部分。深部构造资料也表明，本区正位于我国东西部之间巨大重力梯度带及地壳厚度变异带中部，是中国大陆东西部地区地壳结构和特征具明显差异的分界线。甘南—川北地震区位于我国著名的南北地震带中部，强烈地震主要丛集在天水—武都—松潘—茂县一带，如 1654 年甘肃天水南 8 级大地震、1879 年甘肃武都南 8 级大地震、1713 年和 1933 年茂县较场 7 级和 7.5 级地震及 1976 年松潘—平武 7.2 级强震群等。北区的地震活动周期较长，地震活动频度明显低于西区。

北区自公元前 186 年起有地震记载以来，至 2004 年共记到 Ms ≥ 4.7 级地震 148 次（已删除余震，震群型地震只取较大的 1~2 次），其中 8 级大地震 2 次，7.0~7.9 级强震 5 次，6.0~6.9 级地震 29 次；区内目前的最大地震是 1654 年甘肃天水南 8 级地震和 1879 年甘肃武都南 8 级地震。

3. 东部地震区

东部地震区（以下简称东区）系指安宁河—则木河—小江断裂带以东、龙门山断裂带以南、四川盆地及其以西地区。东区西邻地震活动水平极高的川滇块体地震区，东接地震活动水平较弱的华南地震区，属青藏高原地震区向华南地震区的过渡地带。区内的重要地震构造是荥经—马边—盐津断裂带、大凉山断裂带及华蓥山断裂带，雷波以南有北东向、南北向和北西向几组断裂交汇，但规模都不大。

东区的北西缘处在布格重力异常梯度带和地壳厚度陡变带上，东南部则变化比较平缓，地壳厚度在 42~60km 之间，且具有自南东向北西急剧增厚的态势。东区的主压应力场总体呈北西—北西西向，向南逐渐转为北北西向与华南地区的主压应力场衔接。

东区记载最早的一次地震是公元前 26 年四川宜宾一带的 5.5 级地震，至 2004 年已记到 Ms ≥ 4.7 级地震 128 次（已删除余震，震群型地震只取较大的 1~2 次），其中 7.0~7.9 级强震 2 次、6.0~6.9 级地震 4 次，区内目前的最大地震是 1974 年发生在云南大关北的 7.1 级强震。

综上所述，历史地震对工程场地造成最大影响的是 1536 年西昌北 7.5 级地震、1725 年四川康定 7 级地震和 1786 年四川康定、泸定磨西间 7¾ 级地震。1966 年石棉擦罗 4¾ 级地震对工程场地也存在一定的影响。历史地震对工程场地的最大影响烈度为 VII 度。

近场及场区处于青藏高原南东缘，系青藏高原的一部分。第四纪以来，伴随着青藏高原的快速隆起抬升，近场及场区也处于整体的间歇性隆升状态，形成深切割的高山峡谷地貌。在区域大面积隆升的背景下，大凉山断裂、鲜水河断裂和安宁河断裂第四纪以来发生了大幅度的差异运动，构成了贡嘎山强断隆与大凉山中升区两个二级新构造单元的边界。沿 NS 向的鲜水河和安宁河断裂则呈布格重力异常梯度带、航磁异常变异带和地壳厚度陡变带等地球物理场畸变带，表明了该区极为复杂的深部构造背景，同时也是鲜水河和安宁河断裂切穿岩石圈的深大断裂的地球物理场证据。

在近场区内，具有发生伴随地震地表破裂能力的断裂主要有鲜水河断裂擦罗段、安宁河断裂、大凉山断裂海棠—越西段。鲜水河断裂为一条北西向的区域性大断裂，按断裂几何结构和活动特性自北向南分为北西和南东两大段，南东段可细化为磨西和擦罗两段，擦罗段具明显断错地貌发育的长度约 60km，晚第四纪以来的平均水平滑动速率在 3.0~5.0mm/a 之间，最大潜在地震能力为 7.5 级。

安宁河断裂小相岭段晚更新世—全新世以来的平均水平滑动速率在 4.7~5.3mm/a 之间，最大潜在地震能力在 7.5 级左右，最晚一次强震的发生时间在 1480 年或 1327 年。根据古地震研究成果，该断裂段的强震平均复发间隔为 600~700 年（黄圣睦等，1996 年；闻学泽等，2000 年；周荣军等，2001 年）。

大凉山断裂晚更新世—全新世以来的平均水平滑动速率估值在 2.6~3.9mm/a 之间，平均值约为 3.0mm/a 左右。该断裂上迄今没有 6.0 级以上强震的历史地震记载，但是根据该断裂上明显的断错地貌现象，不难推断其具有发生强震的构造背景和历史，草里马村、广元村的两个探槽业已揭示出古地震事件。大凉山断裂海棠—越西段上具明显断错地貌现象的断裂长度约40km，展布于石棉北—腊梅营间，断裂南段未见显著的断错地貌现象，仅控制越西第四纪盆地的东界。

在对近场区大凉山断裂海棠—越西段、鲜水河断裂擦罗段和安宁河断裂北段的活动性、几何结构详细研究的基础上，对断裂（或段）最大可能发震能力进行评估，采用多方案加权平均估计出断裂（或段）未来百年内最大可能错位量。评估结果表明：大凉山断裂海棠—越西段可能的地震震级为（7.1±0.1）级，未来百年内最大可能的突发位错量为（2.81±0.28）m；鲜水河断裂擦罗段可能的地震震级为（7.3±0.1）级，未来百年内最大可能的突发错位量为（2.85±0.47）m；安宁河断裂北段可能的地震震级为（7.5±0.1）级，未来百年内最大可能的突发错位量为（3.88±0.39）m。以上断裂的突发错位应以左旋剪切运动为主，估计其未来百年内断裂段的蠕滑量分别是：大凉山断裂海棠—越西段为11.7cm，鲜水河断裂擦罗段为15cm，安宁河断裂小相岭段为15.9cm。

12.2.2 地震安全性评价

为了评价初步设计方案中的A线是否适用于该段区域复杂的地质情况（图12-9），对A线中9处重要工程场点：南垭河特大桥（AK125+815~AK126+950）、回隆乡特大桥（AK128+930~AK130+520）、擦罗乡大桥（AK137+010~AK137+750）、中卡大桥（J3K147+515~J3K148+925）、栗子坪Ⅳ号特大桥（AK159+180~AK159+620）、栗子坪Ⅵ号特大桥（AK160+980~AK165+900）、沼泽地明洞（AK174+600~AK175+200）、马罗大桥（AK145+196~AK146+66）、栗子坪Ⅰ号大桥（AK150+230~AK153+123）进行地震危险性概率评估。

地震危险性分析的目的，是预测某场地未来一段时间内出现某种级别的地震的可能性，它是工程抗震设计和决策的重要依据。本次评估采用《工程场地地震安全性评价技术规范》（GB 17741—1999）规定的概率地震危险性分析方法，其主要特点在于考虑了地震活动的时空不均匀性。该方法有以下几个主要步骤：

（1）在地震活动性研究和构造分析基础上确定地震统计区，并确定统计区的地震活动性参数。以此作为考虑地震活动时间非均匀性、确定未来百年地震活动水平和地震危险性空间相对分布概率的基本单元。地震统计区内部地震活动在空间和时间上都是不均匀的。

（2）在统计区内划分出若干潜在震源区，并以潜在震源区的地震空间分布函

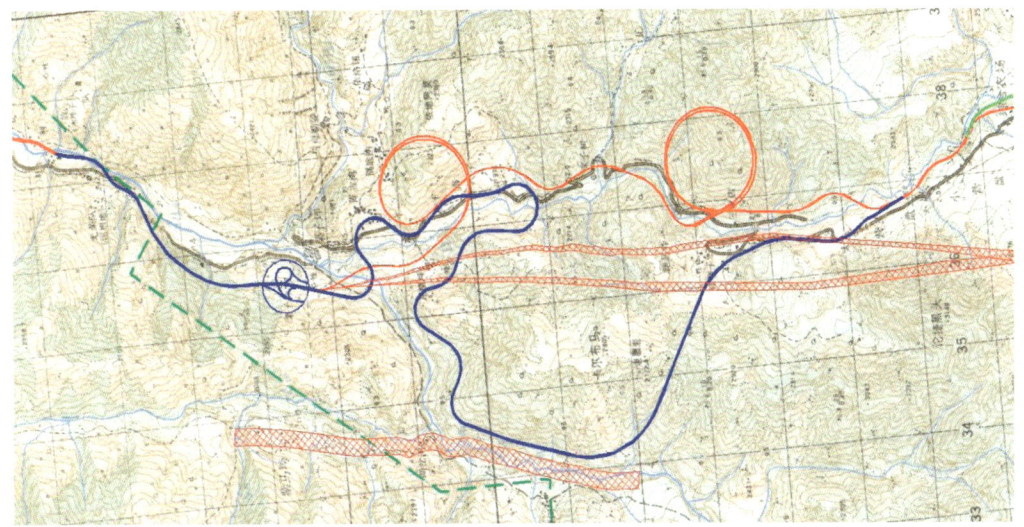

图12-9　A线展线图（图中蓝色线为A线）

数来反映各震级档地震在各潜在震源区上分布的空间不均匀性，而潜在震源区内部地震活动性是一致的。

（3）确定合理的地震动衰减关系。

（4）根据分段泊松模型计算每个统计区对场点的地震危险性贡献，综合各统计区的地震危险性贡献，求出场点的地震危险性。

对于一个场点进行地震危险性分析，通常通过以下几个步骤得到。

设有 N_Z 个地震统计区对场点的地震危险性有贡献，相应于第 i_z 个统计区对场点地震动的年超越概率为 P_{i_z}，则场点总的地震动年超越概率表示为：

$$P = 1 - \prod_{i_z=1}^{N_Z} \left(1 - P_{i_z}\right) \qquad i_Z = 1, \ 2, \ \cdots, \ N_Z \qquad （12-1）$$

地震统计区是地震活动性分析的统计单元，它应具有统计上的完整性和地震活动趋势的一致性。假定地震发生的时间过程符合分段泊松过程，t 年内地震年平均发生率为 v_i，则：

$$P_{kt} = \frac{(v_t \cdot t)^k}{k!} \exp(-v_t \cdot t) \qquad （12-2）$$

式中：P_{kt} 是统计区未来 t 年内发生 k 次地震的概率。

统计区内大小地震的比例关系符合修定的古登堡－里克特震级频度关系，相应的震级概率函数为：

$$f_m(m) = \frac{\beta \exp[-\beta(m - M_0)]}{1 - \exp[-\beta(M_{uz} - M_0)]} \qquad （12-3）$$

其中，$\beta = b\ln10$，M_0、M_{uz} 分别是起算震级和震级上限。

在地震统计区中可根据地震活动性、地震地质、地球物理场等资料划分出若干不同震级上限的潜在震源区。从分段泊松模型和全概率定理可知，区内所发生的地震在场点所产生的地震动值（A）超过给定值（a）的概率为：

$$P(A \geqslant a) = 1 - \exp\{-v \sum_{j=1}^{N_m} \sum_{i=1}^{N_s} \iiint \frac{1}{S_i} P(A \geqslant a | E_i) P(m_j) f_{i,m_j} f(\theta) \mathrm{d}x\mathrm{d}y\mathrm{d}\theta\} \quad （12-4）$$

式中：$P(m_j)$ 为统计区发生的地震落在震级档 $m_j \pm \frac{1}{2} \Delta m$ 内的概率，它可表示为：

$$P(m_j) = \frac{2}{\beta} f_{\mathrm{m}}(m_j) \mathrm{sh}(\frac{1}{2}\beta\Delta m) \quad （12-5）$$

由以上两式可得知：

$$P(A \geqslant a) = 1 - \exp\{-\frac{2v}{\beta} \sum_{j=1}^{N_m} \sum_{i=1}^{N_s} \iiint \frac{1}{S_i} P(A \geqslant a | E_i) f_m(m_j) f_{i,m_j} f(\theta) \mathrm{sh}(\frac{1}{2}\beta\Delta m) \mathrm{d}x\mathrm{d}y\mathrm{d}\theta\}$$

$$（12-6）$$

式中：$f(\theta)$ 为破裂方向的概率密度函数，f_{i,m_j} 为地震空间分布函数，v 为 4.0 级以上地震的年平均发生率，$P(A \geqslant a | E_i)$ 为地震统计区内第 i 个潜在震源区内发生某一特定地震事件［震中（x，y），震级 $m_j \pm \frac{1}{2} \Delta m$，破裂方向确定］时场点地震动超越 a 的概率，S_i 为地震统计区内第 i 个潜在震源区的面积。

以上就是某一地震统计区发生地震在场点产生地震动的年超越概率公式。上述方法中采用的危险性分析计算程序，采用了国内外普遍使用的校正方法进行地震动衰减的不确定性校正，即认为地震动衰减离散性符合正态分布或对数正态分布，对地震动衰减关系的不确定性校正公式为：

$$P(A \geqslant a) = \int_{-3\sigma}^{3\sigma} P(A \geqslant a - \varepsilon) f(\varepsilon) \mathrm{d}\varepsilon \quad （12-7）$$

式中：$P(A \geqslant a)$ 是经校正的地震危险性，$P(A \geqslant a - \varepsilon)$ 是未经校正的地震危险性，ε 为随机误差项，$f(\varepsilon)$ 为其概率密度函数。

通过采用适合于本地区的地震动衰减关系，结合国家地震局推荐的地震危险性分析程序包和部分自编程序，计算得到工程场地在不同超越概率水平下的地震烈度值、基岩水平峰值加速度及基岩水平加速度反应谱。地震危险性分析结果见表 12-1。

A 线的栗子坪 VI 号特大桥穿越了全新世活动的铁寨子—曹古断裂，且栗子坪 VI 号特大桥距安宁河东支断裂距离较近，仅 120m 左右，未来强震导致的地表破裂对桥、隧影响较大。

表 12-1　A 线工程各场地地震危险性概率分析结果

烈度和地震动参数	场　地	50 年超越概率			
		10%	5%	2%	1%
烈度	南垭河特大桥	8.5	9.0	9.5	9.9
	回隆乡大桥	8.5	8.9	9.5	9.8
	擦罗乡大桥	8.6	9.0	9.6	9.9
	马罗大桥	8.6	9.0	9.6	9.9
	中卡大桥	8.6	9.1	9.6	10.0
	栗子坪 I 号大桥	8.6	9.1	9.6	10.0
	栗子坪 IV 号特大桥	8.7	9.2	9.7	10.1
	栗子坪 VI 号特大桥	8.7	9.2	9.7	10.1
	沼泽地明洞	8.8	9.2	9.8	10.1
基岩水平峰值加速度 （cm/sec²）	南垭河特大桥	259	357	512	646
	回隆乡大桥	247	342	490	615
	擦罗乡大桥	269	367	521	657
	马罗大桥	268	364	516	649
	中卡大桥	274	372	529	669
	栗子坪 I 号大桥	276	374	531	672
	栗子坪 IV 号特大桥	298	406	583	746
	栗子坪 VI 号特大桥	299	408	586	750
	沼泽地明洞	312	428	618	793

12.3　展线方案对比分析

12.3.1　展线重点分析

项目连续爬坡路段长 50.712km，被冠以"中国最长的连续陡坡高速公路"；而石棉至下鲁坝段又是全线最难、最险的一段，项目地质情况具有以下特点（图 12-10）：

1. 地形陡、升坡大、路线敷设富有挑战

项目地处四川盆地与青藏高原的交接地带，地形呈连续性阶梯状抬升。项目连续爬坡段最低点设计标高为 931.67m，最高点设计标高为 2 444.99m，在 50.712km

的路线长度范围内完成升坡 1 513.32m，平均纵坡坡度为 2.98%，是迄今为止国内连续爬坡路段最长的高速公路，被冠以"中国最长的连续陡坡高速公路"。

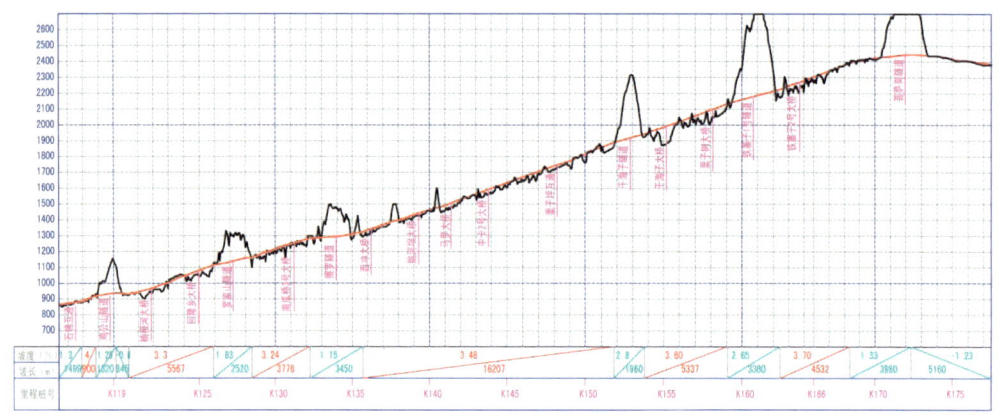

图 12-10　石棉至下鲁坝段纵断面缩图

2. 地质多变、病害多、工程技术面临考验

项目地处我国大西南地质灾害频发的深山峡谷。路线穿越在崎岖的崇山峻岭之间，沟壑纵横，巴蜀名山大相岭泥巴山、拖乌山横亘线路中部，不良地质分布广、规模大，主要有滑坡、泥石流、潜在不稳定边坡、易滑昔格达地层、强卸荷裂隙带岩体的失稳、崩塌等（图 12-11、图 12-12）。湖南省交通规划勘察设计院有限公司设计的石棉至菩萨岗路段为建设难度最大的路段，穿越多雨多雾、季节性冰冻区，北邻著名的龙门山断裂带、南接安宁河断裂，共穿 12 条断裂带，地震烈度高达 IX 度。

图 12-11　磨房沟古滑坡

图 12-12　泥石流区

12.3.2　展线方案对比

由于在 50.712km 的路线长度范围内需要完成升坡 1 513.32m，必须要开展回头展线，才能达到高速公路设计规范所规定的纵坡坡度等要求。

鉴于本路段地形地质条件的复杂性，工程可行性研究方案存在与冶勒电站干扰严重、路线跨越安宁河东支断裂两大难以解决的问题，基本无实施可能性。N 线方案由于铁寨子隧道两次与全新世强烈活动的铁寨子—曹古断裂相交，未来强震导致的地表破裂影响非常大，存在极大的工程风险，基本不可行。著者和课题组研究人员一道在初步设计过程中针对本路段进行详细的方案论证和技术经济比较，布设了大大小小十几个方案，经过反复研究、推敲、论证并最终筛选出了三个方案，在初设文件中进行同精度比较。这三个方案为 A 线方案（以下简称方案一）、A 线前段 +0 线方案（以下简称方案二）、J4 线 +0 线后段方案（以下简称方案三），如图 12-13 所示。

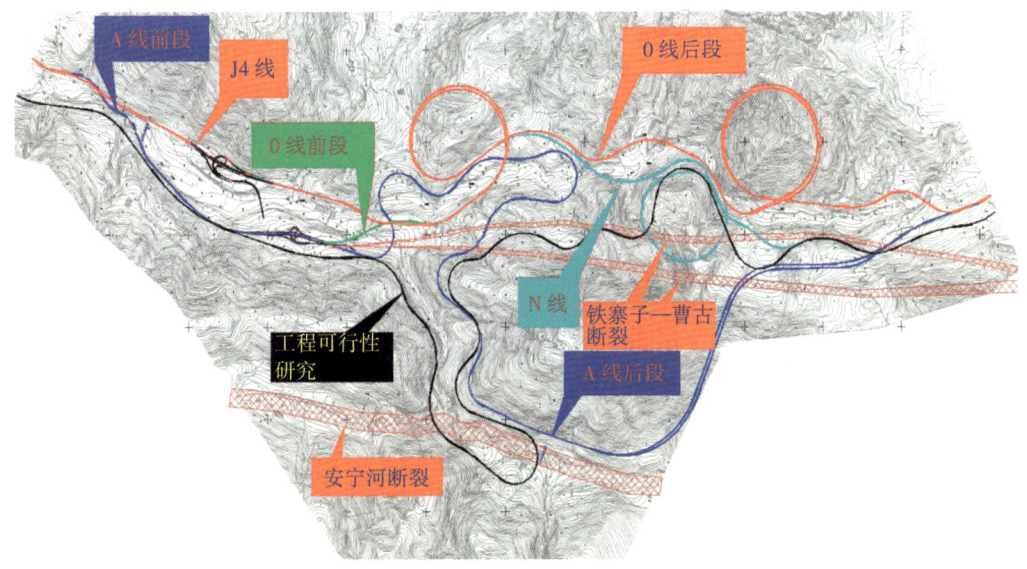

图 12-13　展线方案对比图

1. 方案三与方案二相比

（1）方案三距地质灾害区较远，可消除工程安全隐患

根据本项目《地震安评报告》，铁寨子—曹古断裂是一条规模较大的断裂，并具有明显的活动性，路线应对该活动断裂进行合理的距离避让。从保障工程安全、消除地质灾害隐患的角度考虑，方案三距该断裂距离较远，比方案二更有优势。

（2）方案三平面指标较高，但纵面指标稍低

方案三平面指标较高，线形直捷，里程较方案二短 415m，但纵面指标稍低。方案三没有 ≤ 400m 的平曲线半径，而方案二为连续 3 个，其中最小平曲线半径为 265m。

（3）方案三对互通的设置、弃土场的选择及环境保护有利

方案二栗子坪互通与栗冶公路相交处为一回头弯，纵坡较陡（6%），安全性较差，

且主流车辆绕行距离较长（较方案三互通长 1.3km）。方案三栗子坪互通被交路为 G108，地方车流出入互通方便直捷，但互通处主线纵坡较陡（4%），对互通行车安全不利。互通主线范围内填方数量较大，可以消化邻近地段的多余土石方和 0 线隧道废渣，而无需另辟地方弃土，于征地拆迁、环境保护非常有利；而方案二则需另辟地方弃土。

（4）方案三路线里程短，桥梁工程数量较少，工程造价较低

方案三较方案二路线里程短 415m，桥梁长度短 793m，征地拆迁数量小，工程造价较低。

2. 方案三与方案一相比

（1）方案三线路绕避大型地质灾害区，确保工程安全

方案一路线与铁寨子—曹古断裂有 4 处相交，且前三处均位于大桥和隧道内。该方案路线距安宁河东支断裂距离较近，仅 120m 左右。未来强震导致的地表破裂对桥、隧影响较大。

方案三距上述两条断裂均较远，断裂对该方案基本无影响，路线布设位置与《地震安评报告》中的建议位置相同。

（2）方案三平面指标较高，且纵面指标差别不大

方案一平面指标较低，方案一 ≤ 400m 的平曲线半径为 11 个，且多数位于高墩桥梁处，其中最小半径为 251m；而方案三仅为 5 个，最小半径为 270m。

（3）方案三对栗子坪国家级自然保护区中的原始森林及动物通道影响较小

方案一经过金光村伴南桠河右岸展线，部分地段横穿栗子坪国家级自然保护区中的原始森林，施工将对该原始森林产生较为严重的破坏。方案一于铁寨子至大营盘段以路基方式通过，将对该保护区中的动物通道产生一定的影响。而方案三无以上劣势，同时与石棉县人民政府的意见相符。

（4）方案三螺旋线形隧道内的车辆运行条件较差，桥隧比例较高，整体工程造价高

方案三受地形、地质条件所限，布设了两个螺旋线形进行升坡展线，且该两个螺旋线形基本为隧道，车辆运行条件较差，还有待进一步改善。方案三与方案一的桥隧比例分别为 74.3% 和 80.4%，方案三整体工程造价较高。

3. 综合比选意见

综合上述方案三与方案二、方案三与方案一两次优劣对比情况及结合主要技术经济指标对比，最终采用方案三（J4 线 +0 线后段方案）。最终方案布设两个螺

旋线形进行升坡展线，且该两个螺旋线形基本为隧道，即双螺旋隧道方案（图 12-14、图 12-15）。

图 12-14　双螺旋形展线效果图

图 12-15　双螺旋隧道照片

12.4　隧道纵坡及断面设计

双螺旋隧道方案中共布设有 3 座隧道，分别为干海子隧道、铁寨子 1 号隧道、铁寨子 2 号隧道，具有半径小、转角大、纵坡大、横坡大等特点。

干海子隧道为双线越岭隧道，左右洞中线间距 12~44m，隧道左右洞均位于圆曲线上。左线隧道位于 $R = 600.00$m 的圆曲线上，路面最大超高为 −5%；右线隧道位于 $R = 618.00$m 的圆曲线上，路面最大超高为 5%。隧道左洞为单向坡，坡度为 +2.8%；隧道右洞为单向坡，坡度为 +2.631%。

铁寨子 1 号隧道为双洞单向交通隧道，左右洞中线间距 22~32m，隧道位于缓和曲线上，左右线进口位于直线段上；左线出口段曲线半径为 $R = 600.76$m，路面最大超高为 −5%；右线出口段曲线半径为 $R = 623.06$m，路面最大超高为 5%。隧道左洞为单向坡，坡度为 +2.65%；隧道右洞为单向坡，坡度为 +2.48%。

铁寨子 2 号隧道为小净距双洞单向交通隧道，左右洞中线间距 6~12m，隧道左右线进口和出口段位于曲线上。左线曲线半径 $R=600.76$m，右线曲线半径 $R=623.06$m。隧道左洞为单向坡，坡度为 +4.0%；隧道右洞为单向坡，坡度为 +3.985%。

半径小、转角大的特点带来了停车视距与安全的问题。对此项目组研究人员从停车视距、横净距、建造成本的角度论证了双螺旋隧道的合理断面形式。在考虑了汽车前灯散射角的隧道最小圆曲线半径和驾驶员的心理和生理特征因素后，得出了螺旋隧道断面的加宽值（内侧加宽 40cm，外侧加宽 20cm）。

纵坡大、横坡大的特点带来了安全坡率选择的问题。为此，项目组在汽车动力因素的基础上，构建了超长连续上坡路段坡长、坡度与运行速度的关系模型，形成了不同纵坡条件下的汽车上坡等速线，在《公路项目安全性评价指南》基础上完善了超长连续下坡路段车辆的运行速度和速度协调性评价方法，确定双螺旋隧道的最大纵坡坡度为 3%。

当纵坡坡度为 0%~2% 时，上下坡事故率基本相同，并且事故率非常低；当纵坡坡度为 2%~4% 时，下坡事故率开始大于上坡事故率，并且下坡事故率迅速增加；当纵坡坡度大于 6% 时，上坡事故率增加缓慢，而下坡事故率随坡度增加而显著增加，事故率大约是上坡事故率的 2 倍。

隧道纵坡坡度由 3% 增加到 4%，烟雾的排放量增加 30% 左右。车辆的废气排放量增大，将导致隧道内行车视距降低，进而诱发交通事故。因此，双螺旋隧道最大纵坡坡度定为 3%，也符合《公路隧道设计规范》（JTG D70—2004）的要求。

12.5　双螺旋隧道展线方案确定

工程领域，韧性是关系到居民生命财产安全、国土安全和国家安全的重要组成部分，是设计和建设的重大目标，其主要特征是可恢复力，是具有单一稳定性的系统。然而，高速公路是一种地质体、构筑物、人类社会等高度融合的复杂适应性系统，具有不确定性、不可预测性、非线性等特点，与目前已深入研究的韧性城市具有高匹配度。"韧性城市"指城市能够凭自身的能力抵御灾害，减轻灾害损失，并合理地调配资源以从灾害中快速恢复过来。与韧性城市类似，高速公路的韧性防控设计同样需具有鲁棒性、可恢复性、冗余性、适应性、智慧性等特征。

作为国家"十一五"重点公路建设项目之一的四川省雅安至泸沽高速公路，是国家高速公路网"7918"中的第4条首都放射线北京—昆明公路中四川境内的重要路段。项目起于雅安市雨城区雅安西互通，止于冕宁县冕宁互通，全长239.844km，车道规模为双向四车道，设计速度80km/h。项目地处四川盆地边缘，属我国第一阶梯向第二阶梯的过渡带，地形地貌属大西南地质灾害频发的深山峡谷，地势险峻、工程地质条件极其复杂、生态环境极其脆弱，在国际上被公认为是已建成的国内外自然环境最恶劣、工程难度最大、科技含量最高的山区高速公路之一，被称作"天梯高速"和"云端上的高速公路"。四川省雅安至泸沽高速公路中川心店至下鲁坝段全长61.153km，其中50.7km为连续爬坡，克服高差1595m，平均纵坡坡度为3.15%。上述线路中园根村至大营盘，两点经栗子坪、铁寨子的直线距离12.352km，两地高差达713m，平均纵坡坡度为5.77%，远远大于规范要求的最大纵坡坡度5%。设计需在高山峡谷中迂回展线以增加线路长度降低纵坡，以确保车辆驾驶安全。自然展线需沿南桠河及其支流孟获水两侧山坡迂回展布，场地存在跨越活动断裂、桥梁桩基与硬岩斜坡变形体协调变形、穿越昔格达地层或昔格达地层滑坡等工程问题，在鲁棒性、可恢复性、冗余性、适应性等方面存在缺陷或不足。线路多以极其脆弱的浅表层岩土体作为构筑物的载体，特别是以切方的形式通过箐箕湾古滑坡，其地质体的鲁棒性差；路线需多次跨铁寨子断层或安宁河断裂，均以桥隧构筑物形式穿越，或沿断裂展布，对结构物设计的冗余度要求高，在地震致灾后，桥梁快速恢复难度大、高速公路通行能力差；线路部分地段穿越栗子坪国家级自然保护区，施工建设对该原始森林的破坏极其严重，其可恢复性差。故线路应沿孟获水东侧山体展布。为克服高差问题，采用螺旋展线是降低纵坡的最优方案。在孟获水东侧山体内进行螺旋展线，能充分利用深部岩体的自稳能力和适应构筑物变形的能力，体现高速公路设计的韧性理念。

综上所述，确定了在栗子坪段 12.352km 的范围内进行双螺旋展线，双螺旋线路总长 20.875km，总爬升高度为 713m。第一个螺旋逆时针展线 3.37km 爬升107m，第二个螺旋逆时针展线 3.778km 爬升 109m。在第一个螺旋上设置总长1 798m 的干海子隧道，在第二个螺旋上设置总长 3 115m 的铁寨子 1 号和 2 号隧道，由此形成了长达 4 913m 的、独一无二的高速公路双螺旋隧道群。以隧道形式绕行展线，成功克服高落差、高地震烈度（活动断裂）以及高海拔"三高难题"，并成功避让栗子坪国家级自然保护区。

12.6 主要勘察成果分析

12.6.1 氡气测试

12.6.1.1 基本原理

所有岩层中都含有天然放射性核素铀、镭、钍，经衰变形成土壤中氡的本底浓度。氡是具有放射性特征的惰性气体，氡及其子体形成后，一部分存留在岩石晶格内部，大部分逸出。逸出部分主要存在于土壤（或岩石）的孔隙之中，易于运移。研究发现，氡气在土壤（或岩石）中的运移主要受浓度梯度引起的扩散作用和压力梯度引起的对流作用控制。这两种作用同时在近地表进行着，但由于地热梯度的存在，在较深部起主导作用的则是对流作用，因此在地球内部气体的运移主要是对流作用形成的垂直位移。在对氡及其子体长距离迁移机制的研究中发现，地表观测到的氡异常是铀系（或钍系）核素衰变的累积结果，由地下百米乃至千米以上迁移至地表。由于铀系（或钍系）核素以及衰变生成的氡及其子体是活动性极强的纳米级微粒，其向上迁移的过程同时也是岩石圈与大气圈物质循环过程中的一种，地球热流就是这些纳米级微粒迅速运移至地表的能量和动力。在此迁移过程中微粒受到含水层和岩石层的影响及其微弱，在疏松层或裂隙中迁移更快。综合研究得出，氡及其子体由地下深处（可达千米以上）运移至地表的过程是复杂的，但其无论是以哪种形式或哪种作用进行，都是以垂直向上运移为主，作为其主要富集和运移通道的岩石孔隙、断层、裂缝特别是活动断裂等地质体的部分信息便会被携带至地表，由此通过测量地表的氡异常可推断分析隐伏地质体的某些特征。

实测资料证明，对于一定规模的隐伏断层，通过氡及其子体测量可以寻找出断层的位置、研究断层特性、分析断层活动性等。但由于氡气浓度的异常幅度、剖面形状经常受多种因素影响，难以进行定量解译。但通过研究测氡剖面的变化趋势，仍可以得出一些有价值的信息。如垂直断层常常在测氡剖面上表现为单峰高值异常，而倾斜断层则会形成多峰高值异常并且异常带宽度随土壤盖层厚度增大而展宽等。

12.6.1.2　测试结果

结合 12.6.1.1 所述,雅泸高速公路双螺旋隧道段主要有鲜水河断裂、安宁河断裂、大凉山断裂、铁寨子—曹古断裂。以铁寨子—曹古断裂的氡气测试结果为例对氡气测试断裂的有效性进行说明。

在地质调查显示存在铁寨子—曹古断裂的区域布设 1 条长度为 315m 的测线，按照点距 15m 进行采样。采样结果如图 12-16 所示。

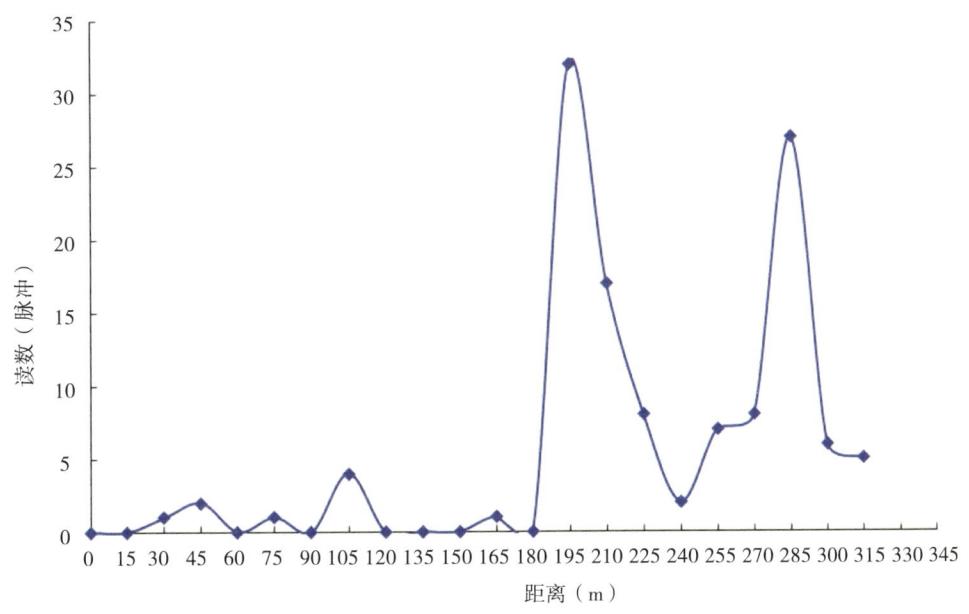

图 12-16　氡气测试结果图

图 12-16 的探测结果显示，在距离起点为 180~315m 段存在明显的多峰高值异常，为典型的倾斜断层响应特征，氡气测试结果与地质调查较为吻合。

12.6.2　地球物理探测成果

由于双螺旋隧道展线的特殊性，暂无法做到隧道全断面勘察，仅能在部分地质调查显示存在不良地质且地形相对较好的地方进行验证性探测。

原则上测线应沿隧道轴线布设，因为复杂的地形条件的影响，实际布设时测线布于隧道轴线两侧，按折线布设，因为进洞口和出洞口附近已做过地震勘察工作，所以本次勘察工作主要沿洞身部分进行。第一个剖面起始于 K160+415，终于 K161+415，全长 1 000m，编号为 TEM1，在 TEM1 的旁边布设一个平行剖面，长

500m，编号为TEM2。在TEM2线旁布设一条高密度电阻率法测线（图12-17），起始于K161+330，终于K160+880。

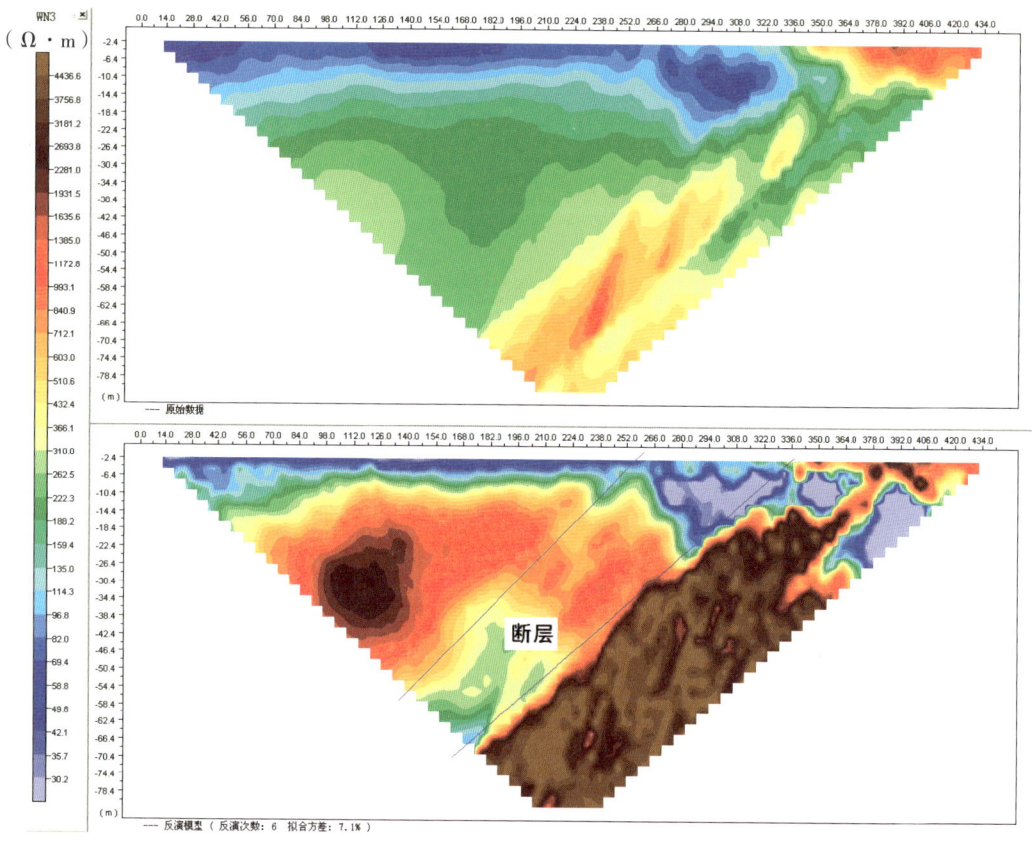

图12-17 K161+330-K160+880段高密度电阻率法探测结果图

根据对测区剖面的测量结果进行分析，结合地质调绘成果，发现K161+050处是可能存在的异常点，推测引起其异常的原因可能是由断层破碎带引起的，在此周围的岩石比较破碎，隧道穿越其间其围岩的稳定性较差。两条瞬变电磁法测线解译结果互相吻合，且与高密度电阻率法探测结果吻合较好；破碎带位置如图12-18、图12-19中蓝色斜线标出区域所示。

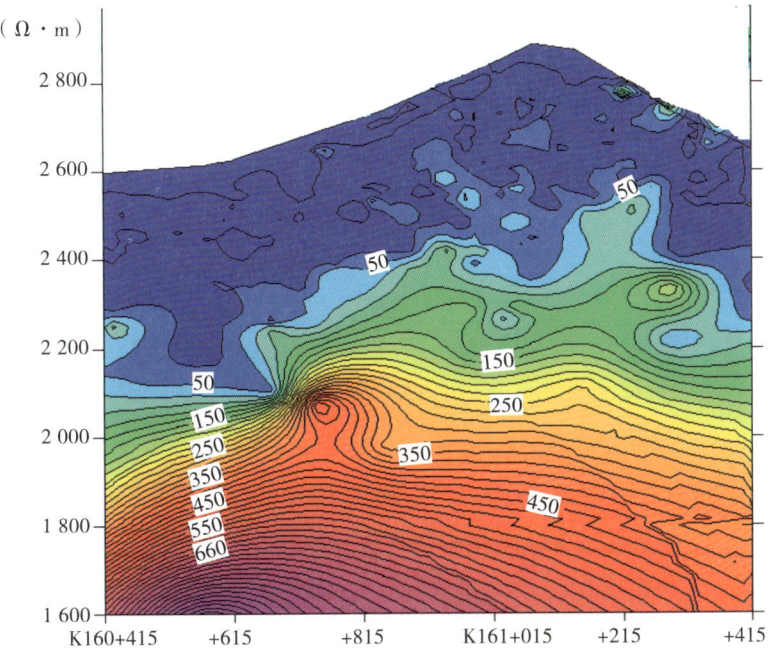

图 12-18　K160+415-K161+415 段瞬变电磁法探测结果图

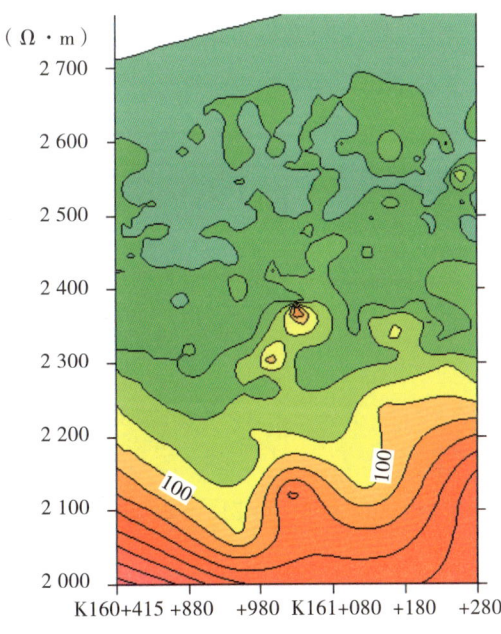

图 12-19　K160+780-K161+280 段瞬变电磁法探测结果图

13.1　工程地质概况

13.1.1　地形地貌

湖南省张家界至官庄高速公路沅古坪隧道场地为中低山岩溶峰丛地貌，地势总体北西高，南东低，地表水流自西向东南径流。山体多呈脊状，间有峰状及丘状山体，最大海拔高程914.8m，最低海拔447.2m，平均海拔标高500~850m，最大高差467.6m，平均切割深度约200m，为浅切低山。隧址区溪谷支沟和山脊垂直于区域性构造线发育，多呈北西平行排列，一般长2~4km，山脊宽度普遍小于100m，沟底宽几十米至数百米，谷坡陡峻，脊薄沟宽，岩溶洼地、峰丛谷地、落水洞等组合地形配套发育。

1. 岩溶峰丛

由溶蚀、侵蚀形成，全线均有分布，山峰之间常形成"U"形的马鞍地形，相对高差200~300m，坡度30°~70°。峰丛间常发育溶蚀洼地、岩溶漏斗及落水洞（图13-1、图13-2）。

图13-1　小湖村圆形岩溶洼地

图13-2　小湖村落水洞（K081）

2. 峰丛洼地

工作区皆有分布，岩溶发育强烈，山体连绵。洼地与落水洞配套发育，常呈串珠状分布，多为发育的地下河所串联，洼地底部与两侧山体高差可达150m，主要受到地下河溶蚀侵蚀作用的控制，随着溶蚀作用的加深，洼地规模也逐渐增大（图13-3、图13-4）。

图 13-3 大湖村峰丛洼地照片　　　图 13-4 大湖村洼地边缘发育的落水洞

3. 峰丛谷地

工区皆有分布，但分布面积小于岩溶洼地。主要出露地层为探溪组及奥陶系盘家咀组灰岩、泥质条带灰岩。谷地受向斜构造及地形地貌控制，多呈北西—东南向展布，谷地地下水水位埋深较浅，但在地下水流经厚层的可溶岩地层时地下水埋深较深，可达100m（图13-5、图13-6）。

图 13-5 陈家溪峰丛谷地　　　图 13-6 陈家溪谷地末端发育的落水洞

13.1.2 地层岩性

根据地质调查，结合钻探资料，对揭露的地层按由新至老的顺序分述如下：

1. 第四系更新统（Q_p）

粉质黏土：黄色，褐黄色，稍湿，可塑～硬塑，含少量风化岩块，表层40~50cm植物根系发育，揭露层厚约0.5~3.5m，零星分布于隧址区缓坡及沟谷部位。

碎石土：褐黄色，稍密～密实，稍湿，粒径2~8cm，含量50%~70%，棱角状，成分为灰岩，粉质黏土充填，层厚0.5~1.5m，零星分布于隧址区山坡部位。

2. 奥陶系下统盘家咀组（O_{1p}）

奥陶系下统盘家咀组主要由灰色、深灰色薄层状条带状灰岩夹薄～中层状泥质灰岩组成，分布于K15+600～终点路段，构成向斜核部，与下伏寒武系整合接触。

泥质灰岩：灰～深灰色，薄层状，泥质微晶结构，发育水平层理，局部见条带状构造。强风化岩体节理裂隙发育，较破碎，岩质较软；中风化岩体较完整，岩芯呈块状、短柱状，局部破碎呈碎块状，岩质较硬；微风化层岩体基本完整，岩芯多呈柱状、短柱状，岩质较硬。

条带状灰岩：灰～深灰色，薄层状，条带状、透镜状构造发育，中～微风化，岩石较完整，节理裂隙稍发育，岩芯多为短柱状、柱状，节理裂隙多紧闭，充填方解石脉，岩质较硬。

3. 寒武系上统探溪组（$\in_{5-4t}$）

寒武系上统探溪组主要由灰～深灰色中薄层状泥质灰岩，薄层状、条带状灰岩夹中厚层状微晶灰岩组成，分布于 K14+100~K15+600 路段。泥质灰岩：灰～深灰色，中～薄层状，泥质微晶结构，发育水平层理，局部见条带状构造，强风化岩体节理裂隙较发育，较破碎，岩质较软。中风化岩体较完整，岩芯呈块状、短柱状局部破碎呈碎块状，岩质较硬。

泥质条带状灰岩：灰～深灰色，薄层状、纹层状，水平条带状、透镜状构造发育，中～微风化，岩石较完整，节理裂隙稍发育，岩芯多为短柱状、柱状，节理裂隙多紧闭，充填方解石脉，岩质较硬。

灰岩：灰～深灰色，中厚层状，泥微晶结构，块状构造，岩石节理裂隙稍发育，岩石较完整，岩质硬。

13.1.3 区域地质构造

拟建隧道位于扬子陆块雪峰构造带之武陵断弯褶皱带内，区域构造线呈北东—南西向展布，区域构造以褶皱为主，断层局部发育。

1. 褶皱

郭家界向斜（f23）：出露于叶家峪至沅古坪一带，呈北东—南西向展布，轴线走向约 60°，与隧道走向交角约 85°，为平缓线型向斜，轴面直立，枢纽水平，核部出露奥陶系桥亭子组粉砂岩（隧址区外）、奥陶系盘家咀组条带状灰岩、泥质灰岩，两翼为寒武系探溪组泥质灰岩、条带状灰岩夹微晶灰岩，北西翼产状较陡，地层倾角 30°~80°，隧道张家界端洞门附近岩层产状 140°~150°∠ 78°~85°，南东翼产状稍缓，倾角 10°~40°，官庄端洞门附近岩层产状 330°~350°∠ 26°~35°。

2. 断层

白竹岗—汉坑断裂（F34）：位于隧道进口北部约 100~150m 处，呈北东—南西向展布，轴线走向约 55°，长度大于 20km，断层带宽 7~20m，断层产状

325°~345°∠40°~60°，属逆断层，为寒武系下统与上统探溪组分解断层，断层带内岩石碎裂岩化、方解石化、具片理化、劈理化、硅化，小揉皱或褶皱较发育，发育细小方解石脉、石英细脉、断裂角砾岩，角砾形态多呈次棱角状、棱角状，部分呈次圆状；断裂面上见有一组斜冲擦痕和阶步，显示为逆冲断裂特征，断裂面光滑，略具舒缓波状，该段对隧道影响较小。

断层 F3：位于隧道中部 K17+200 路段，走向北东，倾向南西，倾角约 40°，断层带宽 0.3~3m，穿越隧道洞身，断层带岩石破碎，发育碎裂岩，充填细小方解石脉体，断层带附近岩石节理裂隙较发育。

断层 F1：位于隧道中部 K15+270 路段，该断层走向北东，倾向南西，倾角约 50°，推测断层破碎带宽 20~30m，穿越隧道洞身，断层带岩石破碎，节理裂隙发育，可成为地下水储运的通道，对隧道稳定性不利。

断层 F6：位于隧道出口端 K19+030 路段，走向北东，倾向北西，倾角约 45°，推测断层带宽 5~10m，穿越隧道洞身，断层带岩石破碎，节理裂隙发育，可成为地下水储运的通道，对隧道稳定性不利。

13.1.4 水文地质

隧址区气候适中，地处北中纬度，属中亚热带山原型季风湿润气候。因此，雨量丰沛（历年平均降水量为 1 400mm），阳光充足，无霜期长，严寒期短，年平均气温约 16 ℃。夏季最热月平均气温 27 ℃，冬季最冷月平均气温 4.3 ℃（以 1 月最冷，极端气温在零度到 4 ℃）。总体上，区内每年 4 月下旬至 10 月为集中降水期，降水量占全年降水总量的 80%。由于降水量时空分布不均，多集中在数次完成，一次强降水的时间短，并且降水多沿地表发育的各种岩溶个体形态快速渗入地下，因而该期间极易发生夏、秋伏旱；12 月至翌年 2 月为枯水季节，降水量仅占全年的 7.5%，期间发生春旱或春、冬连旱的频率较高；每年的 3 月和 11 月为平水期。

工作区水系主要属长江一级支流沅水水系，主要河流有泉口溪（高家溪）、赤溪河和雷公溪。河流多由西北向东南流淌，由于碳酸盐岩广布，地表溪流受泉水和地下河出口补给多为断头河，呈现明流、伏流相间分布的特点。隧址大部分地区属富水区，周边地表有长年流水，山坡汇水面积大，降雨时地表径流消散很快，大部分汇入岩溶漏斗和落水洞等垂直岩溶管道，然后通过水平岩溶管道排泄。工作区西北部少部分地表径流如木拉溪、寒水溪自东南向西北汇入澧水。

工作区主要有两个人工湖泊（水库），分别为高家溪水库（图 13-7）和黄鱼溪水库（图 13-8）。高家溪水库位于隧道 C2 线西侧，距隧道约 1.2 km，集雨面积

5.8km²，总库容 654 万立方米，库区属于张家界市永定区乡镇千吨万人集中式饮用水源地水源保护区（资料来源：张家界永定区人民政府网，2017 年 11 月 10 日）。黄鱼溪水库位于隧道东 C1 线的西北段，距隧道约 0.6 km，集雨面积 0.45km²，总库容 54.7 万立方米。

图 13-7　高家溪水库　　　　　　　　　　图 13-8　黄鱼溪水库

13.2　高密度电阻率法勘察

13.2.1　测线布设

高密度电阻率法是近几十年发展起来的一种电法勘察新技术，它在工程勘察领域得到了广泛的应用，其基本原理与传统的电阻率法完全相同，所不同的是高密度电阻率法在观测中设置了较高密度的测点，现场测量时只需将全部电极布设在一定间隔的测点上，然后进行观测。在设计和技术实施上，高密度电测系统采用先进的自动控制理论和大规模集成电路，使用的电极数量多，而且电极之间可自由组合，这样就可以提取更多的地电信息，使电法勘察能像地震勘察一样使用覆盖式的测量方式。与常规电法相比，高密度电阻率法具有以下优点：

（1）电极布设一次性完成，减少了因电极设置引起的干扰和由此带来的测量误差；

（2）能有效地进行多种电极排列方式的测量，从而可以获得较丰富的关于地电结构状态的地质信息；

（3）数据的采集和收录全部实现了自动化（或半自动化），不仅采集速度快，而且避免了由于人工操作所出现的误差和错误；

（4）可以实现资料的现场实时处理和脱机处理，根据需要自动绘制和打印各种成果图件，提高了电阻率法的智能化程度。

本次高密度电阻率法仪器采用重庆奔腾数控技术研究所生产的 WGMD-9 超级高密度电阻率法系统，该系统具有存储量大、测量准确快速、操作方便等特点，并且可方便地与国内外常用高密度电阻率法软件配合使用，使解译工作更加方便直观，是国内目前先进的工程地球物理探测仪器之一。高密度电阻率法数据采集系统由主机、电极转换器、电极系三部分组成。多路电极转换器通过电缆控制电极系各电极的供电与测量状态；主机通过通信电缆、供电电缆向多路电极转换器发出工作指令、向电极供电并接收、存储测量数据。数据结果自动存入主机，主机通过通信软件把原始数据传输给计算机，计算机将数据转成处理软件要求的数据格式，采用 Geogiga RImager 6.2 经相应处理模块进行畸变点剔除、地形校正等处理后，最终二维反演、成图，反演拟合误差 RMS ≤ 5%。最后根据二维地电断面图上电阻率的变化特征作地质解译（图 13-9）。

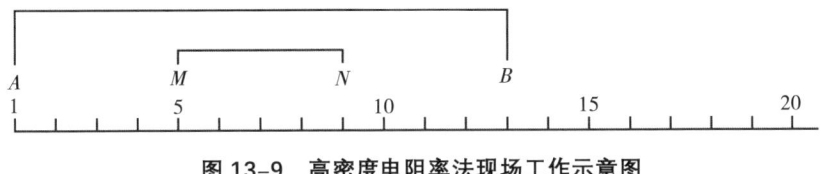

图 13-9　高密度电阻率法现场工作示意图

13.2.2　主要设备

本次高密度电阻率法采用仪器 WGMD-9 超级高密度电阻率法系统，利用视电阻率法的有关参数，通过人工直流向大地供电，仪器接收数据处理分析后，了解不同参数的变化，来分析判断地质异常体。主要技术指标：

测量电压通道范围：±6 000mV；

测量电压精度：1%；

极化率分辨率：±0.1~ ±0.2；

测量电流范围：0~5 000mA；

测量电流分辨率：0.01mA；

测量电流精度：±1%；

输入阻抗：≥ 50MΩ；

最大供电电压：1 200V；

最大供电电流：8A；

最大输出功率：9 600W；

整机工作温度：-20℃ ~+70℃。

13.2.3　数据采集

高密度电阻率法测量，点距 5m，根据拟采集的工作量和 1∶2 000 地形图，利用南方 RTK 放点确定地球物理探测测线位置。

高密度电阻率法采用温纳四极装置，每排列 60 个电极，采集 16 层数据，电极距 5m。有效勘察深度大于 50m，满足勘察要求。

为确保本次工作的探测质量，在现场工作时，按仪器操作手册、技术规范严格执行，改善激发、接收、接地条件，克服现场随机干扰。高密度电阻率法物理点总数 4 968 个，系统检查观测工作量为 174 个（系统检查观测点基本均匀覆盖全区），占观测物理点总数的 3.5%，相对误差为 0.38%，未见超限点，系统检查观测工作量及精度均满足规程、规范要求，合格率 100%。

13.2.4　资料处理及解译

本次高密度电阻率法资料处理采用了 RES2DINV、Geogiga RImager 6.0 高密度电阻率数据二维反演软件和 Surfer 数据成图软件。

以 RES2DINV 软件为例，由 M.H.Loke 博士设计的 RES2DINV 软件是目前国际上较优秀的一套高密度电阻率数据二维反演软件。它使用快速最小二乘法对电阻率数据进行反演，反演一般步骤如下：

（1）数据格式转换：调入待转换的原始高密度数据文件（.dat），点击［转换］［RES2DINV 格式］，输入转换后的文件存盘路径，文件存盘（默认扩展名为 .dat）；

（2）运行 RES2DINV；

（3）调入数据：输入数据文件名，该文件即被调入；

（4）反演：点击［Inversion］［Least-squares inversion］RES2DINV 软件便开始用快速最小二乘法对高密度视电阻率数据进行反演，屏幕上显示出反演结果图件；

（5）保存反演图件。

根据反演资料，沅古坪隧道高密度电阻率法数据解译如下所述：

1. 沅古坪隧道进口右线 K14+039 左 125m~ 右 170m 处横向测线

K14+039m 左 71m~ 左 60m 段，发育标高 470~542m 为岩溶裂隙发育区或破碎带；K14+039m 左 16m~ 右 68m 段，发育标高 447~488m 为岩溶裂隙发育区；K14+060m 右 90m~ 右 109m 段，发育标高 432~465m 为破碎带，局部发育岩溶（图 13-10）。

2. 沅古坪隧道进口右线 K14+060 左 126m~ 右 169m 处横向测线

K14+060m 左 85m~ 左 66m 段，发育标高 475~488m 为岩溶裂隙发育区或破碎带；K14+060m 左 37m~ 右 63m 段，发育标高 440~502m 为岩溶裂隙发育区或破碎带；K14+060m 右 104m~ 右 115m 段，发育标高 438~472m 为破碎带，局部发育岩溶（图 13-11）。

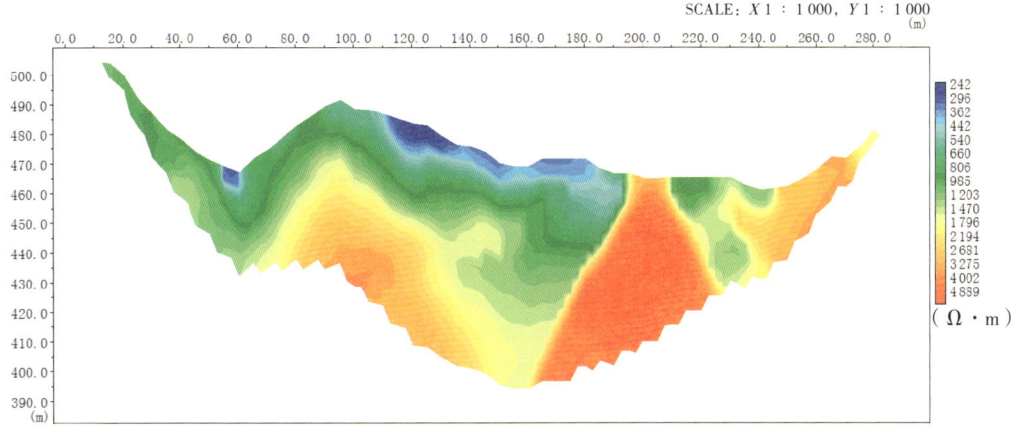

图 13-10　沅古坪隧道进口右线 K14+039 横向测线数据

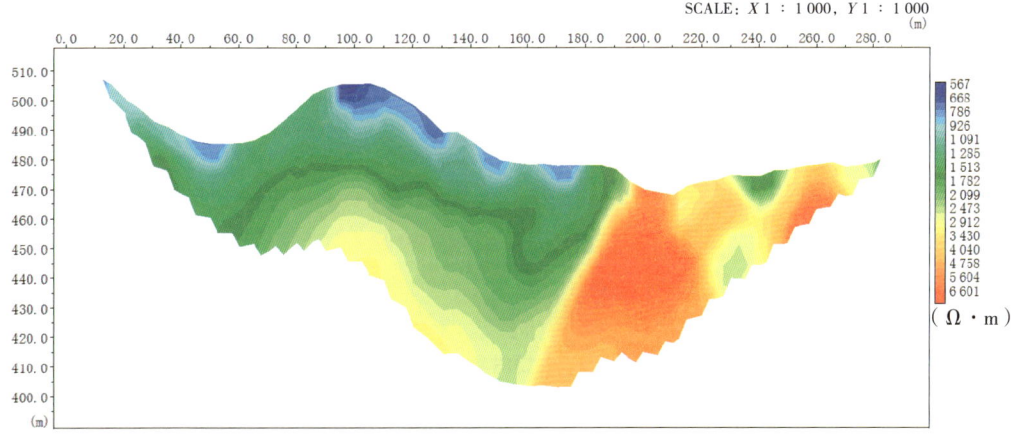

图 13-11　沅古坪隧道进口右线 K14+060 横向测线数据

3. 沅古坪隧道进口右线 K14+084 左 128m~ 右 167m 处横向测线

K14+084m 左 84m~ 左 64m 段，发育标高 478~504m 为岩溶裂隙发育区或破碎带；K14+084m 左 52m~ 左 34m 段，发育标高 463~484m 为溶蚀区，局部发育岩溶；K14+084m 右 15m~ 右 81m 段，发育标高 467~500m 为岩溶裂隙发育区（图 13-12）。

4. 沅古坪隧道进口右线 K14+203 左 128m~ 右 167m 处横向测线

K14+203m 左 71m~ 左 55m 段，发育标高 509~528m 为溶沟；K14+203m 右 9m~ 右 29m 段，发育标高 492~515m 为溶沟；K14+203m 右 40m~ 右 57m 段，发育

标高 492~508m 为溶沟；K14+203m 右 72m~ 右 123m 段，发育标高 470~497m 为岩溶裂隙发育区（图 13-13）。

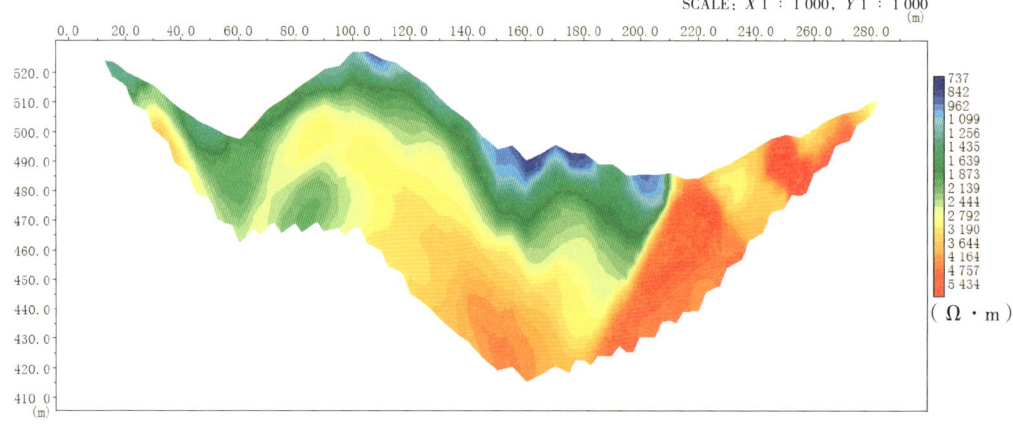

图 13-12　沅古坪隧道进口右线 K14+084 横向测线数据

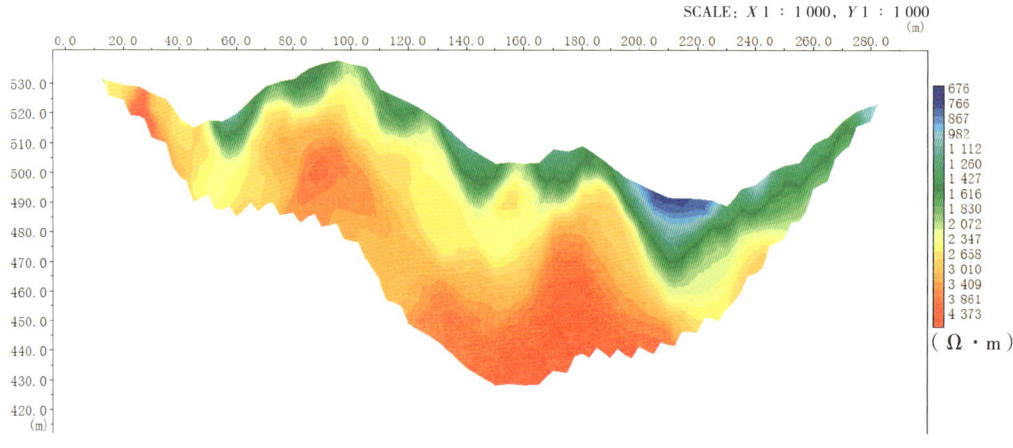

图 13-13　沅古坪隧道进口右线 K14+203 横向测线数据

5. 沅古坪隧道进口右线 K14+224 左 161m~ 右 134m 处横向测线

K14+224m 左 101m~ 左 66m 段，发育标高 518~540m 为溶沟；K14+224m 左 81m~ 左 50m 段，发育标高 487~532m 为破碎带；K14+224m 左 57m~ 左 30m 段，发育标高 530~545m 为溶沟；K14+224m 左 21m~ 右 42m 段，发育标高 500~523m 为岩溶裂隙发育区；K14+224m 左 7m~ 右 3m 段，发育标高 472~500m 为岩溶裂隙发育区、岩石破碎；K14+224m 右 76m~ 右 84m 段，发育标高 478~500m 为岩溶裂隙发育区、岩石破碎（图 13-14）。

6. 沅古坪隧道出口右线 K19+266 左 155m~ 右 170m 处横向测线

K19+266m 左 135m~ 左 128m 段，发育标高 520~527m 为溶沟；K19+266m 左 123m~ 左 112m 段，发育标高 515~525m 为岩溶裂隙发育区；K19+266m 左

109m~左 101m 段，发育标高 507~551m 为岩溶裂隙发育区；K19+266m 左 5m~右 2m 段，发育标高 509~513m 为溶沟；K19+266m 右 15m~右 29m 段，发育标高 497~502m 为岩溶裂隙发育区；K19+266m 右 49m~右 63m 段，发育标高 507~515m 为溶沟；K19+266m 右 71m~右 78m 段，发育标高 509~513m 为溶沟（图 13–15）。

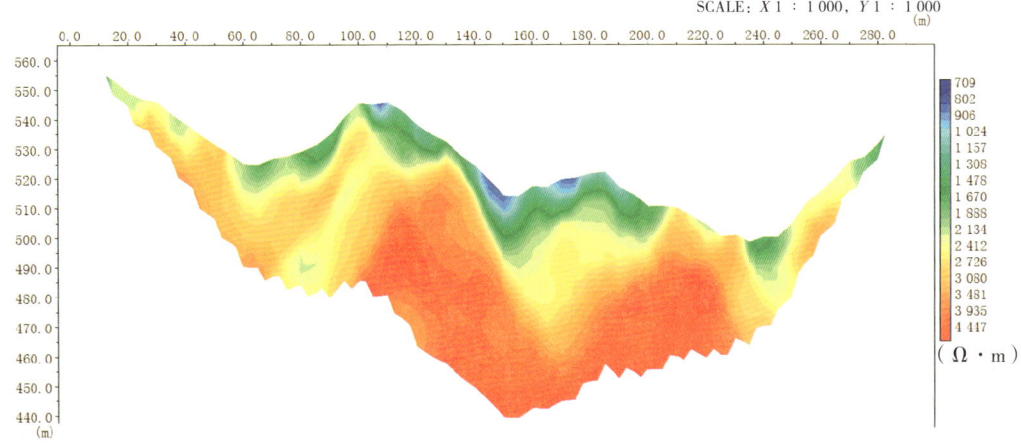

图 13–14　沅古坪隧道进口右线 K14+224 横向测线数据

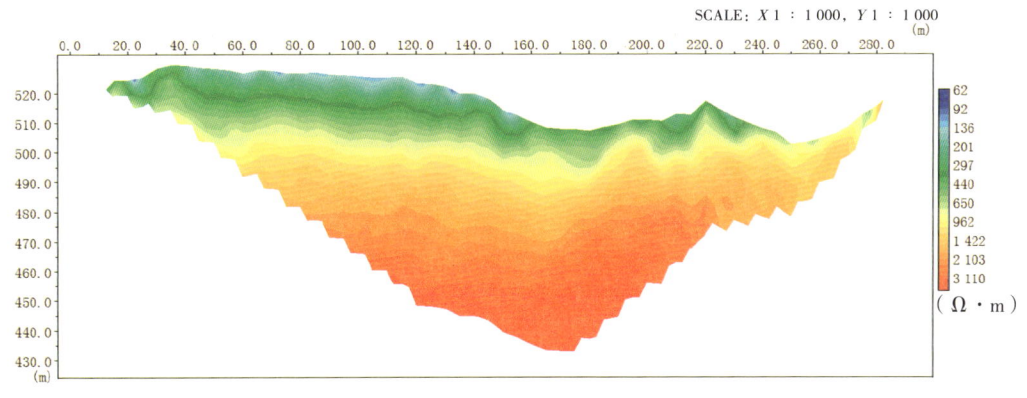

图 13–15　沅古坪隧道出口右线 K19+266 横向测线数据

7.沅古坪隧道出口右线 K19+285 左 154m~右 141m 处横向测线

K19+285m 右 27m~右 43m 段，发育标高 462~495m 为破碎带，局部发育岩溶（图 13–16）。

8.沅古坪隧道出口右线 K19+305 左 154m~右 141m 处横向测线

K19+305m 左 73m~右 49m 段，发育标高 495~510m 为溶沟或溶槽；K19+305m 左 17m~右 66m 段，发育标高 482~501m 为溶沟或溶槽；K19+305m 右 20m~右 56m 段，发育标高 449~483m 为破碎带，局部发育岩溶（图 13–17）。

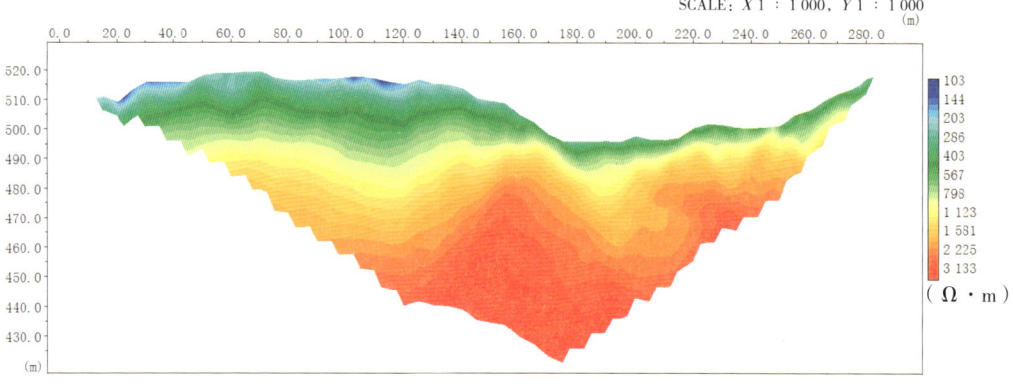

图 13-16 沅古坪隧道出口右线 K19+285 横向测线数据

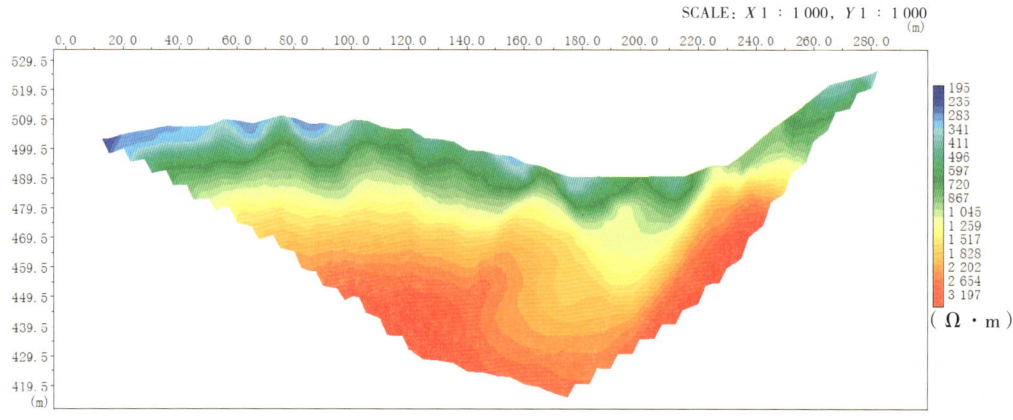

图 13-17 沅古坪隧道出口右线 K19+305 横向测线数据

9. 沅古坪隧道出口右线 K19+327 左 166m~ 右 129m 处横向测线

K19+327m 左 14m~ 左 1m 段，发育标高 476~489m 为溶沟或溶槽；K19+327m 右 22m~ 右 24m 段，发育标高 428~475m 为破碎带，局部发育岩溶（图 13-18）。

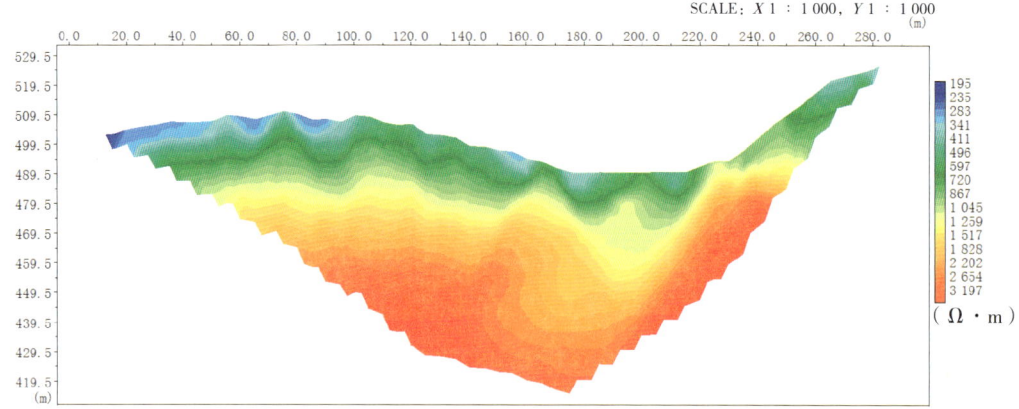

图 13-18 沅古坪隧道出口右线 K19+327 横向测线数据

13.3　可控源音频大地电磁法

13.3.1　工作方法技术

可控源音频大地电磁法（CSAMT）是频率域电磁测深法的一种，它的主要特点是用人工控制的场源做频率测深。采用人工场源可以克服天然场源信号微弱的缺点，但波的非平面波特性决定了处理资料时的复杂性。当发射距是探测深度的 3~5 倍，高频时非平面波可以近似地看作平面波，低频时则会出现电阻率随频率降低而在双对数坐标图上呈 45°上升的近场效应，因此须作近场改正，校正后的数据可看作为平面波产生的结果，然后再采用 MT 的方法来分析。

MT 的反演方法原则上都可用来做近场校正后的 CSAMT 反演。如不作平面波校正的反演，其有效数据只能取远场的值，而对于近场甚至过渡场的资料都要摒弃不用，这将造成较大的浪费。Pargha S.Routhet 等尝试了在一维空间用不做平面波校正的全资料来做 CSAMT 反演。全资料的 CSAMT 反演需要有源理论电磁法的正演解，当介质为水平成层介质时有积分解，这方面的反演容易实现，但当电性结构复杂时，就没有解析解，因此其反演问题也就更加复杂。大多数的电磁反演都为线性反演，最小二乘解法是最传统的，也是行之有效的方法。

13.3.2　主要设备

本次可控源音频大地电磁法采用仪器是由美国 Zonge 公司研制的 GDP-32II 电法仪。GDP-32II 地球物理数据处理器是一个万用的、多通道的接收机，其设计目的在于采集任何类型的电磁或电场数据。GDP-32II 的设计，积累了从先前的 GDP-12、GDP-16、GDP-32 各种仪器至今 25 年发展的经验，其设计强调软件的灵活性、最佳的数据质量以及恶劣野外条件下的坚固性。其技术性能指标如下：

工作频率：常规 CSAMT 为 0.015 625~8 192Hz。供电频率由 1Hz 按 2^n 指数标准及 32 级算术内插频率逐步递增到 8 192Hz。

接收机通道数：现有 8 个通道，其中 1 个 NanoTEM 通道，7 个常规通道，测量电极采用 7 个不极化电极和一个 ANT/6 磁场分量探头，6 个通道同时测量。

工作温度：-40℃ ~+50℃。

工作湿度：5% ~100%可在雨天工作，内置温度和湿度传感器。

时钟：恒温控制石英钟，适于现代卫星定位系统。

输入阻抗：10MΩ（直流）。

动态范围：190dB。

可检测最小电信号：0.03μV。

相位精度：+0.1 mrad。

滤波器选择：四极点贝塞尔去假滤波器（软件控制）四倍限频；用户指定的工频滤波器（50Hz、150Hz、250Hz、450Hz，50Hz、150Hz、60Hz、180 Hz，60Hz、180Hz、300Hz、540Hz 等）；大地电流数字滤波器。

模－数转换：（标准通道）17μs，每道一个快速 A/D 和精确的相位延迟。

微处理器：Microprocessor；66MHz 586（133MHz Optional）。

串口：标准 2RS~232C；并口：ISPP 和 EPP 兼容打印机口。

13.3.3 数据采集

可控源音频大地电磁法（CSAMT）是基于电磁法理论和 Maxwell 方程组，在音频大地电磁法和大地电磁法基础上发展起来的一种人工源频率测深方法，是频率域电磁测深法的一种，它的主要特点是用人工控制的场源做频率测深。

近区 A（近场，感应场微弱）靠近供电偶极，电场水平分量与地下电阻率成正比，且与频率无关。近区视电阻率是收发距 r 的函数。近区电场 E 按 1/3 衰减，磁场 H 按 1/2 衰减。近区测量结果与直流电阻率测深相类似。过渡区 B 场的性质非常复杂，波阻抗既与收发距 r 和大地电阻率 ρ 有关，又与频率 f 和方位角 Φ 有关。远区 C 与大地电磁法一样，场是电阻率和频率的函数。如果选用直角坐标系，X 轴平行 AB，Z 轴垂直向下，则测量电场的 x 分量 E_x 和磁场的 y 分量 H_y 便可按下式计算卡尼亚电阻率 ρ 和探测深度 h：

$$\rho = \frac{1}{5f} \times \frac{|E_x|^2}{|H_y|^2} (\Omega \cdot m) \tag{13-1}$$

$$h \approx 356 \times \sqrt{\frac{\rho}{f}} (m) \tag{13-2}$$

当从高到低逐个改变频率，每个频率得一个卡尼亚电阻率，从而得到卡尼亚电阻率随频率而变的曲线。由于随着频率降低，电磁波穿透深度大，因而也就得到了卡尼亚电阻率的测深曲线。根据需要，可以分别以相互垂直的两组场源供电，对每个场源测量 E_x、E_y、H_x、H_y 和 H_z 五个参数，形成张量 CSAMT 测量。张量测量的好处是在一条测线上便可以得到有关三维的信息，但是其工作效率低。作为一种简化，可以对一组电源测量电场和磁场的 x、y 分量，以组成矢量 CSAMT 测量。

13.3.4 资料处理及解译

利用汉宁窗口进行了滤波静态校正，对废点进行剔除，二维 Robust 数据圆滑，对单个点进行了多次测量求平均值。经过数据预处理，采用 Scs2D 软件进行远区数据的带地形二维最优化反演，并通过 1D Bostick 反演和逐级反演进行计算准确度对比分析，确定比较适应此隧道的反演参数，二维反演结果的纵坐标为实际标高。

1. 沅古坪隧道 K14+050~K14+990 段

K14+464m~K14+523m 段，发育标高 650~410m 为破碎带或岩层分界（图 13-19）。

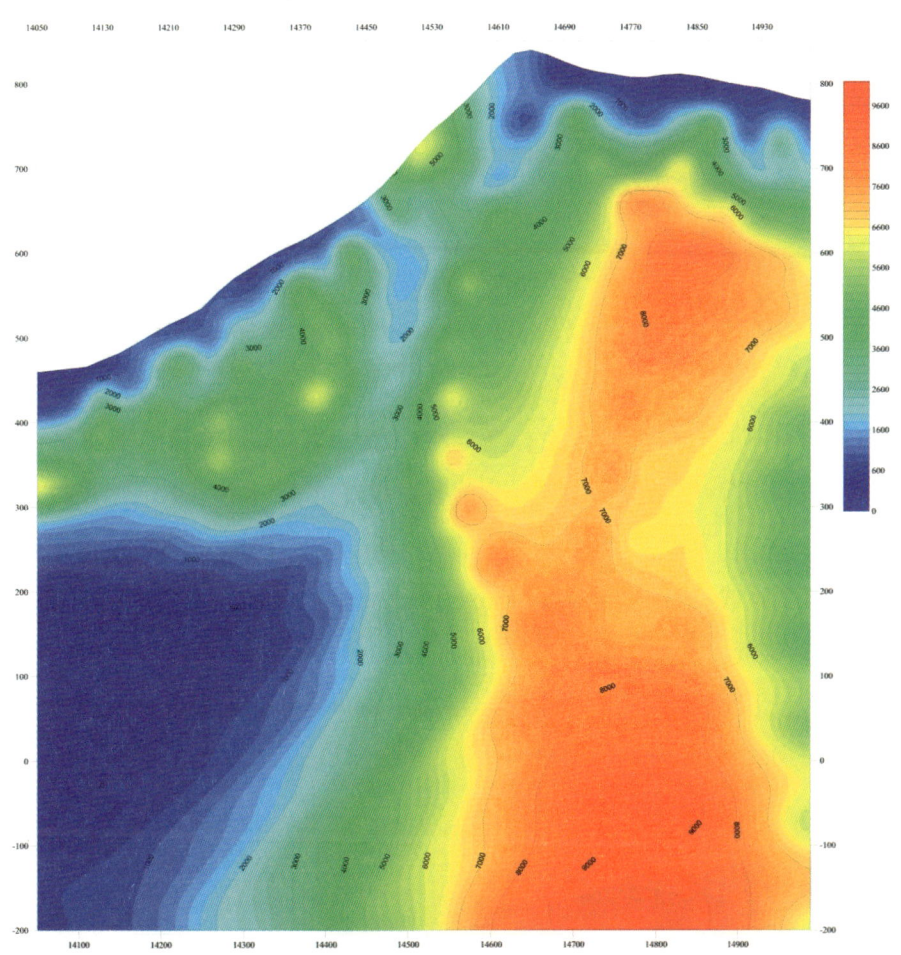

图 13-19　沅古坪隧道 K14+050~K14+990 段测线数据

2. 沅古坪隧道 K16+790~K18+690（中线左偏 90m）段

K16+800m~K16+875m 段，地表至发育标高 530m 为岩溶裂隙或破碎带；K16+968m~K17+050m 段，发育标高 670~410m 段为岩溶裂隙或破碎带；K17+310m~K17+360m 段，地表至发育标高 410m 为断层破碎带；K17+458m~K17+474m

段，地表至发育标高 460m 为岩溶裂隙或破碎带；K17+866m~K17+887m 段，地表至发育标高 410m 为岩溶裂隙或破碎带；K18+100m~K18+150m 段，地表至发育标高 410m 为岩溶裂隙或破碎带；K18+360m~K18+450m 段，发育标高 636~488m 为岩溶裂隙区；K18+623m~K18+690m 段，地表至发育标高 445m 为岩溶裂隙或破碎带（图 13-20）。

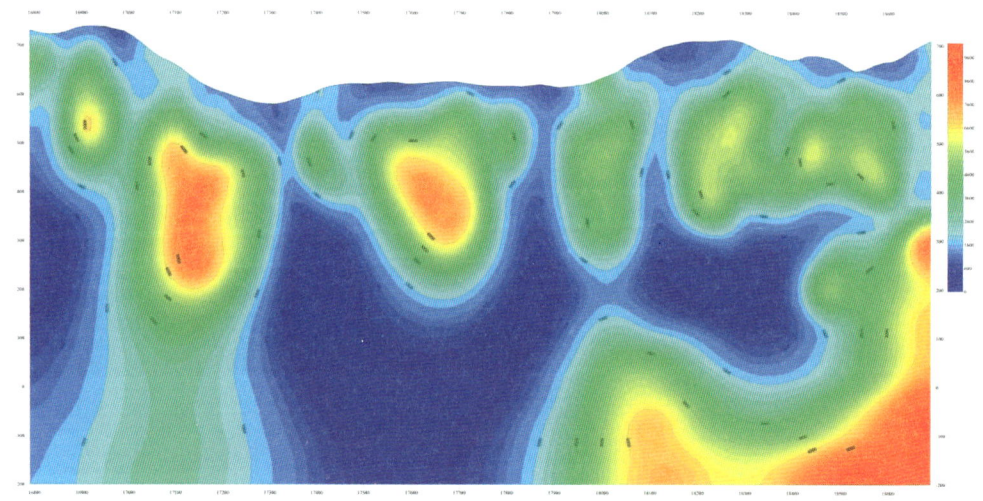

图 13-20　沅古坪隧道 K16+790~K18+690（中线左偏 90m）段测线数据

3. 沅古坪隧道 K16+190~K18+690 段

K16+190m~K16+308m 段，发育标高 848~672m 为岩溶裂隙或破碎带；K16+425m~K16+540m 段，发育标高 781~419m 为岩溶裂隙或破碎带；K16+647m~K16+717m 段，发育标高 741~409m 为岩溶裂隙或破碎带；K16+869m~K16+895m 段，发育标高 715~407m 为岩溶裂隙或破碎带；K17+145m~K17+330m 段，发育标高 659~330m 为断层破碎带；K17+628m~K17+921m 段，发育标高 611~333m 为断层破碎带；K18+038m~K18+341m 段，发育标高 685~440m 为岩溶裂隙发育区；K18+480m~K18+529m 段，发育标高 661~461m 为破碎带（图 13-21）。

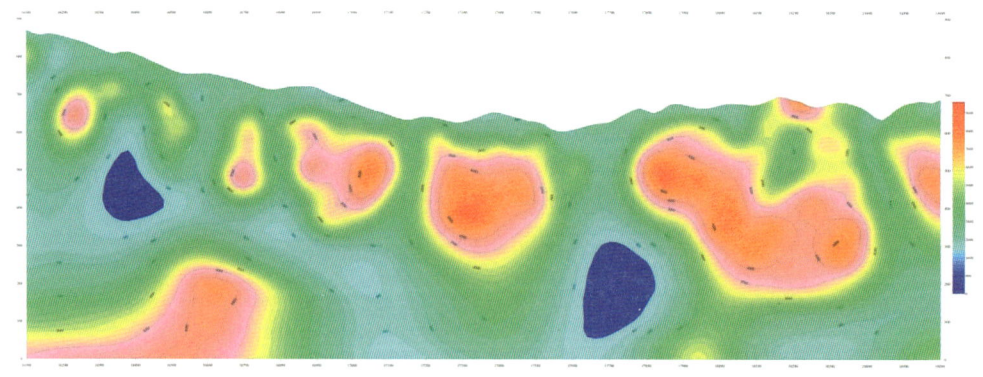

图 13-21　沅古坪隧道 K16+190~K18+690 段测线数据

13.4　钻孔地质雷达法

13.4.1　非均匀介质的跨孔地质雷达正演

13.4.1.1　CPML 卷积完全匹配层边界条件

首先，可以根据前面所述的 Maxwell 方程组得到电磁场在频率域中的旋度方程：

$$\nabla \times E = -i\omega\mu H \tag{13-3}$$

$$\nabla \times H = \sigma E + i\omega\varepsilon E \tag{13-4}$$

式中：$i = \sqrt{-1}$，ω 为角频率，ε 为介电常数，μ 为磁导率，σ 为电导率，E 为电场矢量分量，H 为磁场矢量分量。

由于在数值模拟中采用的是 CPML 边界条件，因此采用拉伸坐标空间，则算式可以写为：

$$\nabla = \vec{x}\frac{1}{S_x}\frac{\partial}{\partial x} + \vec{y}\frac{1}{S_y}\frac{\partial}{\partial y} + \vec{z}\frac{1}{S_z}\frac{\partial}{\partial z} \tag{13-5}$$

其中复拉伸坐标变量

$$S_k = \kappa_k + \frac{\sigma_k}{\alpha_k + i\omega\varepsilon_0}, \quad k = x, y, z \tag{13-6}$$

式（13-6）中 ε_0 为自由空间的介电常数值，σ_k、κ_k 和 α_k 则是保证电磁波在计算区域中传播以及在吸收边界区域被吸收的可以定量化的参数。需要注意的是，这三个参数并不是真实的电性参数，但能够保证在复拉伸坐标下电磁波的吸收效果。

对于二维问题，设所有物理量均与 z 坐标无关，把式（13-5）代入式（13-3）和式（13-4）中，那么包含 H_x、H_y、E_z 这三个分量的 TM 波和包含 E_x、E_y、H_z 这三个分量的 TE 波可以分别写作：

$$i\omega\mu H_x = -\frac{1}{S_y}\frac{\partial E_z}{\partial y} \tag{13-7}$$

$$i\omega\mu H_y = \frac{1}{S_x}\frac{\partial E_z}{\partial x} \tag{13-8}$$

$$\omega E_z + i\omega\varepsilon E_z = \frac{1}{S_x}\frac{\partial H_y}{\partial x} - \frac{1}{S_y}\frac{\partial H_x}{\partial y} \tag{13-9}$$

和

$$\sigma E_x + i\omega\varepsilon E_x = \frac{1}{S_y}\frac{\partial H_z}{\partial y} \tag{13-10}$$

$$\sigma E_y + i\omega\varepsilon E_y = -\frac{1}{S_x}\frac{\partial H_z}{\partial x} \tag{13-11}$$

$$i\omega\mu H_z = \frac{1}{S_x}\frac{\partial E_y}{\partial x} - \frac{1}{S_y}\frac{\partial E_x}{\partial y} \tag{13-12}$$

在计算区域内，取 $S_x = S_y = 1$；而在吸收边界内，S_x、S_y 则为复数，这样可以保证在吸收边界内对电磁波吸收的效果。

CPML 边界条件通过 $1/S_x$ 和 $1/S_y$ 在时域中的表达来避免其他 PML 边界条件中普遍存在的电场分量和磁场分量的分离。把式（13-6）进行傅里叶变换，可以得到：

$$1/S_k(t) = \frac{\delta(t)}{\kappa_k} - \frac{\sigma_k}{\varepsilon_0\kappa_k^2}\exp[-\frac{t}{\varepsilon_0}(\frac{\sigma_k}{\kappa_k}+\alpha_k)]u(t) = \frac{\delta(t)}{\kappa_k} + \zeta_k(t) \tag{13-13}$$

其中 $\delta(t)$ 为单位脉冲函数，$u(t)$ 为 Heaviside 函数。因此式（13-7）、式（13-8）、式（13-9）和式（13-10）、式（13-11）、式（13-12）在时间域中可以写为：

$$\mu\frac{\partial H_x}{\partial t} = -\frac{1}{\kappa_y}\frac{\partial E_z}{\partial y} - \zeta_y(t)*\frac{\partial E_z}{\partial y} \tag{13-14}$$

$$\mu\frac{\partial H_y}{\partial t} = \frac{1}{\kappa_x}\frac{\partial E_z}{\partial x} + \zeta_x(t)*\frac{\partial E_z}{\partial x} \tag{13-15}$$

$$\sigma E_z + \varepsilon\frac{\partial E_z}{\partial t} = \frac{1}{\kappa_x}\frac{\partial H_y}{\partial x} - \frac{1}{\kappa_y}\frac{\partial H_x}{\partial y} + \zeta_x(t)*\frac{\partial H_y}{\partial x} - \zeta_y(t)*\frac{\partial H_x}{\partial y} \tag{13-16}$$

和

$$\sigma E_x + \varepsilon\frac{\partial E_x}{\partial t} = \frac{1}{\kappa_y}\frac{\partial H_z}{\partial y} - \zeta_z(t)*\frac{\partial H_z}{\partial y} \tag{13-17}$$

$$\sigma E_y + \varepsilon\frac{\partial E_y}{\partial t} = -\frac{1}{\kappa_x}\frac{\partial H_z}{\partial x} + \zeta_x(t)*\frac{\partial H_z}{\partial x} \tag{13-18}$$

$$\mu\frac{\partial H_z}{\partial t} = \frac{1}{\kappa_y}\frac{\partial E_x}{\partial y} - \frac{1}{\kappa_x}\frac{\partial E_y}{\partial x} + \zeta_y(t)*\frac{\partial E_x}{\partial y} - \zeta_x(t)*\frac{\partial E_y}{\partial x} \tag{13-19}$$

根据差分理论，式（13-14）、式（13-15）、式（13-16）和式（13-17）、式（13-18）、式（13-19）可以写为：

$$H_x\Big|_{i,j+1/2}^{n+1/2} = H_x\Big|_{i,j+1/2}^{n-1/2} - D_{b_y}\Big|_{i,j+1/2}[-E_z\Big|_{i,j+2}^{n} + 27E_z\Big|_{i,j+1}^{n} - 27E_z\Big|_{i,j}^{n} + E_z\Big|_{i,j-1}^{n}] - D_c\Big|_{i,j+1/2}[\psi_{H_{xy}}\Big|_{i,j+1/2}^{n}]$$

$$\tag{13-20}$$

$$H_y\Big|_{i+1/2,j}^{n+1/2} = H_y\Big|_{i+1/2,j}^{n-1/2} + D_{b_x}\Big|_{i+1/2,j}[-E_z\Big|_{i+2,j}^{n} + 27E_z\Big|_{i+1,j}^{n} - 27E_z\Big|_{i,j}^{n} + E_z\Big|_{i-1,j}^{n}] + D_c\Big|_{i+1/2,j}[\psi_{H_{yx}}\Big|_{i+1/2,j}^{n}]$$

$$\tag{13-21}$$

$$E_z\Big|_{i,j}^{n+1} = C_a\Big|_{i,j}[E_z\Big|_{i,j}^{n}] + C_{b_x}\Big|_{i,j}[-H_y\Big|_{i+3/2,j}^{n+1/2} + 27H_y\Big|_{i+1/2,j}^{n+1/2} - 27H_y\Big|_{i-1/2,j}^{n+1/2} + H_y\Big|_{i-3/2,j}^{n+1/2}] - C_{b_y}\Big|_{i,j}$$

$$[-H_x\Big|_{i,j+3/2}^{n+1/2} + 27H_x\Big|_{i,j+1/2}^{n+1/2} - 27H_x\Big|_{i,j+1/2}^{n+1/2} + H_x\Big|_{i,j+3/2}^{n+1/2}] + C_c\Big|_{i,j}[\psi_{E_{zx}}\Big|_{i,j}^{n+1/2} - \psi_{E_{zy}}\Big|_{i,j}^{n+1/2}]$$

（13-22）

和

$$E_x\Big|_{i,j+1/2}^{n+1/2} = C_a\Big|_{i,j}E_x\Big|_{i,j+1/2}^{n-1/2} + C_{b_y}\Big|_{i,j+1/2}[-H_z\Big|_{i,j+2}^{n} + 27H_z\Big|_{i,j+1}^{n} - 27H_z\Big|_{i,j}^{n} + H_z\Big|_{i,j-1}^{n}]$$

$$+ C_c\Big|_{i,j+1/2}[\psi_{E_{xy}}\Big|_{i,j+1/2}^{n}]$$

（13-23）

$$E_y\Big|_{i+1/2,j}^{n+1/2} = C_a\Big|_{i,j}E_y\Big|_{i+1/2,j}^{n-1/2} - C_{b_x}\Big|_{i+1/2,j}[-H_z\Big|_{i+2,j}^{n} + 27H_z\Big|_{i+1,j}^{n} - 27H_z\Big|_{i,j}^{n} + H_z\Big|_{i-1,j}^{n}]$$

$$- C_c\Big|_{i+1/2,j}[\psi_{E_{yx}}\Big|_{i+1/2,j}^{n}]$$

（13-24）

$$H_z\Big|_{i,j}^{n+1} = [H_z\Big|_{i,j}^{n}] + D_{b_x}\Big|_{i,j}[-E_y\Big|_{i+3/2,j}^{n+1/2} + 27E_y\Big|_{i+1/2,j}^{n+1/2} - 27E_y\Big|_{i-1/2,j}^{n+1/2} + E_y\Big|_{i-3/2,j}^{n+1/2}] - D_{b_y}\Big|_{i,j}$$

$$[-E_x\Big|_{i,j+3/2}^{n+1/2} + 27E_x\Big|_{i,j+1/2}^{n+1/2} - 27E_x\Big|_{i,j+1/2}^{n+1/2} + E_x\Big|_{i,j+3/2}^{n+1/2}] + D_c\Big|_{i,j}[\psi_{H_{zx}}\Big|_{i,j}^{n+1/2} - \psi_{H_{zy}}\Big|_{i,j}^{n+1/2}]$$

（13-25）

式（13-20）~式（13-25）中各参数分别为：

$$\begin{cases} C_a = (1 - \dfrac{\sigma\Delta t}{2\varepsilon})(1 + \dfrac{\sigma\Delta t}{2\varepsilon})^{-1} \\[2mm] C_{b_k} = \dfrac{\Delta t}{\varepsilon}(1 + \dfrac{\sigma\Delta t}{2\varepsilon})^{-1}(24\kappa_k\Delta k)^{-1} \\[2mm] C_c = \dfrac{\Delta t}{\varepsilon}(1 + \dfrac{\sigma\Delta t}{2\varepsilon})^{-1} \\[2mm] D_{b_k} = \dfrac{\Delta t}{\mu}(24\kappa_k\Delta k)^{-1} \\[2mm] D_c = \dfrac{\Delta t}{\mu} \end{cases}$$

（13-26）

卷积项 $\psi_{H_{xy}}$ 、 $\psi_{H_{yx}}$ 、 $\psi_{E_{zx}}$ 、 $\psi_{E_{zy}}$ 和 $\psi_{E_{xy}}$ 、 $\psi_{E_{yx}}$ 、 $\psi_{H_{zx}}$ 、 $\psi_{H_{zy}}$ 分别为：

$$\psi_{H_{xy}}\Big|_{i,j+1/2}^{n} = B_y\Big|_{i,j+1/2}[\psi_{H_{xy}}\Big|_{i,j+1/2}^{n-1}] + A_y\Big|_{i,j+1/2}[-E_z\Big|_{i,j+2}^{n} + 27E_z\Big|_{i,j+1}^{n} - 27E_z\Big|_{i,j}^{n} + E_z\Big|_{i,j-1}^{n}]$$

（13-27）

$$\psi_{H_{yx}}\Big|_{i+1/2,j}^{n} = B_x\Big|_{i+1/2,j}[\psi_{H_{yx}}\Big|_{i+1/2,j}^{n-1}] + A_x\Big|_{i+1/2,j}[-E_z\Big|_{i+2,j}^{n} + 27E_z\Big|_{i+1,j}^{n} - 27E_z\Big|_{i,j}^{n} + E_z\Big|_{i-1,j}^{n}]$$

（13-28）

$$\psi_{E_{zx}}\Big|_{i,j}^{n+1/2} = B_x\Big|_{i,j}[\psi_{E_{zx}}\Big|_{i,j}^{n-1/2}] + A_x\Big|_{i,j}[-H_y\Big|_{i+3/2,j}^{n+1/2} + 27H_y\Big|_{i+1/2,j}^{n+1/2} - 27H_y\Big|_{i-1/2,j}^{n+1/2} + H_y\Big|_{i-3/2,j}^{n+1/2}]$$

（13-29）

$$\psi_{E_{zy}}\Big|_{i,j}^{n+1/2} = B_y\Big|_{i,j}[\psi_{E_{zy}}\Big|_{i,j}^{n-1/2}] + A_y\Big|_{i,j}[-H_x\Big|_{i+3/2,j}^{n+1/2} + 27H_x\Big|_{i+1/2,j}^{n+1/2} - 27H_x\Big|_{i-1/2,j}^{n+1/2} + H_x\Big|_{i-3/2,j}^{n+1/2}]$$

（13-30）

和

$$\psi_{E_{xy}}\Big|_{i,j+1/2}^{n} = B_y\Big|_{i,j+1/2}[\psi_{E_{xy}}\Big|_{i,j+1/2}^{n-1}] + A_y\Big|_{i,j+1/2}[-H_z\Big|_{i,j+2}^{n} + 27H_z\Big|_{i,j+1}^{n} - 27H_z\Big|_{i,j}^{n} + H_z\Big|_{i,j-1}^{n}]$$

（13-31）

$$\psi_{E_{yx}}\Big|_{i+1/2,j}^{n} = B_x\Big|_{i+1/2,j}[\psi_{E_{yx}}\Big|_{i+1/2,j}^{n-1}] + A_x\Big|_{i+1/2,j}[-H_z\Big|_{i+2,j}^{n} + 27H_z\Big|_{i+1,j}^{n} - 27H_z\Big|_{i,j}^{n} + H_z\Big|_{i-1,j}^{n}]$$

（13-32）

$$\psi_{H_{zx}}\Big|_{i,j}^{n+1/2} = B_x\Big|_{i,j}[\psi_{H_{zx}}\Big|_{i,j}^{n-1/2}] + A_x\Big|_{i,j}[-E_y\Big|_{i+3/2,j}^{n+1/2} + 27E_y\Big|_{i+1/2,j}^{n+1/2} - 27E_y\Big|_{i-1/2,j}^{n+1/2} + E_y\Big|_{i-3/2,j}^{n+1/2}]$$

（13-33）

$$\psi_{H_{zy}}\Big|_{i,j}^{n+1/2} = B_y\Big|_{i,j}[\psi_{H_{zy}}\Big|_{i,j}^{n-1/2}] + A_y\Big|_{i,j}[-E_x\Big|_{i+3/2,j}^{n+1/2} + 27E_x\Big|_{i+1/2,j}^{n+1/2} - 27E_x\Big|_{i-1/2,j}^{n+1/2} + E_x\Big|_{i-3/2,j}^{n+1/2}]$$

（13-34）

式中：

$$\begin{cases} A_k = \dfrac{\sigma_k}{\sigma_k \kappa_k + \alpha_k \kappa_k^2}(B_k - 1) \\ B_k = \exp[-\dfrac{\Delta t}{\varepsilon_0}(\dfrac{\sigma_k}{\kappa_k} + \alpha_k)] \end{cases}$$

（13-35）

对于 TE 模式中的 $\psi_{E_{xy}}$、$\psi_{E_{yx}}$、$\psi_{H_{zx}}$、$\psi_{H_{zy}}$ 和 TM 模式中的 $\psi_{H_{xy}}$、$\psi_{H_{yx}}$、$\psi_{E_{zx}}$、$\psi_{E_{zy}}$ 卷积项公式基本一致。

此外，CPML 的一个重要优点就是与介质的典型参数之间独立性较强，在对非均匀介质进行数值模拟时，只需将每个差分网格的电性参数作为矩阵存储，就能对其进行数值计算。

CPML 相对 PML 边界条件来说与介质性质之间的独立性更强，也即是说不管计算区域内介质的电性参数如何变化，差分公式中的卷积项都不需进行改变。

在计算区域内，κ_x、κ_y 应设置为 1，σ_x、σ_y 应设置为 0，这样才能保证在计算区域内 S_x、S_y 两个参数的一致性。如果 σ_x、σ_y 都大于 0，κ_x、κ_y 大于 1，那么电磁波将会被吸收。

理论上而言，S_x、S_y 参数的变化对介质的电磁阻抗没有影响，所以 κ_x、κ_y 和 σ_x、σ_y 都应该设置得越高越好，这样在吸收边界区域内对边界造成的反射波和消逝波吸收的效果也就越好。在离散 FDTD（有限差分）空间的实际计算中，节点之间的电性参数变化太大会造成电磁波的反射。因此，CPML 边界条件区域中的参数大小应该是从计算区域到吸收边界区域逐渐增大。所以，对 κ_x、κ_y，通过以下公式进行设置：

$$\kappa_k = \begin{cases} 1 \\ 1+(\dfrac{d}{\delta})^m(\kappa_{k_{\max}}-1) \end{cases} \quad (13-36)$$

式中：上部为在计算区域内的取值，下部为在吸收边界条件内的取值。

同样，对 σ_x、σ_y 也可以通过公式进行设置：

$$\sigma_k = \begin{cases} 0 \\ (\dfrac{d}{\delta})^m \sigma_{k_{\max}} \end{cases} \quad (13-37)$$

式中：上部为在计算区域内的取值，下部为在吸收边界条件内的取值。

式（13-36）和式（13-37）中的参数：d 为距离吸收边界区域外部边界的距离，δ 为吸收边界区域的厚度，m 为 CPML 指数，$\sigma_{k_{\max}}$、$\kappa_{k_{\max}}$ 则是最大值。根据 James Irving 在其博士论文中进行的分析，$m=4$、$\kappa_{k_{\max}}=5$、$\sigma_{k_{\max}}=\dfrac{m+1}{150\pi\sqrt{\varepsilon_r}\Delta k}$ 是较为合适的取值。

13.4.1.2　非均匀介质中吸收边界效果验证

为了验证 CPML 在相对介电常数和电导率随机分布的非均匀介质中仍然适用于做吸收边界条件，建立模型来对边界处的反射波信号强弱进行验证，模型如图 13-22 所示。模型大小为 10m×20m，激励源位置在模型的正中间（距离为 5m，钻孔深度为 5m）。将计算区域划分为 10cm×10cm 的网格，每个网格内的相对介电常数为 9~12 之间随机分布的一个数值，电导率则为 1×10^{-3}~10×10^{-3}S/m 之间随机分布的一个数值，所有计算区域内的网格相对磁导率则为 1。图 13-22（a）为相对介电常数分布图，图 13-22（b）为电导率分布图。著者采用电场分量波场快照方式对吸收边界的效果进行验证，通过计算区域内无边界条件和存在 CPML 卷积完全匹配层吸收边界条件时的边界反射波强度来进行对比验证 CPML 卷积完全匹配层吸收边界条件的吸收效果。

从对比图 13-23 和图 13-24 中同时刻的波场快照图，在没有采用吸收边界条件时，电磁波传播到计算区域的边界时会产生较强的反射波，对计算结果的精确度会造成严重的影响；而采用 CPML 吸收边界条件时，电磁波传播到计算区域边界时发生的反射波强度基本可以忽略，这样的边界反射波已经基本不会影响模拟结果的精确度。

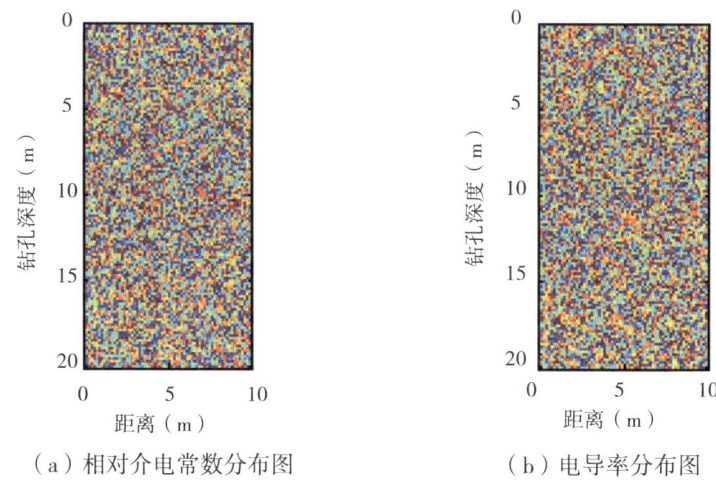

（a）相对介电常数分布图 （b）电导率分布图

图 13-22　非均匀介质边界吸收效果验证模型示意图

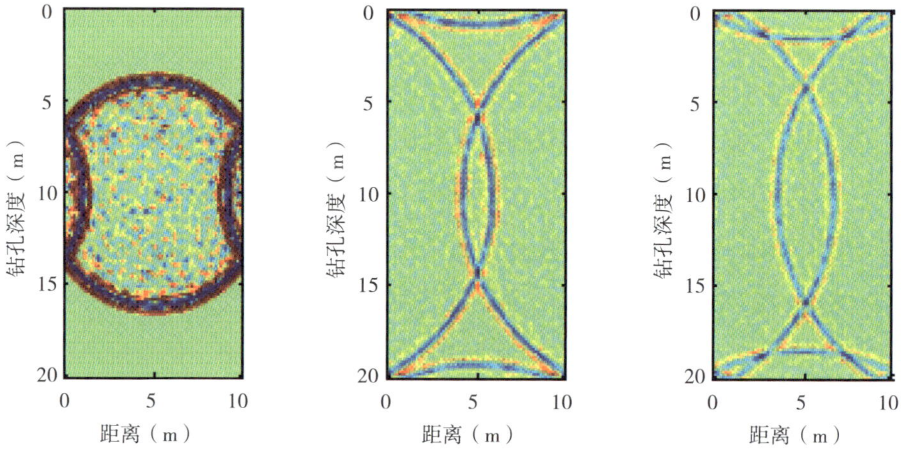

（a）t=72ns （b）t=124ns （c）t=132ns

图 13-23　无吸收边界时波场快照

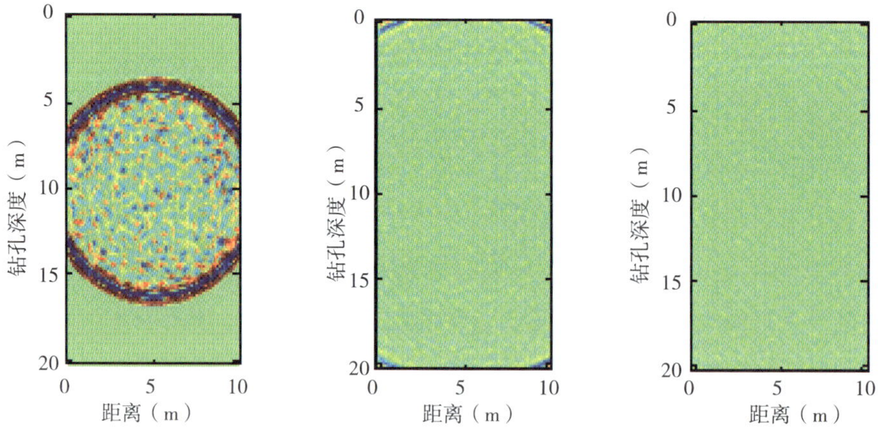

（a）t=72ns （b）t=124ns （c）t=132ns

图 13-24　CPML 吸收边界效果波场快照

13.4.1.3 跨孔探测数值模拟

在针对模型进行钻孔地质雷达跨孔探测数值模拟时，可以对数据进行共偏移距成像，也可以把每一道数据进行排列从而形成一系列随时间变化的振幅图像。跨孔探测数值模拟与单孔反射数值模拟不一样的地方在于，发射天线与接收天线位于不同孔内，跨孔探测数值模拟时的模型中没有空气层。

1. 模型 1

如图 13-25（a）所示为模型 1 的相对介电常数以及电导率分布图。模型的大小为 6m × 20m，区域内背景介质的相对介电常数按照随机函数进行 20~30 的随机分布，异常体的相对介电常数为 15，大小为 1m × 2m。发射天线位于 X 轴 0m 位置处，接收天线位于 X 轴 6m 位置处，发射天线与接收天线均 0.5m 移动一次。此次采集按照下述移动模式：发射天线不动时，接收天线从上至下移动 20m，然后再移动发射天线。激励源的中心频率为 100MHz，CPML 吸收层为 10 个网格厚度；空间步长取值为 0.025m，时间步长取值为 0.1ns。图 13-25（b）为全部模拟数据的结果图，横坐标为时间，纵坐标即为道数；共有 41 个发射点和接收点，道数总共为 1 681 道。

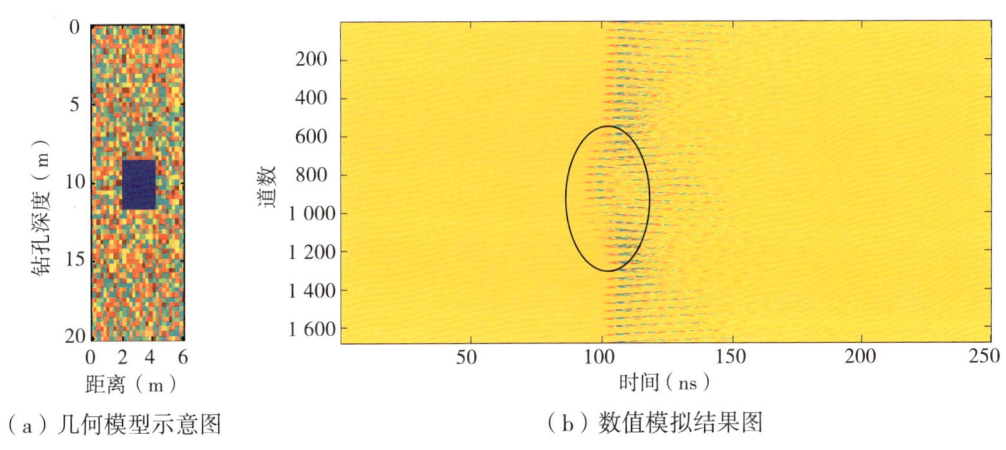

（a）几何模型示意图　　　　　　　　（b）数值模拟结果图

图 13-25　跨孔探测数值模拟（模型 1）

从图 13-25 中可以看出，在黑色椭圆圈出的位置，这些发射点发射的数据初至波的旅行时明显要比其他发射点的数据旅行时要小。说明这个位置存在着一个低速体，导致电磁波在收发点之间的视速度增大。从这幅图中可以得知，模型中存在着一个低速体，且高度位于模型的中间，但是仍然不能确定异常体的水平位置，也无法得知异常体的大小。与背景介质为均匀介质时的数值模拟结果比较，图 13-25 中每个发射点所发射的信号都产生了较多的反射等现象，导致了大收发角度信号的信噪比较低。

2. 模型2

模型1中的相对介电常数分布图仅仅是理论模型，其相对介电常数分布在相邻网格内是突变而不是渐变的。因此，下面将模型进行优化，使其更贴近实际。如图13-26中的图（a）所示，为模型2的相对介电常数以及电导率分布图。

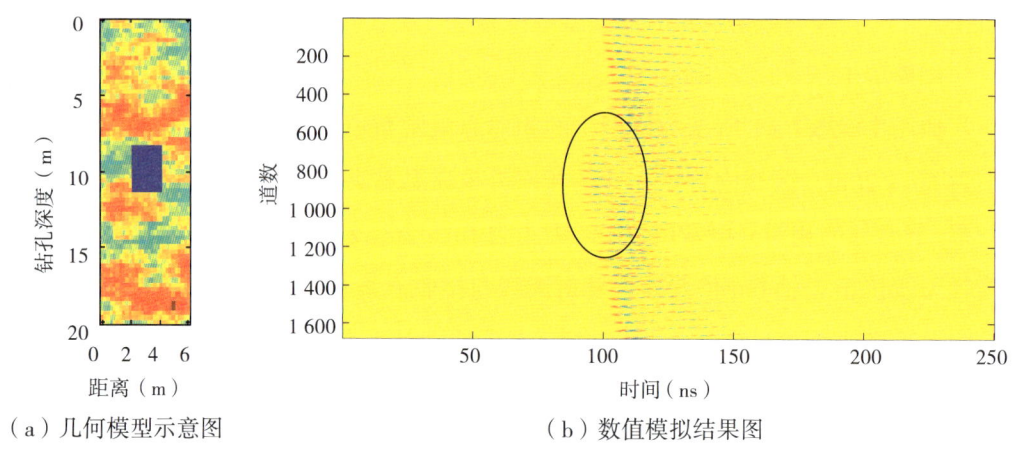

（a）几何模型示意图   （b）数值模拟结果图

图13-26　跨孔探测数值模拟（模型2）

模型2的大小为6m×20m，区域内介质的介电常数按照随机函数进行20~30的随机分布，异常体的相对介电常数为15，大小为1m×2m。发射天线位于X轴0m位置处，接收天线位于X轴6m位置处，发射天线与接收天线均0.5m移动一次，采集方法同模型1的数值模拟。此次模拟的激励源的中心频率为100MHz，CPML吸收层为10个网格厚度。空间步长取值为0.025m，时间步长取值为0.2ns。图13-26（b）为全部模拟数据的结果图，横坐标为时间，纵坐标即为道数；共有41个发射点和接收点，道数总共为1 681道。

模型2中的相对介电常数虽然是随机分布，但总体而言是渐变的而不是突变的。在此模型的数值模拟结果图中，可以看出初至波旅行时有较大差别，与模型中相对介电常数的分布较为吻合。但在图13-26（b）中黑色椭圆圈出的地方，其初至波旅行时明显要比其他发射点的数据旅行时小很多，可以清晰地判断出异常体的垂直位置，水平位置则未知。

3. 模型3

模型2中存在着异常体，且与周围介质的相对介电常数相差较大。下面对无异常体的渐变随机介质进行数值模拟。如图13-27（a）所示为模型3的相对介电常数以及电导率分布图。模型的大小为6m×20m，区域内介质的介电常数按照随机函数进行20~30的随机分布。发射天线位于X轴0m位置处，接收天线位于X

轴 6m 位置处，发射天线与接收天线均 0.5m 移动一次，采集方法同模型 1 的数值模拟。此次模拟的激励源的中心频率为 100MHZ，CPML 吸收层为 10 个网格厚度。空间步长取值为 0.025m，时间步长取值为 0.2ns。图 13-27（b）为全部模拟数据的结果图，横坐标为时间，纵坐标即为道数；共有 41 个发射点和接收点，道数总共为 1 681 道。

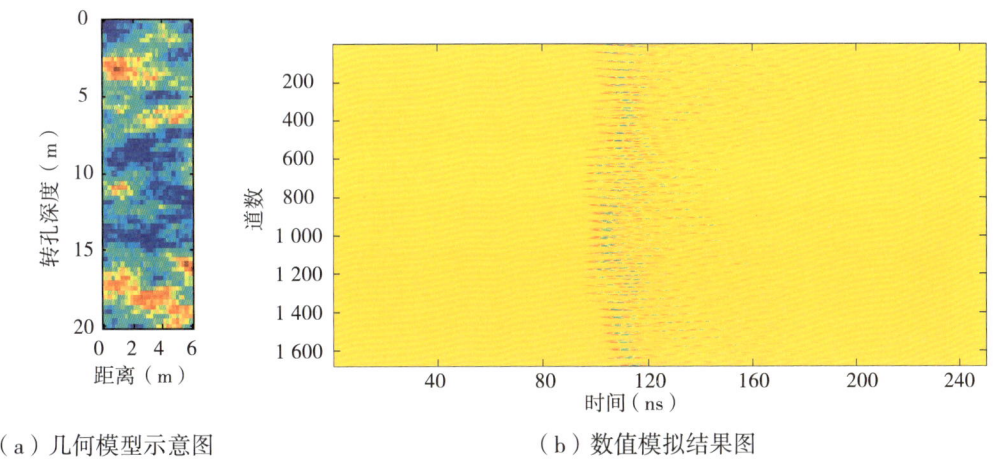

（a）几何模型示意图　　　　　　　　　（b）数值模拟结果图

图 13-27　跨孔探测数值模拟（模型 3）

在模型 3 的数值模拟结果图中，可以看出初至波旅行时有较大差别，与模型中相对介电常数的分布较为吻合。实际地质情况中，探测区域内相对介电常数的分布千变万化，而模拟仅仅是针对某种特殊情况。下面根据实测数据与模拟数据进行对比，验证模拟结果的正确与否。

13.4.1.4　模拟数据与实测数据对比分析

图 13-28 为钻孔地质雷达跨孔探测的实测数据。两个钻孔之间的距离为3m。其中图 13-28（a）采集时天线的移动方式为：发射天线位于 1 号井中距离地面 7m 处固定不动，接收天线则在 2 号井中从上至下匀速移动 19m，采样距离间隔为 0.1m。图 13-28（b）采集时天线的移动方式为：发射天线位于 1 号井中每 0.5m 移动一次，接收天线则在 2 号井中每次从上至下匀速移动 19m，采样距离间隔为 0.1m。

图 13-28（b）与图 13-27（b）、图 13-26（b）、图 13-25（b）对比可知，在不考虑相对介电常数分布的情况下，背景介质为非均匀介质时得到的数值模拟结果与实际探测的数据在成图结果上吻合较好。

从图 13-25~图 13-28 能看出：随着收发距离的增大，初至波旅行时越来越大；随着收发角度的增大，数据的信噪比越来越小，到收发角度最大时基本已看不出有

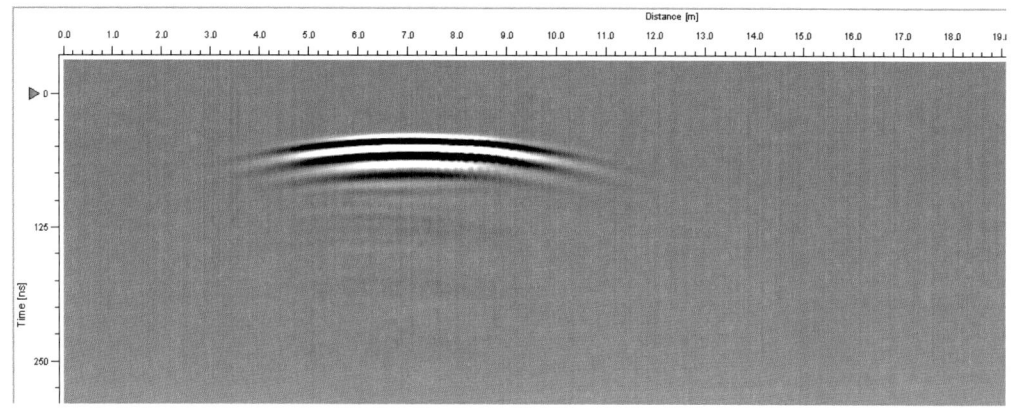

（a）跨孔探测实际数据1

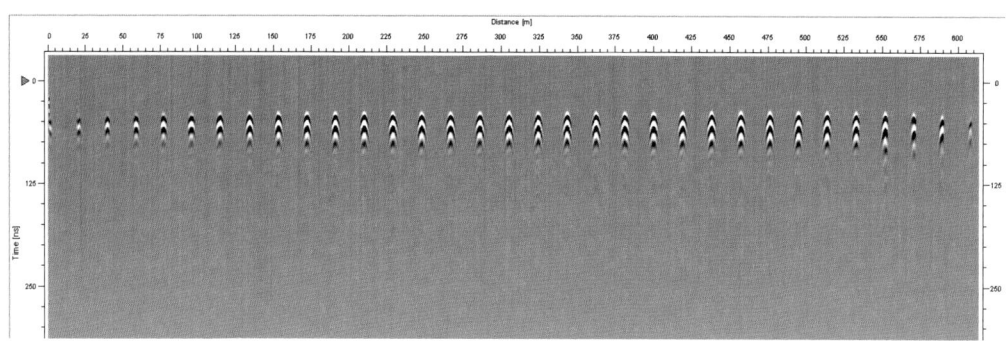

（b）跨孔探测实际数据2

图 13-28　钻孔地质雷达跨孔探测扫描图

效信号；异常体的水平位置无法根据数据进行直观的判断。背景介质为均匀介质时得到的数值模拟结果中大收发角度的数据信噪比依然较大，不符合实际情况；相对而言，背景介质为非均匀介质所得到的钻孔地质雷达数值模拟结果中大收发角度数据的信噪比与实际数据更为吻合。从模拟的结果中很难直观地对跨孔数据进行了解分析，此时就需要对数据进行处理，一般而言对钻孔地质雷达跨孔探测数据进行处理常用的办法就是基于射线追踪的层析成像，本次探测采用的也是这种方法。

13.4.2　基于互相关法初至波旅行时提取

钻孔地质雷达的跨孔探测方式中对其数据进行处理的方式主要通过层析成像来进行。根据 13.4.1 所述，基于运动方程的层析成像可以用初至波旅行时和电磁波衰减来进行反演计算，采用的是基于初至波旅行时计算的速度层析成像。

13.4.2.1　初至波旅行时提取分析

当所有接收点都接收数据时，大角度收发数据因其传播距离较长，会导致电磁波衰减得更为强烈，其信噪比也会越来越小。取一个实际数据来对此进行说明，此次采集数据使用的是瑞典 MALA 公司的 RAMAC 地质雷达，天线的主频率为 250MHz，发射天线位于地下 10m 处固定不动，接收天线沿接收钻孔从井口匀速下移 17m。图 13-29 分别是收发角度为 0°、15°、35°和 50°时的数据。图中每一道数

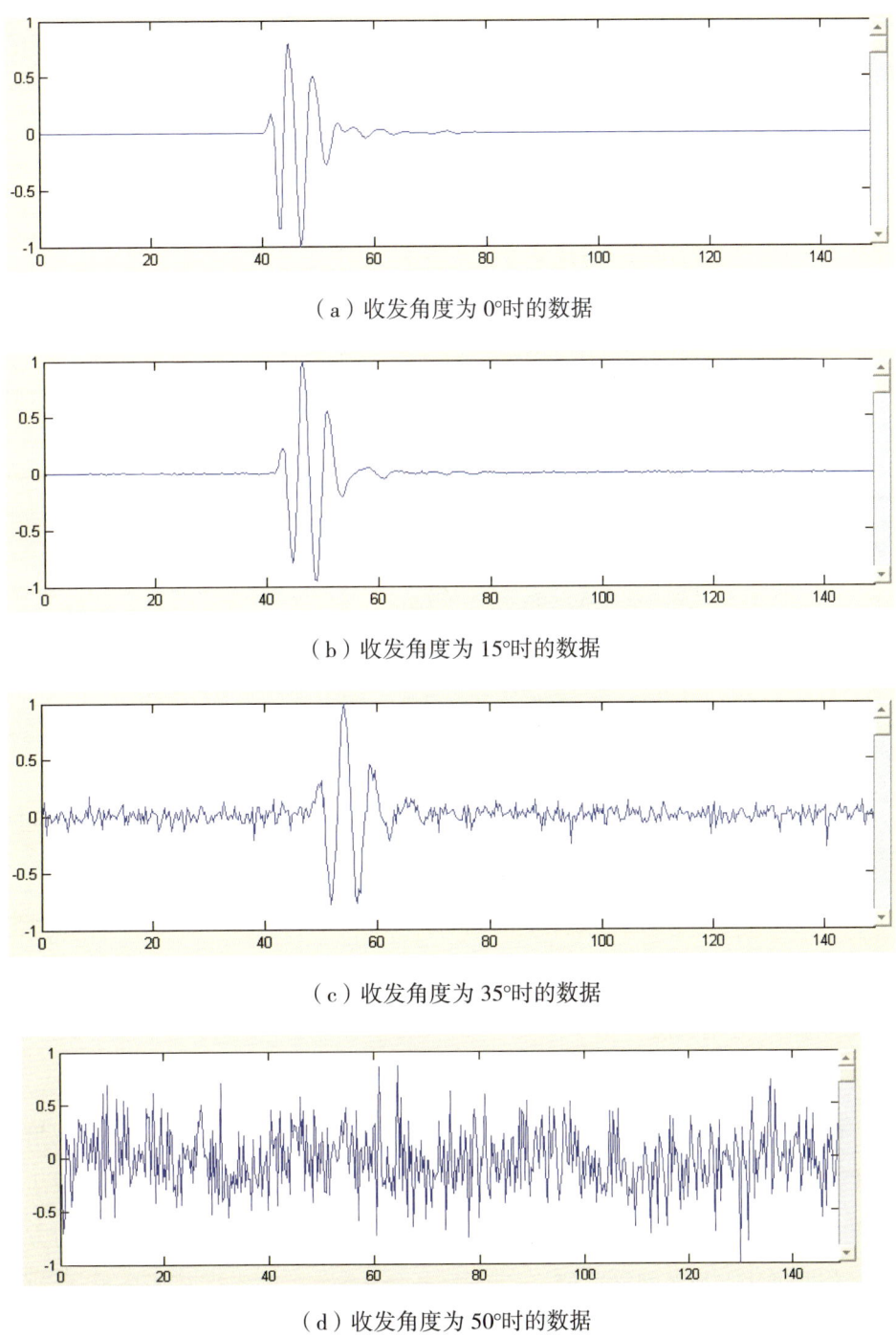

（a）收发角度为 0°时的数据

（b）收发角度为 15°时的数据

（c）收发角度为 35°时的数据

（d）收发角度为 50°时的数据

图 13-29　采集的实际数据

据都按照其最大振幅进行归一化处理。对该实测数据取发射点位于深度为 8m 时所有接收点接收的数据进行统一滤波、归一化振幅等处理，得到的结果如图 13-30 所示。从图中可以看出，当接收点的深度位于 5~12m 时，数据的信噪比较大，接收点位于其他深度时，数据的信噪比较小。由此看出随着数据收发角度的增大，数据的信噪比则逐渐减小，也意味着该道数据的初至波的提取就会变得越来越困难。

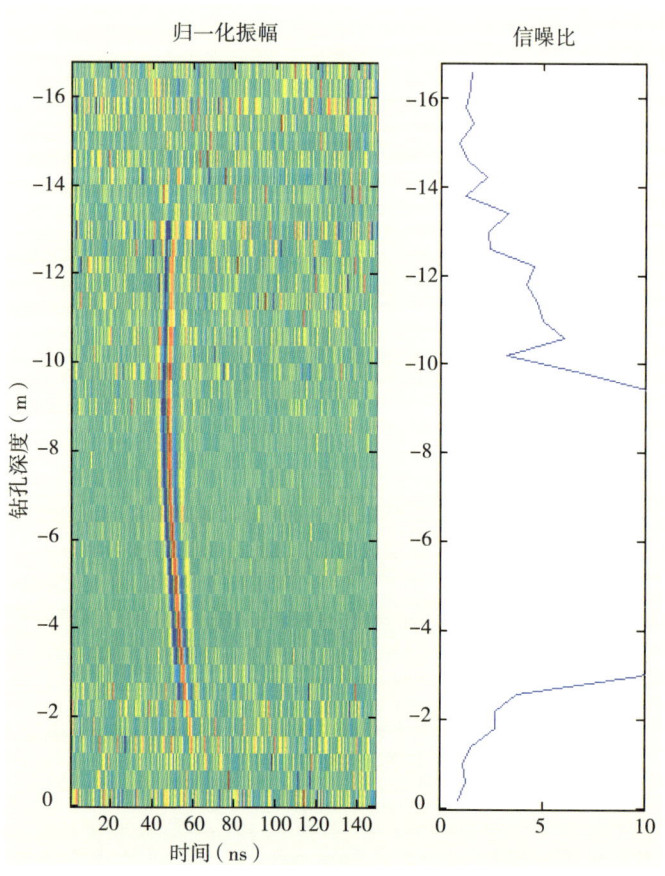

图 13-30　实验数据处理结果图

13.4.2.2　互相关法

初至波的研究主要是为了利用初至波旅行时参数进行反演成像。因此，初至波的旅行时的拾取精度直接影响着层析成像的质量。如何进一步提高初至波拾取的准确性、稳定性和抗干扰性是一个值得深入研究的问题。有关初至波的提取主要有几种方式：信噪比最大比法和能量最大法等。在地震勘察上，还有其他的方法：Length 分形维法、神经网络法等。

这里，采用一种新的方法来对大收发角度数据进行初至波旅行时的提取，就是互相关法。互相关法在针对地震波处理、声波处理和图像处理中都得到较为广泛的应用。

在统计学上，互相关有时用来表示两个随机矢量 X 和 Y 之间的协方差 cov (X, Y)，区别于矢量 X 的协方差概念，矢量 X 的协方差指的是 X 的各个标量成分之间的协方差矩阵。在信号处理领域，互相关（有时也称为互协方差）是用来表示两个信号时间相似性的一个度量，通常通过与已知信号比较用于寻找未知信号中的特性。它是两个信号之间相对于时间的一个函数，有时也称为滑动点积。

假设存在两个连续的随机过程 $x(t)$ 和 $y(t)$，且它们为实数的周期函数，$x(t)$ 和 $y(t)$ 之间的互相关函数可以定义为：

$$R_{xy}(\tau) = \lim_{T \to \infty} \frac{1}{T} \int_{-T/2}^{T/2} x(t) y(t-\tau) \mathrm{d}t \qquad (13-38)$$

通常计算的时候，式（13-38）是由 t 为 0 时开始的，因此式（13-38）可以改写为：

$$R_{xy}(\tau) = \lim_{T \to \infty} \frac{1}{T} \int_{0}^{T} x(t) y(t-\tau) \mathrm{d}t \qquad (13-39)$$

离散化的互相关函数表达式为：

$$R_{xy}(\tau_j) = \frac{1}{N} \sum_{i=1}^{N-1} x(i\Delta) y(i\Delta - \tau_j) \qquad (13-40)$$

式中：N 为积分区间的数据总数，Δ 为采样间隔，τ_j 为 τ 的取值数列。

通常 τ_j 的取值间隔等于 Δ 的取值间隔。如果 $x(t)$ 和 $y(t)$ 是十分相近的信号，则互相关函数 $R_{xy}(\tau)$ 会有一个突出的峰值出现。

上面讲述了互相关法的一些基本原理。下面就根据互相关法的原理来对初至波旅行时的提取进行改进。其处理的流程如下：

第一步，对数据进行先期处理，对每道进行归一化处理，然后剔除废道；

第二步，把数据按收发角度进行划分，每 5° 为一个单元（以收发角度 0° ~ 5° 为例）；

第三步，针对相同收发角度的数据，对每道数据进行与该角度数据中信噪比最大的一道数据进行互相关处理，这会使大部分数据按照合理的方式进行排序，如图 13-31 所示；

第四步，对这些数据进行叠加，从而得到收发角度 0° ~5° 的数据参考波形，如图 13-32 所示；

第五步，提取出参考波形的初至波到达时间；

第六步，对每道数据与该角度的参考波形进行互相关处理，从而得到每道数据的初至波到达时间。

同样，可以得到其他角度的参考波形，与图 13-32 所示类似。这样对每个角度的参考波形与该角度数据进行互相关处理，提取出初至波到达时间。

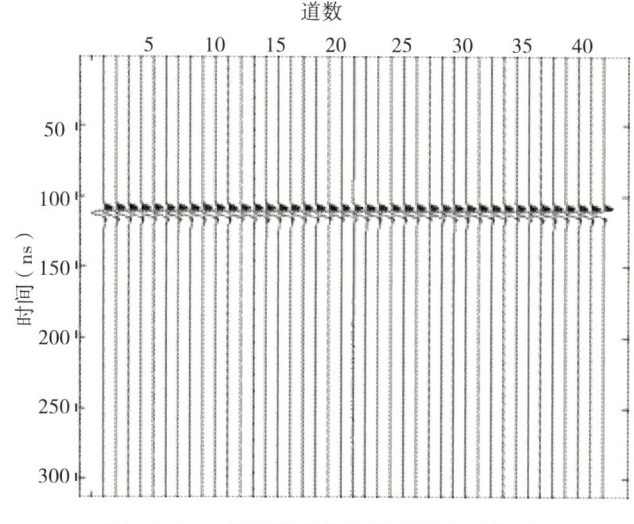

图 13-31　相同收发角度数据排序示意图

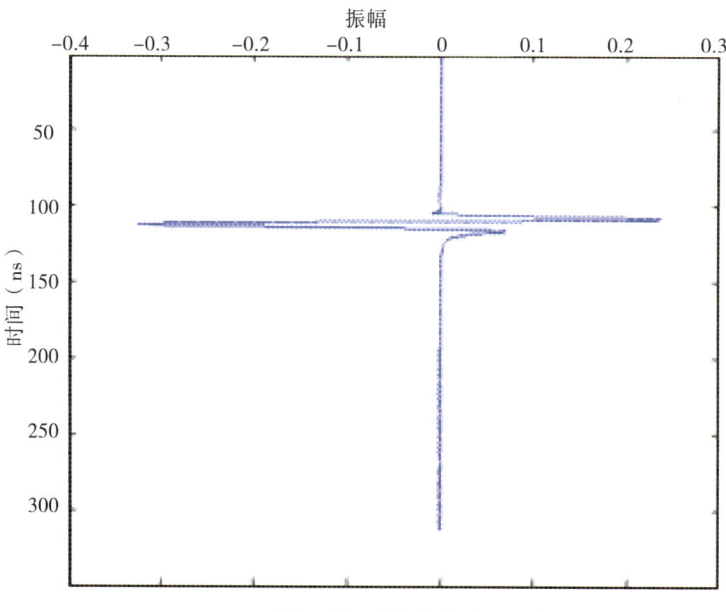

图 13-32　叠加后得到的参考波形示意图

13.4.2.3　改进的初至波旅行时提取实例

根据 13.4.2.2 所述方法，对正演数值模拟结果进行初至波旅行时的提取，以便对该方法进行验证。图 13-33 即为数据的初至波到达时间提取效果图，粗线即为初至波的旅行时。这样，就可以得到每道数据准确的初至波旅行时，从而对数据进行层析成像。

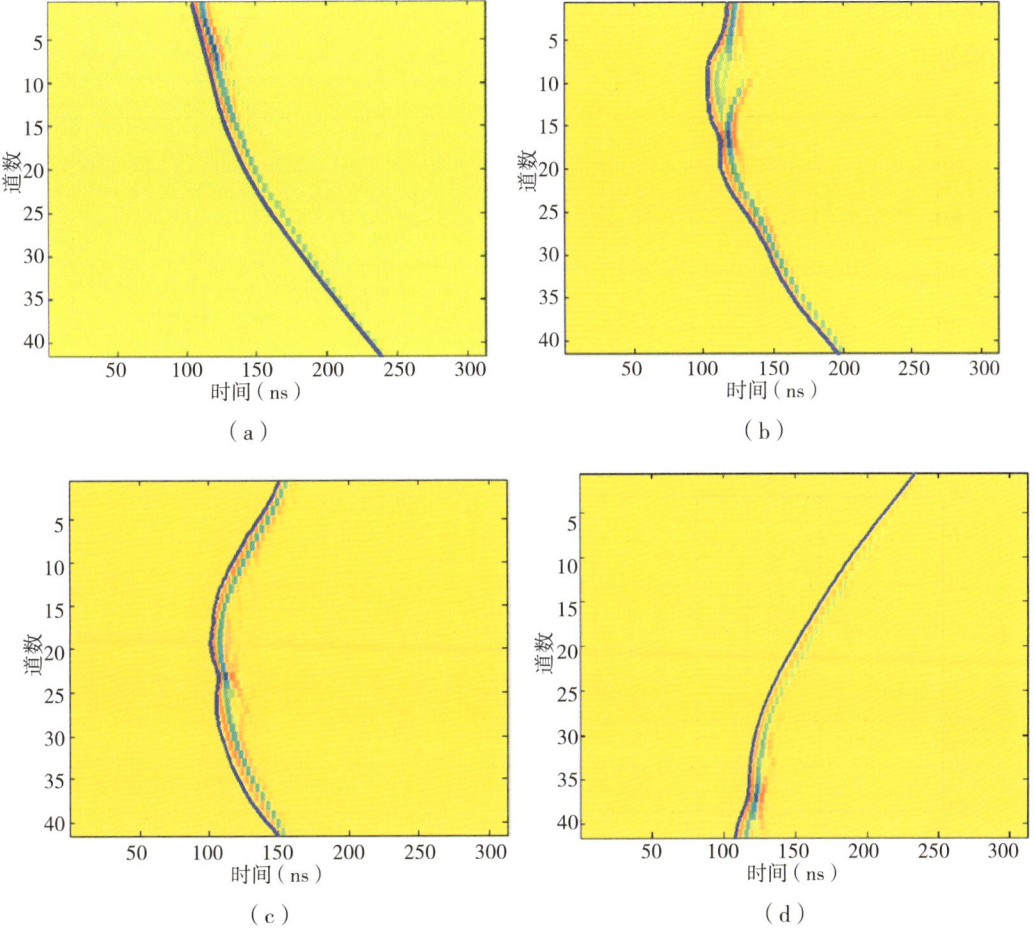

图 13-33 模拟数据初至波旅行时提取示意图

图 13-33 中，可以看到经过互相关处理后的数据，其初至波旅行时提取能够更为准确。即使是针对大收发角度数据进行处理，也能够轻易得到其初至波旅行时的大小。

对于图 13-33 中只有模拟数据的提取结果并不能完全说明 13.4.2.2 所述方法的改进。图 13-34 为实际数据中按照 13.4.2.2 所述方法提取出的旅行时，为了简单说明，因此给出了两道数据的示意图。图 13-34 中绿色直线处为初至波旅行时位置。按照互相关处理后，收发角度较大的数据仍然可以较为清晰地判别其初至波到达时间。

层析成像中较为关键的就是初至波的旅行时。而针对实际数据中大收发角度数据的旅行时提取困难的问题，应用互相关法处理可以对其进行优化，且能够得到较好的结果，但是这只是理论上的可行性。只有针对实际数据的处理过程，才能真正说明该方法是否有效。为了验证这个方法准确与否，下面将根据模拟数据进行层析成像分别进行验证，将用该方法得出的结果与普通层析成像方法得出的结果进行对比验证。

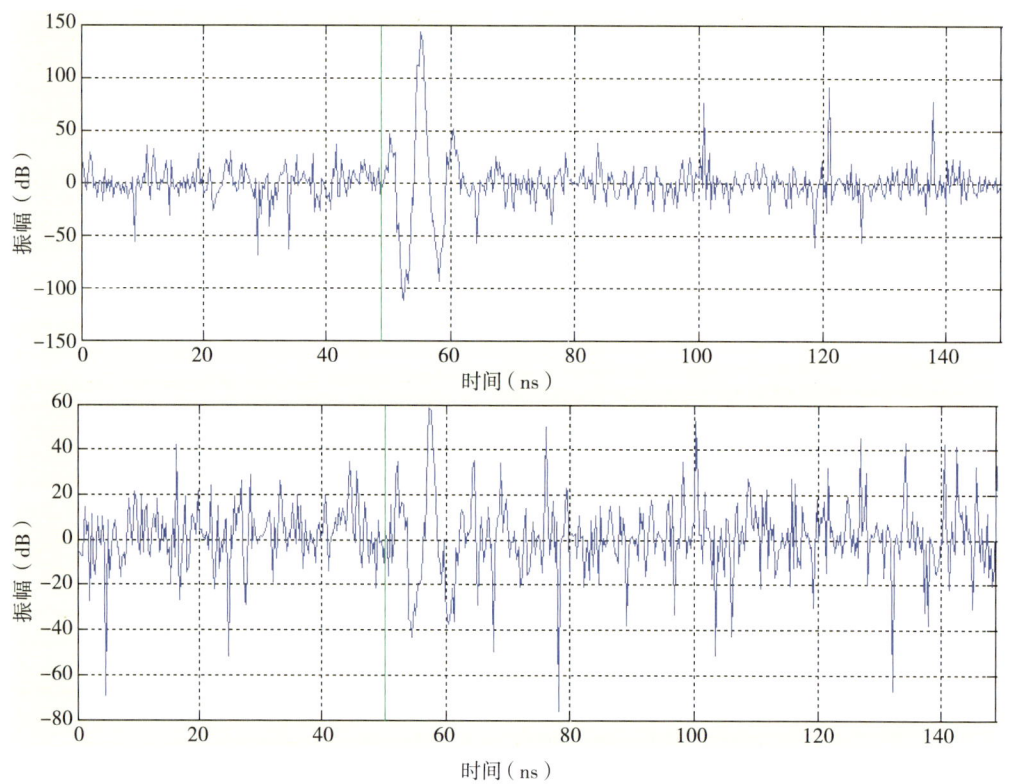

图 13-34　实际数据初至波旅行时提取示意图

13.4.3　初至波旅行时修正

电磁波在天线中传播的速度比在介质中传播的速度快时，电磁波的视速度比真实速度快，而层析成像方法的理论就是假设电磁波传播是在天线的中心点连线之间传播的，这样就不需要根据视速度与真实速度的不同来对其进行旅行时修正。这样就需要确切地知道初至波到底是按照什么样的传播途径来进行传播，只有确定了传播路径才能通过计算旅行时的差值来对旅行时进行修正。因此著者提出了一个传播路径的假设：信号以速度 V_a 由发射天线中心传播至发射天线末端，信号以速度 V_m 由发射天线末端传播至接收天线末端，信号以速度 V_a 由接收天线末端传播至接收天线中心。

13.4.3.1　射线传播路径修正

由前面得知，大收发角度的数据明显和小收发角度的数据波速相差较大，因此将所有角度数据直接进行联合成像会造成成像效果的误差。2001 年 Peterson 在他的论文里阐述了这种类似的现象，但是 Peterson 并没有能够完全解译这种现象的发生。对传播路径的假设成立的前提是：电磁波在天线中传播的速度比电磁波在地下介质中传播的速度要快。

James 在 2005 年通过数值模拟，证明了不管钻孔内是空气充填还是水充填，电磁波在天线中传播的速度要比在介质中传播的速度快。传播路径如图 13-35 所示，图中蓝色带箭头的线为电磁波传播路径，电磁波首先沿着发射天线由发射天线中心位置传播至末端，然后经由孔间介质传播至接收天线末端，最后到达接收天线中心位置。按照此理论，可以计算出每道数据的平均波速的理论值。

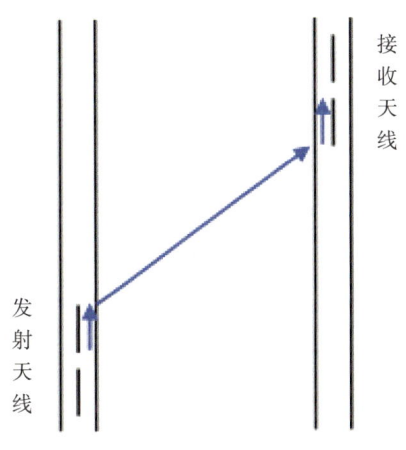

图 13-35　射线传播路径示意图

因此，设置一个模型，并据此来计算其电磁波的波速。孔间介质为各向均匀介质，相对介电常数为 25；电磁波在天线中传播的速度为 0.11m/ns；天线长度为 0.8m；两孔之间的距离为 3m。为了保证收发角度能达到临界值，此次计算把空间距离设置为较小值，进而保证计算数据的准确性。

图 13-36 为计算出的每道数据的平均波速理论值示意图。从图中可以看出波速与收发角度是存在着一定的关系的，随着数据收发角度的增大会逐渐增大；当数据收发角度到达一个临界角之后，随着数据收发角度的增大，电磁波的视速度开始慢慢减小。在收发角度较小时，速度呈现一种基本不变的现象。

但这种曲线的形态过于理想化，这是要建立在脉冲持续时间相对于电磁波在天线中传播的时间要小得多的基础上。实际上，对于现在所使用的仪器来说是不大可能实现的，使用的激励脉冲都是具有一定的持续时间，而电磁波在天线中传播的速度又相对较快。

因此，计算时可以采用 10ns 的高斯脉冲作为代表进行计算。在不考虑介质的色散情况下，计算出来的结果如图 13-37 所示。考虑到实际的钻孔地质雷达探测过程中，介质会造成电磁波发生一定程度的色散。这里采用高斯脉冲，但是给予电磁波一定的色散来分析色散对不同收发角度数据波速的影响。Turner 和 Siggins 在 1994 年给出了色散系数 Q 值的取值范围是 4~30。这里，取 Q 值为 16，得出的结果如图 13-38 所示。

图 13-38 的结果与图 13-37 的结果基本类似，曲线形状也基本相同。不同的是在收发数据角度最大的两端，其视速度的理论值在有色散存在的情况下，其波速会比电磁波在介质中传播的真实速度值要低。

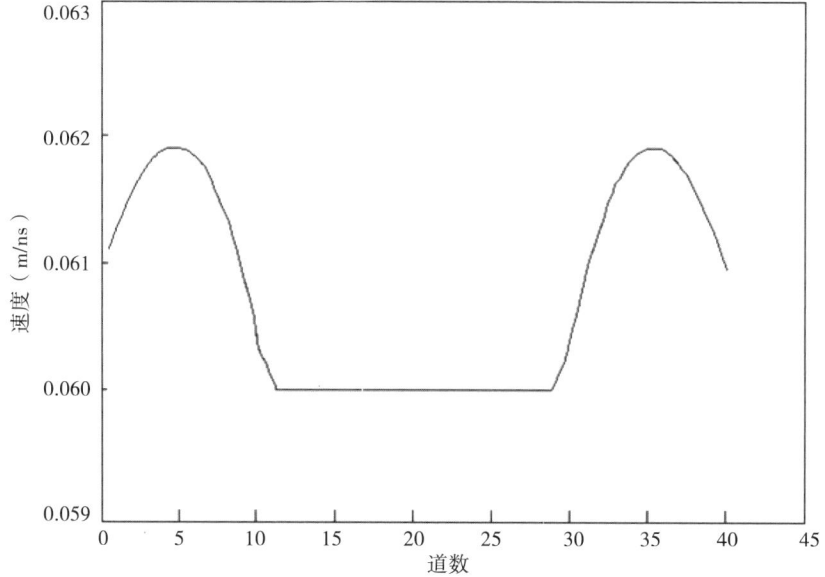

图 13-36　波速的理论值示意图

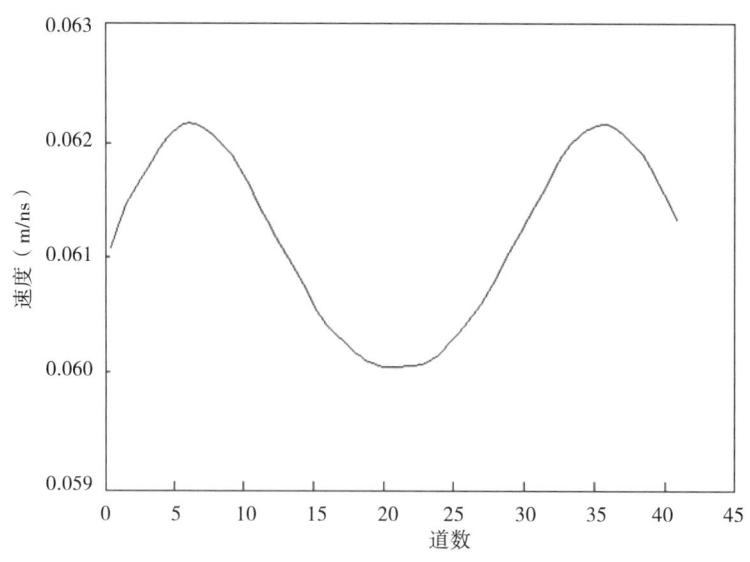

图 13-37　波速的计算结果示意图

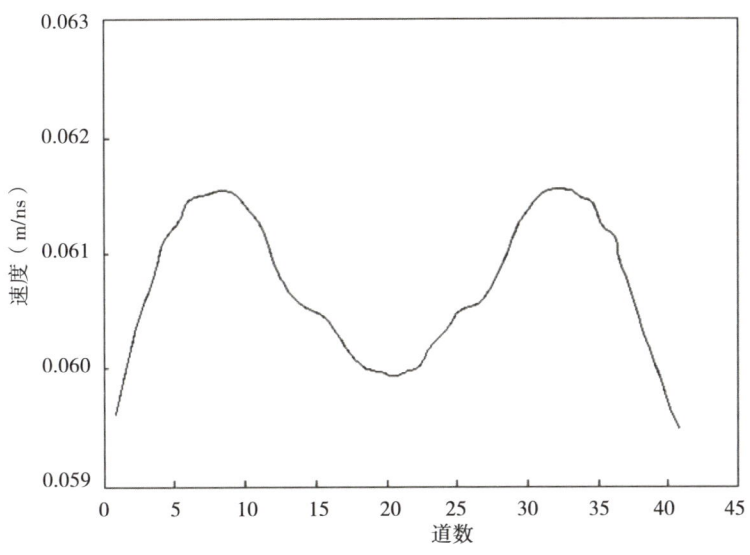

图 13-38　色散条件下高斯脉冲波速值示意图

13.4.3.2　电磁波传播速度数值模拟计算

图 13-39 为数值模拟结果，孔间介质的介电常数随机分布在 20~30 之间，取发射点位于孔中间位置时接收的数据成图。这样可以计算出每道数据的平均波速图，如图 13-40 所示。

从图 13-40 可以看出，平均速度和接收角度存在着一定的关系，会随着接收角度的增大而增大，然后再慢慢减小。结合图 13-40 可以看出，在基于色散和长脉冲的基础上，计算出的结果与根据模拟数据计算出的波速分布图非常接近，曲线的形状也基本一样，均为"M"形状。由此，可以推断：在钻孔地质雷达实际探测过程中电磁波在收发天线之间的传播路径是按照图 13-35 所示的路径进行传播的。

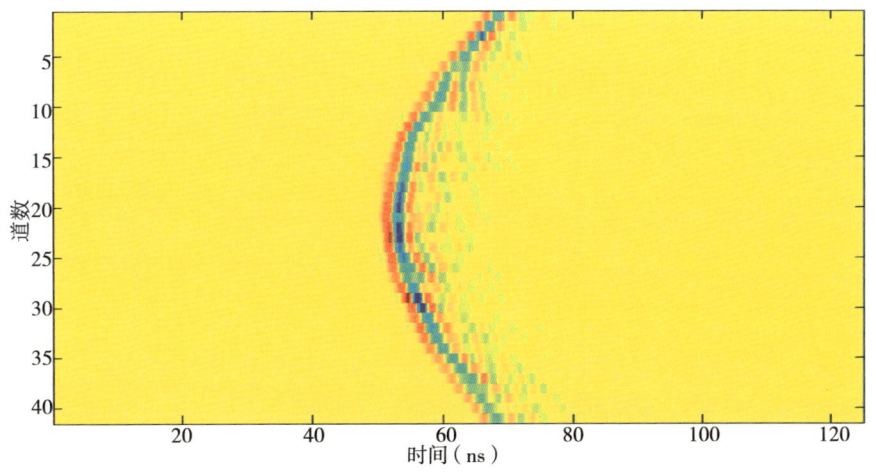

图 13-39　跨孔雷达探测数值模拟图

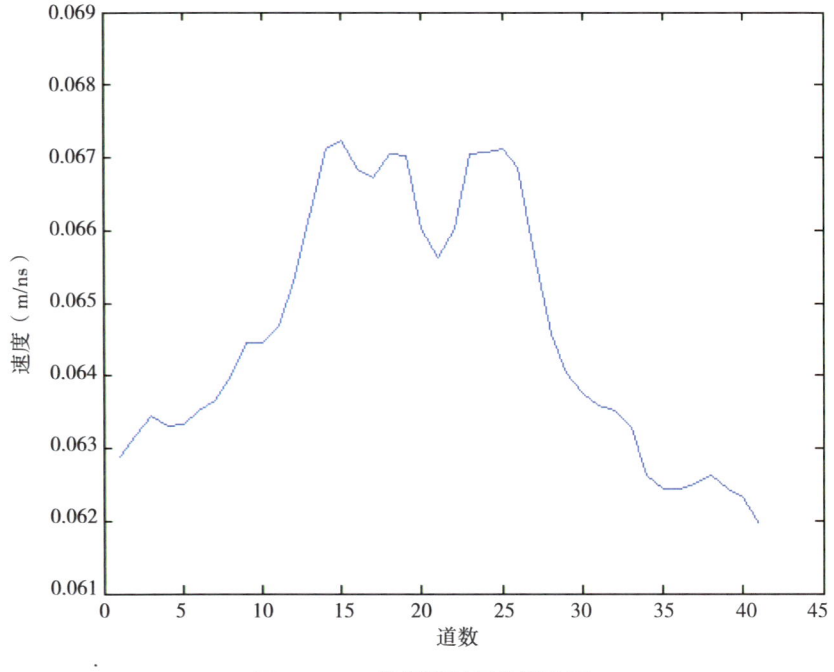

图 13-40 传播路径平均波速图

综上所述，大收发角度的数据明显和小收发角度的数据波速相差较大，因此将所有角度数据直接进行联合成像会造成成像效果的误差。层析成像的计算是基于射线从天线中心点之间按直线传播的理论，所以必须根据实际的传播路径来对其进行旅行时的修正，从而更接近于实际情况，进而能够提高钻孔地质雷达层析成像结果的准确性。

13.4.3.3 旅行时修正方程

按照上述的计算结果，在针对钻孔地质雷达数据进行层析成像时，需要对其旅行时进行修正。标准的基于射线理论的速度层析成像方程是：

$$Ls = T \qquad (13-41)$$

其中：L 为传播路径的长度，s 为电磁波在路径中传播的慢度（速度的倒数），T 为旅行时的大小。

根据上述两节的理论，需要对旅行时做出一部分的修正。因此可以将方程改写为：

$$L\Delta s = \Delta T \qquad (13-42)$$

此时的 ΔT 为观察到的旅行时与基于射线理论得到的旅行时之间的差值矩阵；Δs 为慢度差值矩阵，加入到初始模型的速度中以便使旅行时更符合观察到的数值。这里，把式（13-42）改写为：

$$\begin{bmatrix} L & M \end{bmatrix} \begin{bmatrix} \Delta s \\ \Delta t \end{bmatrix} = \Delta T \qquad\qquad （13\text{-}43）$$

其中：M 为每道数据进行修正的权重值，Δt 为计算出来的不同收发角度的旅行时修正值。

在解方程组式（13-43）时，因为电磁波的波速较快，所以旅行时的修正值数值会很小，因此在对修正值曲线进行校正时，不需要对其进行平滑和对称约束处理。唯一需要注意的是收发角度为 0°（收发天线位于同一水平位置）时，该角度的 Δt 也为 0。通过解此方程组，可以把所有收发角度的数据都用来进行速度层析成像。

13.4.4 实测数据及验证

从图 13-41 中可以看出，随着收发角度的增大，信噪比在降低，初至波提取也变得越来越难。此外，根据前面所述，还需要对初至波的旅行时进行修正。为了验证 13.4.2 节提出的旅行时提取优化方法以及旅行时修正的准确与否，这里对实测的数据进行两种方法的层析成像处理，一种是常规的处理方法，另一种则是优化旅行时提取以及旅行时修正的处理方法。对这两种方法得到的层析成像处理，并对结果进行对比分析，结合进行的钻孔取芯结果，对旅行时提取优化和旅行时修正的准确性和适用性进行验证。

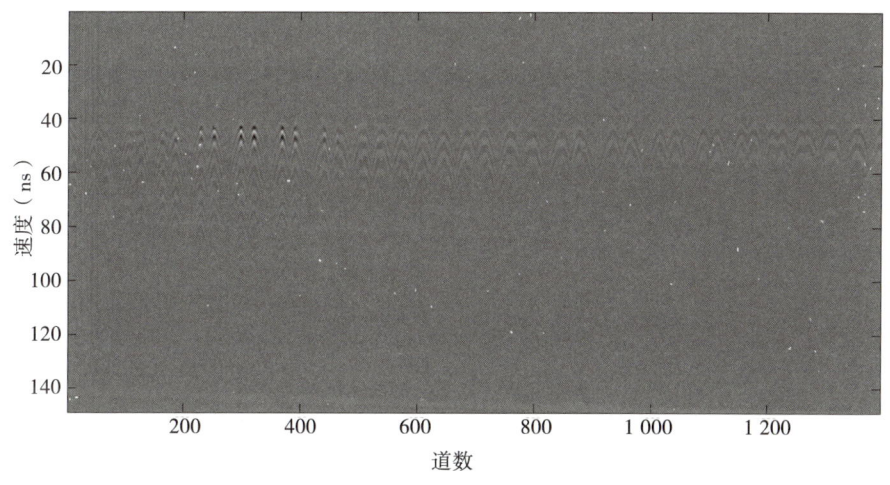

图 13-41　采集的实际数据图

取地下 14m 处纵坐标为 0m。图 13-42 为用两种方法对实际采集的跨孔数据进行的速度层析成像图：图 13-42（a）是通过常规方法得出的速度层析成像图；图 13-42（b）是通过互相关处理提取出初至波旅行时并对旅行时进行修正之后得出的速度层析成像图。

图 13-42（a）常规方法得到的层析成像图中，可以看到图中存在几个高速异常体，

分别在深度为 3m、8~10m 处，从图中判断，深度为 3m 处的异常体形状基本为方形或者接近方形，而深度为 8~10m 处的异常体形状则无法判断；图 13-42（b）中则仅在 8~10m 处存在着高速异常体，且其形状无法判断。在钻孔周边位置进行取芯验证，如图 13-43 所示。图 13-43 为验证钻孔的钻芯照片，图中岩芯一排的长度为 1m。

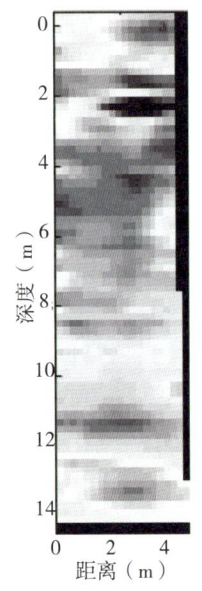

（a）常规方法得到的层析成像图　　（b）改进方法得到的层析成像图

图 13-42　实际采集数据的速度层析成像图

图 13-43　孔内取出的岩芯照片

从图 13-43 可以看到在钻孔中 9~10m 范围内存在空洞。电磁波在空气中传播的速度是最快的，所以在空洞和介质共存的情况下，空洞体的位置应该是一个高速异常区。这与图 13-42（b）中的 8~10m 处的高速异常体位置结果吻合较好。

通过对比图 13-42（a）和 13-42（b）可以看出，两者相对比而言采用互相关处理旅行时得出的图 13-42（b）压制了图 13-42（a）中深度为 3 m、水平位置为 2~4m 处的假异常，并且突出了深度为 8~10m、水平位置位于 2~4m 处的高速异常体的特征，在其余无明显异常的位置两者无很大区别。结合图 13-43 中给出的钻孔验证，通过互相关处理旅行时且对旅行时进行修正之后得出的层析成像图在准确性上要比常规方法得出的速度层析成像图更为精确，能够更准确地对异常体进行识别和判断。说明对层析成像的改进，能够取得较好的效果，结果更为精确，能够更好地对异常体的位置进行判断。

13.5 主要勘察成果分析

13.5.1 地质调绘成果

通过详细的地质调绘，基本查明地形地貌、地层岩性、地质构造、岩溶发育规律、岩溶地下水系统等水文地质与工程地质条件，构建了水文地质与工程地质概化模型。

隧址区共发育 7 条断层和 8 条褶皱，断层由 F34 控制，其余 6 条断层均为 F34 的次生构造，褶皱由 f23 郭家界向斜控制，和其余 7 条褶皱组成复式向斜，各种构造形成了断层－复式向斜复合构造，详见图 13-44 和表 13-1。

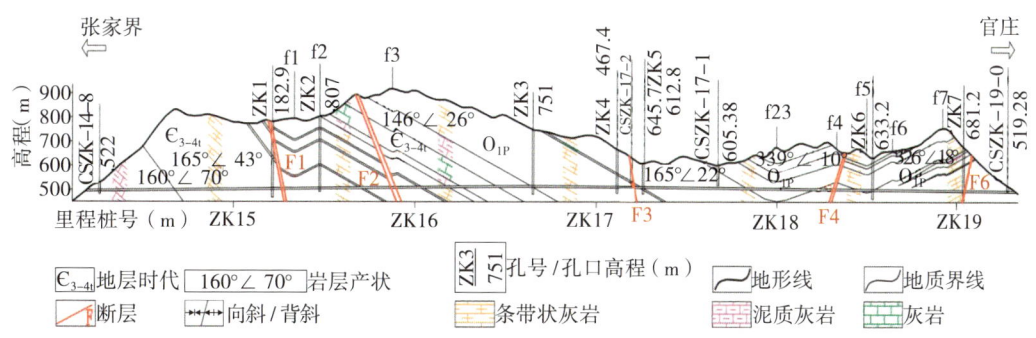

图 13-44 隧道纵断面图

表 13-1 隧址区域褶皱统计表

褶皱编号	位置	要素	备注
f23 郭家界向斜	K18+160	轴线走向约 60°，北西翼岩层较陡，倾角 30°~80°，南东翼产状稍缓，倾角 10°~40°	控制性褶皱
f1 向斜	K15+330	轴线走向 47°，岩层产状较平缓，两翼产状 11°~22°	
f2 背斜	K15+465	轴线走向 50°，核部岩层产状较平缓，两翼产状 10°~20°	
f3 向斜、背斜复合带	向斜 K15+870，背斜 K15+885	含一处向斜及一处背斜，轴线走向 55°，岩层产状 25°~40°	

褶皱编号	位置	要素	备注
f4 背斜	K18+315	轴线走向 62°，两翼岩层倾角 15°~25°	
f5 向斜	K18+485	轴线走向 60°，核部岩层产状平缓，两翼产状 16°~25°	
f6 背斜、向斜 复合带	背斜 K18+630，向斜 K18+655	含一处背斜及一处向斜，轴线走向 62°，两翼岩层产状 15°~25°	
f7 背斜、向斜 复合带	背斜 K18+877、K18+910，向斜 K18+885、K18+925	含两处背斜及两处向斜，轴线走向 62°，岩层倾角 15°~25°	

地表岩溶呈多尺度、多样化发育，主要形态表现为溶隙、溶缝、溶槽、岩溶漏斗、落水洞、天窗、竖井、溶蚀洼地、岩溶槽谷及不同岩溶形态的复合发育等。地下岩溶以溶孔、裂隙管道型溶洞和地下河管道为主，具有显著密集性、不均匀性及差异化发育特征。

岩溶生成条件常与一定构造线有关，多沿层面、节理裂隙、褶皱及断层所形成的结构面发育，形态多呈裂缝状，洞高远大于洞底宽度，洞顶板呈"∧"形，溶洞廊道平直，少有较大洞室或厅堂。根据对隧道左侧 2 km 处的相同地质条件下的洞湾引水隧道的调查，揭露出地下岩溶的形态、规模和线岩溶率，详见表 13-2、表 13-3。从表 13-3 可以看出，在尚未发现明显地表岩溶的地段，线岩溶率可达 11%，可作为隧道线岩溶率的依据之一。

表 13-2　隧址区域断层统计表

编号	位置	断层要素	备注
F34 白竹岗 — 汉坑断裂	K14+080	走向约 55°，长度大于 20km，断层带宽约 5~20m，断层产状 325°~345° ∠ 40°~60°	位于隧道外，断层对隧道影响较小
F1 断裂	K15+270	断层倾角 50°~70°，揭露厚度 2~5m，影响带宽约 20~30m	
F2 断裂	K15+870	走向 58°，倾角约 80°，延伸长度超过 3km，断裂带宽 2~5m，影响带宽 30~50m	断层向北东穿越黄鱼溪水库
F3 断裂	K17+200	断裂走向北东，倾向北西，倾角约 80°，断层带宽 2~5m，影响带宽 20m	影响带附近岩体竖直节理裂隙发育
F4 断裂	K18+300	断裂走向 64°，断层延伸长度超过 1km，断层带宽 2~5m，影响带宽约 20m，倾角约 82°	
F5 断裂	K18+520	揭露厚度约 1.2m，影响小	未在图中展示
F6 断裂	K18+030	揭露厚度约 5m	

表 13-3　洞湾引水隧道岩溶发育情况统计表

序号	距洞口距离（m）	岩溶类型	是否充填	溶洞走向	溶洞宽度（m）	溶洞高度（m）	岩溶发育特征	备注
1	80	溶洞	无	120°	1.0		沿裂隙发育	
2	100	溶洞	无	70°	1.5		沿裂隙发育	
3	168	溶洞	无	90°	2.0		沿裂隙发育	
4	200	溶洞	有		5.0		沿裂隙发育	
5	220	溶洞	有		10.0		沿裂隙发育	
6	230	溶洞	有		3.0		沿裂隙发育	沿隧道走向线岩溶率11.3%
7	270	溶洞	有	35°	1.0		沿裂隙发育	
8	305~320	溶洞	无	140°	15.0	30.0	路线左侧	
9	350	溶洞	无	70°	2.0~4.0			
10	390~400	溶洞	无		3.0		有水流出	
11	1 000	溶洞	无	45°	4.0~5.0	80.0	涌水量 130 000m³/d	

根据地表分水岭、地层岩性、补排特征、构造及地形等特征，将研究区域共划为 17 个地下水系统，隧道穿越 9 个地下水系统，详见图 13-45。

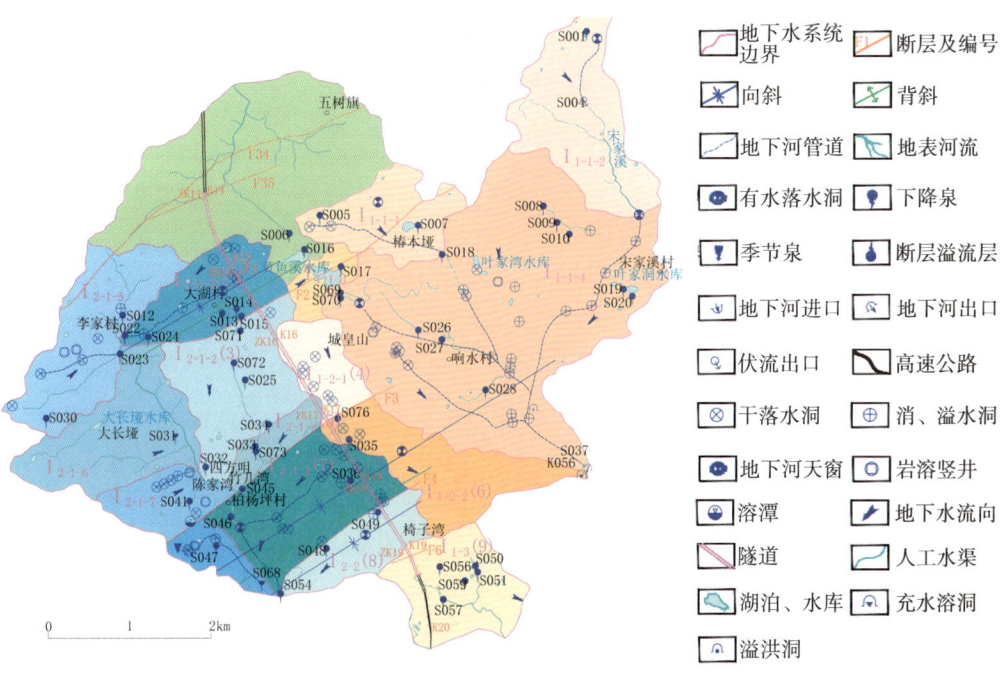

图 13-45　隧址区岩溶水系统分区图

13.5.2 地球物理探测成果

隧址区洞身采用的地球物理探测为可控源音频大地电磁法（CSAMT）和地质雷达法两种方法，地球物理探测成果如图13-46、图13-47。结合地质调查和钻探充分验证异常带，如表13-4所示。

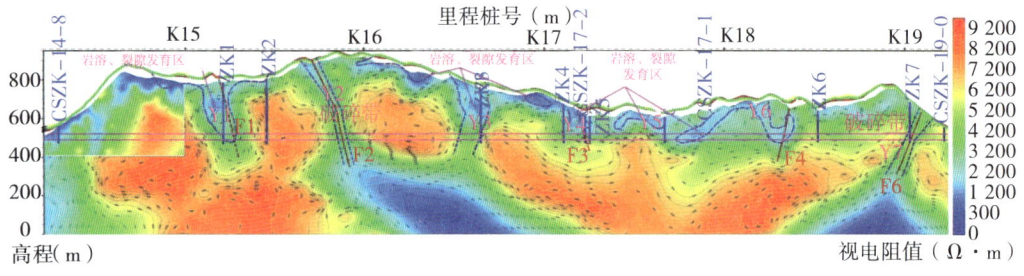

图13-46 隧道可控源音频大地电磁成果图

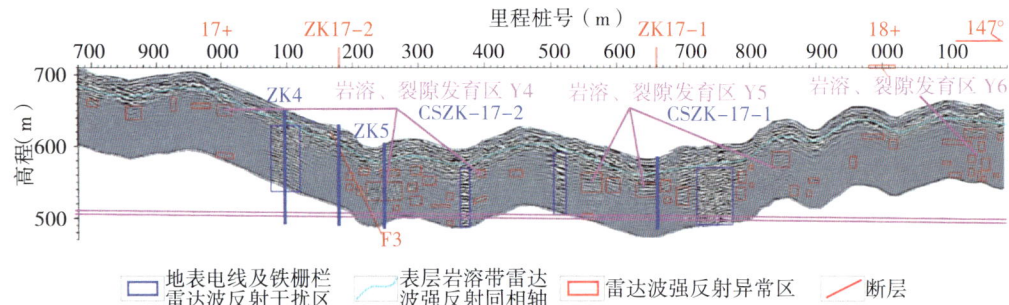

图13-47 隧道地质雷达成果图

表13-4 地球物理探测异常验证一览表

编号	异常里程桩号	异常解译推测	验证方法	异常验证成果
Y1	K15+100~ K15+300	地球物理探测低阻异常呈陡倾带状（左线），局部存在封闭型异常，推测为岩溶及裂隙发育区	地质调查、钻探（ZK1、ZK2）	钻孔验证该处发育断层带，带宽数十米，岩体破碎，上部节理裂隙较发育，发育溶蚀裂隙，该区域地表岩溶洼地、落水洞较多，地球物理探测异常为F1断裂及岩溶的反映
Y2	K15+840~ K15+920	地球物理探测异常呈陡倾带状，推测为破碎带	地质调查	地表地质调查显示该处发育一处断层带，带宽十几米，带内岩体破碎，断层带附近岩石近直立，节理裂隙发育，岩溶较发育。地球物理探测异常为F2断裂的反映
Y3	K16+500~ K16+650	地球物理探测低阻异常呈陡倾带状，局部存在封闭型异常，推测为岩溶及裂隙发育区	地质调查、钻探（ZK3）	钻探显示该段岩体较完整，仅局部发育节理裂隙，钻孔中岩溶不太发育，地表仅见溶蚀裂隙。地球物理探测异常与钻探验证有异

深埋越岭隧道勘察技术研究与实践

编号	异常里程桩号	异常解译推测	验证方法	异常验证成果
Y4	K17+100~ K17+250	地球物理探测低阻异常呈舒缓带状，推测为岩溶及裂隙发育区	地质调查、钻探（ZK4、ZK5、CSZK-17-2）	钻探显示该段发育一处断层，岩体较破碎，断层两侧岩体节理裂隙发育，溶蚀较强烈，局部溶蚀裂隙及落水洞。地球物理探测异常为F3断裂及岩溶裂隙的反映
Y5	K17+400~ K17+700	地球物理探测低阻异常呈舒缓带状，推测为岩溶、裂隙发育区	地质调查、钻探（CSZK-17-1）	地质调查及钻探成果显示该段隧道节理裂隙稍发育，地表隧道两侧发育岩溶洼地及落水洞，钻孔浅部发育溶洞，深部岩芯较完整。地球物理探测异常为溶蚀裂隙的反应
Y6	K18+200~ K18+400	地球物理探测低阻异常呈封闭状（左线），推测为岩溶发育区	地质调查	地质调查显示该段位于背斜核部，且发育一处断层F4，地表岩溶洼地及落水洞呈串珠状分布，岩溶发育强烈。地球物理探测异常为F4断裂及岩溶的反映
Y7	K19+000~ K19+070	地球物理探测低阻异常呈带状，推测为破碎带	地质调查、钻探（ZK7）	钻孔显示异常段发育破碎带，岩体较破碎，断层两侧岩体节理裂隙发育，地球物理探测异常为F6断裂的反映

13.5.3　地质钻探成果

地质钻探的主要目的是验证各地球物理探测异常带及查证水文地质等参数。工程地质钻探在表13-4中已对地球物理探测异常验证进行说明，不再赘述。本书就水文地质钻孔ZK02为例进行说明。ZK02位于大湖村，隧道K15+480标段处，钻孔直径为168 mm，钻孔高程为807 m。钻孔实施深度为315 m，揭露地层为探溪组（ϵ_{3-4t}）的泥质条带灰岩。潜孔锤流量监测变化曲线如图13-48。

从图13-48来看，该钻孔第四系厚度约为5 m，在钻进过程中5~102 m段无水吹出，在102m以下钻进过程中，逐渐有水吹出，据流量监测显示，在102~132m处，吹出水量缓慢上升，出水量最终稳定在2.55L/s，因此判断该段为含水段1。在132~158m处，吹出水量保持不变，判断该段为隔水段1。随后，在158~165m处吹出水量又逐渐上升，最终稳定在4.7L/s，判断该段为含水段2。在165~189m处，吹出水量无变化，判断该段为隔水段2。在189~211m处，吹出水量又出现了缓慢上升，并最终稳定在6.2L/s，判断该段为含水段3。此后，在钻进过程中吹出水量基本保持不变，判断211~315m均为隔水层。

综合来看，钻孔ZK02一共揭露了三个含水段，分别为102~132m、158~165m和189~211m，如图13-49所示。在这三段单独吹出水量分别约为2.55L/s、2.15 L/s和1.5 L/s，最终的静止水位为22.4m，最终表现地下水位高程为784.6m，隧道承载的管状水头为286m。流量变化曲线全程均出现锯齿状变化，结合施工过程发现，潜孔锤吹出地表碎石部分为非饱水状态，吹出地表后吸收部分水量导致流量减小，尤其是开始揭露含水段时三角堰测定流量变幅最为明显。

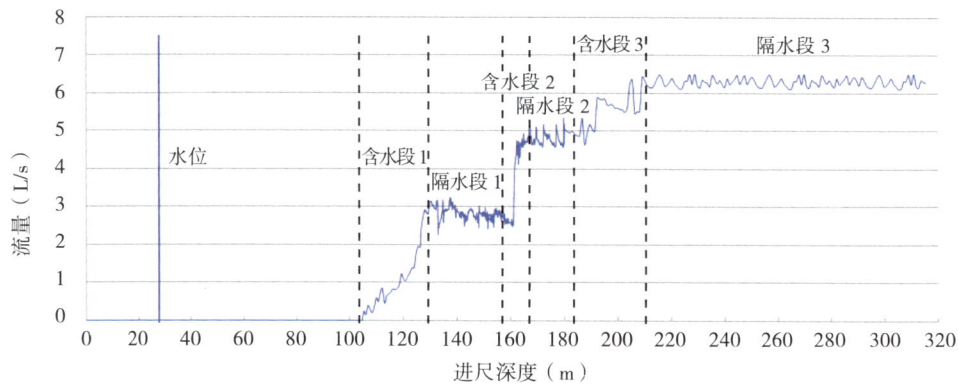

图 13-48　ZK02 钻孔涌水量监测成果图

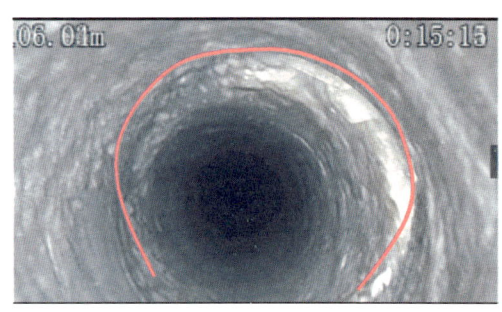

（a）106.04m 处的溶蚀裂隙

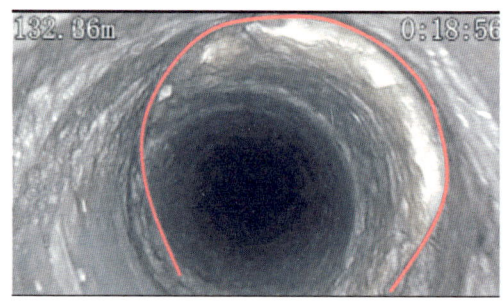

（b）132.36m 处的溶蚀裂隙

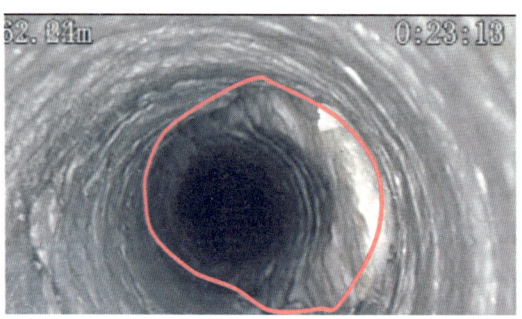

（c）162.24m 处的溶蚀裂隙

图 13-49　ZK02 钻孔揭露的溶蚀裂缝

13.6　岩溶发育规律分析

沅古坪台地位于上扬子陆块东南缘，地层区属扬子区（上扬子分区）和华南地层区（江南地层分区）过渡带，主要为沉积岩覆盖，属中亚热带山原型季风湿润气候。独特的地质条件和雨热气候造就了区内复杂多样的岩溶地貌景观，主要分为地表形态和地下形态两大类。其中，地表岩溶呈多尺度、多样化发育，主要形态表现为溶隙、溶缝、溶槽、岩溶漏斗、落水洞、天窗、竖井、溶蚀洼地、岩溶槽谷及不同岩溶形态的复合发育等；地下岩溶发育形态以溶孔、溶洞和地下河管道为主，岩溶发育表现出显著密集性、不均匀性及差异化发育特征。

地下河管道是隧道走廊带中最为发育的地下岩溶形态，根据地下河最终调查和示踪试验，查明隧址区共涉及 3 条地下河管道的上游补给区，包括大湖村地下河、柏杨坪地下河、飞沙洞地下河（图 13-50）。隧道周边区域发育多条岩溶管道，主要发育于奥陶系下统盘家咀组（O_{1p}）石灰岩地层，探溪组（ϵ_{5-4t}）地层也有分布。受调查区向斜储水构造和地形地貌影响，流量大于 100 L/s 的地下河出口，如风火洞地下河、大洞地下河出口（图 13-51），多位于海拔较低的向斜东南部。在向斜的西北侧也有地下河出口发育，如大湖村地下河，补给源来自大湖村落水洞，排出地表后汇入赤溪河，通过落水洞集中补给风火洞地下河。岩溶管道发育方向以顺岩层面发育为主，其次沿垂直岩层面的张裂隙发育，其延展方向与岩层倾向相一致，岩溶发育受地形地貌、地层岩性及地质构造控制特征明显。区域地下河管道发育表现出强烈的集中性、不均匀性与差异性。

图 13-50　飞沙洞地下河出口　　　　图 13-51　大洞地下河出口

13.6.1　地形地貌影响岩溶分异的方向与程度

不同地貌部位岩溶形态特征差别甚大。接近排泄区的水平循环带，以大型的水平溶洞为主；地下水补给区，则以垂直岩溶管道向地下延伸为特征。多层地貌的形成过程，也是水循环交替条件的变迁过程，因此，即使在同一地点，也常发生不同类型岩溶形态的叠加，这种叠加往往以垂向岩溶发育来破坏和改造先期的各种岩溶形态。

低级夷平面一般能得到高级夷平面的径流补给，岩溶发育深度受多级地貌控制，南部洼地盲谷带多为中部洼地盲谷带排泄基准面，中部洼地盲谷带多为北部洼地盲谷带排泄基准面，低级夷平面为高级夷平面的排泄基准面，详见图 13-52。根据区内岩溶大泉、溶井、地下河出口的调查，各水点高程分布大致划分为 3 个高程段：380~570m、570~700m、760~810m，岩溶垂直分带与多级夷平面高度相关。中台面与低台面高程范围内既接高台地的排泄补给，同时又向低台地径流排泄，同时经历补给、径流与排泄三重作用的叠加，岩溶发育强度要高于其他地段。

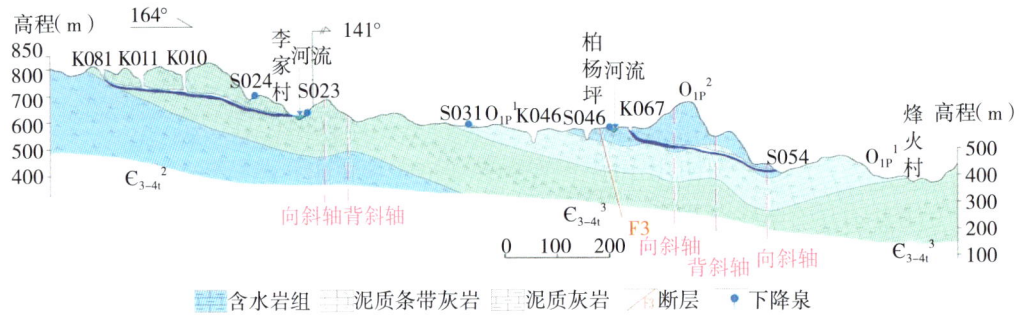

图 13-52　地貌对岩溶发育影响典型剖面图

13.6.2　地层岩性对岩溶强度的影响

沅古坪台地岩溶发育程度受岩性的影响较大，沉积厚度大，灰质含量比例高，岩溶最为发育，而层厚较薄，泥质含量比例高，则岩溶发育相对较弱。对于研究区来说，灰质含量由高到低为 ϵ_{5-4t}^2、O_{1p}^2 > ϵ_{5-4t}^1、ϵ_{5-4t}^3、O_{1p}^1 > O_{1-2q}，故岩溶发育程度相应地为 ϵ_{5-4t}^2、O_{1p}^2 > ϵ_{5-4t}^1、ϵ_{5-4t}^3、O_{1p}^1 > O_{1-2q}，如图 13-53 所示。岩溶洼地、地下暗河、岩溶盲谷大多都发育在 ϵ_{5-4t}^2、O_{1p}^2 地层，如研究区的大湖村地下河、柏杨坪地下河、飞沙洞地下河等地下河系统均来自于 ϵ_{5-4t}^2、O_{1p}^2 地层。

13.6.3　地质构造对岩溶发育的控制

1.宽缓褶皱比紧密褶皱岩溶发育

宽缓褶皱有利于形成长大裂隙和接收大气降水补给，有利于岩溶的富集和运移。如图 13-54 所示，沅古坪向斜的北东端为宽缓褶皱，宽达 10km 以上，发育50 多个溶洞或地下河，23 处大泉、地下河，溶洞面积约 78 万平方千米，面溶洞率为 0.9%；西南端褶皱紧密，虽形成 3~4km 宽的挤压带，但仅发育个别溶洞，没有大泉和地下河。

2.岩溶管道主要沿节理裂隙及断层走向发育

区内发育两组陡倾节理，受挽近构造改造多呈张性，发育的岩溶形态多呈裂缝状，洞高远大于洞底宽。挽近构造活动使老断裂复活、断裂性质发生转化，从而促进岩溶发育。挽近构造活动使一组北 65°西方向的压扭断裂转化为张性断裂。如大湖村—李家地下暗河受产状为 310°~330°∠60°~75° 的节理控制，大洞地下暗河受产状为 50°~60°∠65°~75° 的节理控制，飞沙洞暗河受压性断裂改造成张性断裂的 F7 控制。

3. 竖向岩溶沿几组裂隙交汇处形成的，多呈竖井状或漏斗状落水洞。

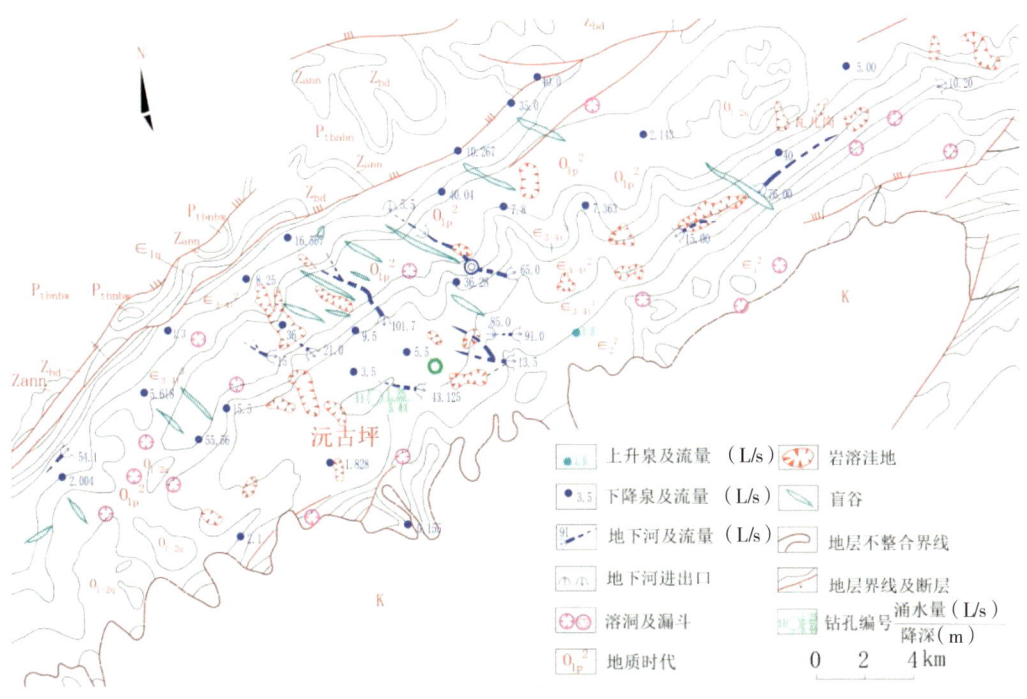

图 13-53　沅古坪台地岩溶分布平面示意图

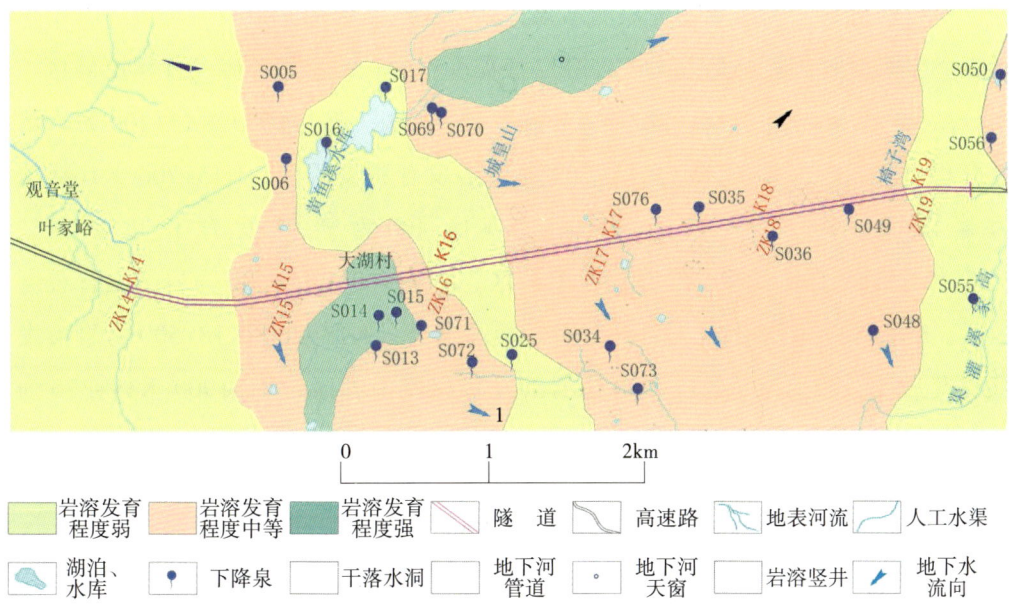

图 13-54　研究区岩溶发育程度分区图

13.6.4　水动力模式对岩溶规模的控制

地下水流动特征主要是由边界条件和内部的介质特征决定。地下水的边界常常引起地下水在某些部位集中而形成岩溶发育的优势部位，地下水集中流动有利于岩溶的发育，反之则较弱。

前面提到的各地下暗河均具备地下水集中流动的条件，高度汇集的强径流带或强径流区在边界和介质的作用下形成大型的大湖村暗河、大洞暗河和飞沙洞暗河。

在皱褶核部会形成大量的纵张裂缝，具备地下水集中条件，在深饱和带由于水循环强度较小，不易形成如飞沙洞暗河、大洞暗河等大规模的地下暗河，但仍能形成如大湖村钻探揭露到的宽约50cm的溶缝。

厅堂式岩溶沿张性断裂展布，岩溶通道规模大而稀疏，裂缝状岩溶沿张性节理展布，岩溶通道规模小而密集，总体呈不规则网格状。

13.6.5　地下水水化学对岩溶通道特征的反映

根据对地下水进行的水化学分析成果，研究区地下水的总矿化度在86~207mg/L之间，平均值为132mg/L，研究区地下水具有低总矿化度的特征，表明研究区内水岩作用时间相对较短，地表水地下水转化迅速，从侧面反映岩溶通道较为顺直通畅。

13.6.6　岩溶发育程度分析

根据调查过程中的洼地和落水洞等岩溶发育程度的标志，结合地质剖面沿途岩性地质构造变化和地球物理探测结果，划分隧道东线的岩溶发育程度，其中包括3个岩溶发育程度强区、5个岩溶发育程度中等区、3个岩溶发育程度弱区。划分结果：K14+000~K14+680为岩溶发育程度弱区、K14+680~K15+400为岩溶发育程度中等区、K15+400~K15+700为岩溶发育程度强区、K15+700~K16+000为岩溶发育程度中等区、K16+000~K16+400为岩溶发育程度弱区、K16+400~K17+100为岩溶发育程度中等区、K17+100~K17+500为岩溶发育程度强区、K17+500~K18+200为岩溶发育程度中等区、K18+200~K18+500为岩溶发育程度强区、K18+500~K18+900为岩溶发育程度中等区、K18+900~K19+320为岩溶发育程度弱区，详情见图13-55。

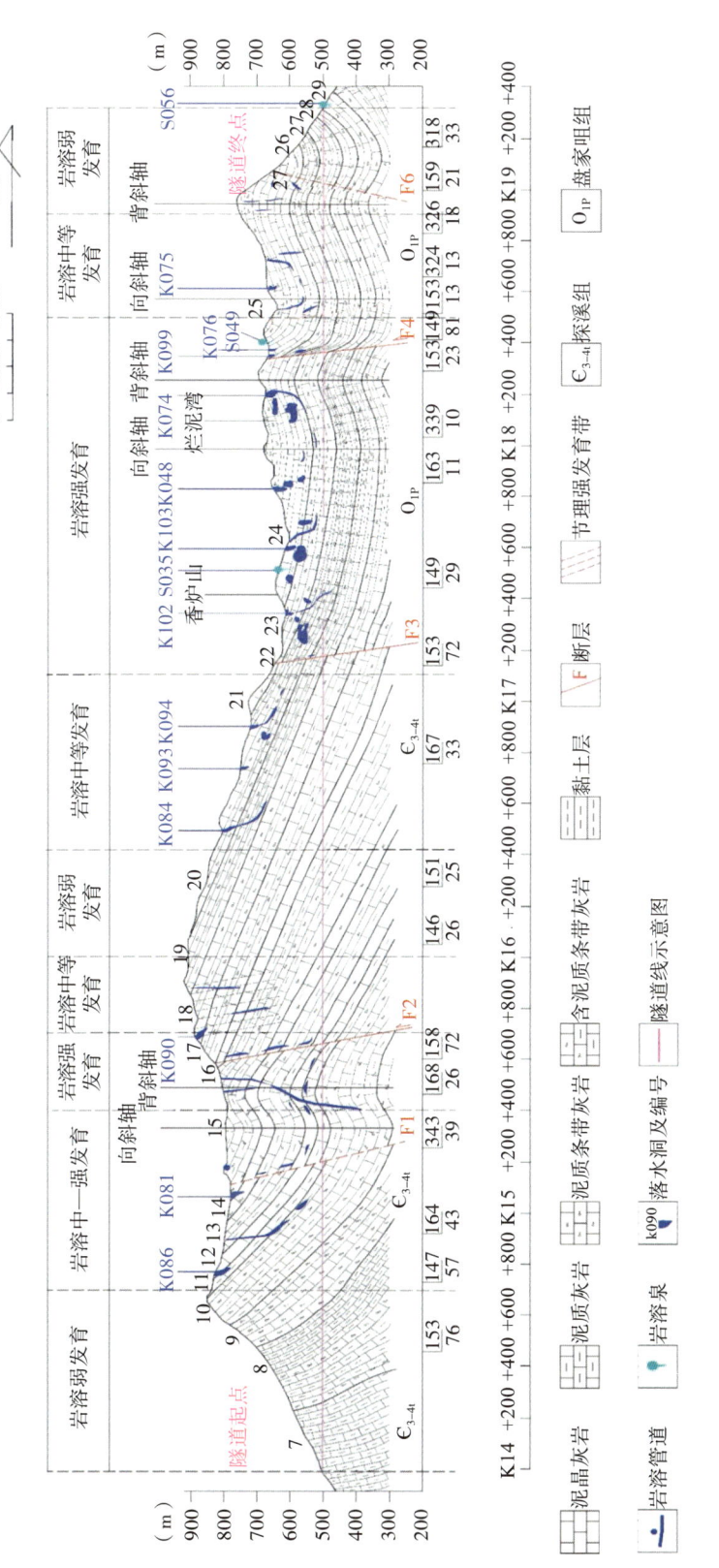

图 13-55 岩溶发育程度分析结果图

比例尺：0 200m 400m

方向：158°

13.7 岩溶水流特征分析

13.7.1 地下水水化学特征

研究区地下水 pH 值在 7.29~8.16 之间，平均值为 7.85（表 13-5），为偏碱性水。水化学类型以 $Ca-HCO_3$ 型为主（图 13-56），反映了区域碳酸盐岩地质背景对出露泉点水化学特征的控制作用。地下水的总矿化度（TDS）在 86~207mg/L 之间，平均值为 132 mg/L。与其他岩溶区相比，研究区地下水具有低 TDS 的特征，表明区内地表水地下水转化迅速，水岩作用时间相对较短。

表 13-5　研究区地下水水化学特征（mg/L）

	pH	TDS	K^+	Na^+	Ca^{2+}	Mg^{2+}	Cl^-	SO_4^{4-}	HCO_3^-
最小值	7.29	86	0.19	0.37	28.85	2.37	0.52	7.17	83.2
最大值	8.16	207	3.3	1.72	71.15	6.84	2.69	11.76	231.5
平均值	7.85	132	1.03	0.77	45.64	3.66	1.36	9.64	139.47

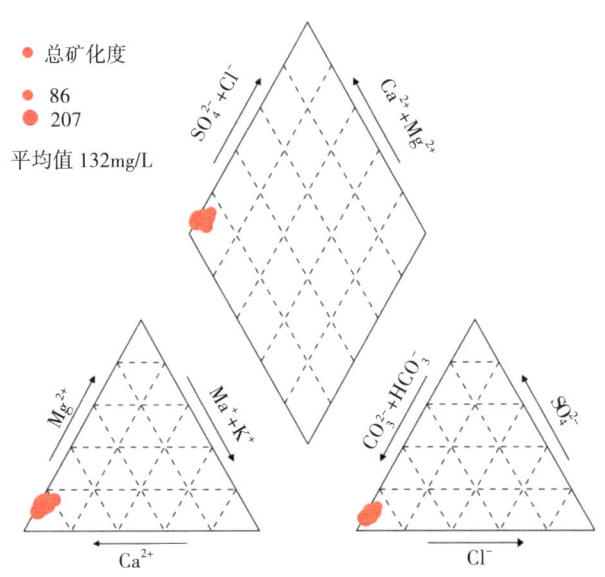

图 13-56　研究区地下水 piper 图

研究区 97% 的地下水方解石饱和指数（SIc）大于 -0.5，说明地下水发生方解石溶解的可能性较小。另一方面，所有地下水样品的二氧化碳分压 $\lg P_{CO_2}$-water > $\lg P_{CO_2}$-air（图 13-57），也表明地下水存在 CO_2 脱气现象，而 CO_2 的逸出会导致地下水溶蚀性减弱或发生碳酸钙沉淀。地下水中仅 S036 的 SIc 小于 -0.5，说明此处地下水具有一定的溶蚀性，但 S036 是一处不溢流的小泉水，其对隧道工程的影响可以忽略。

综合来看，研究区的地下水偏碱性，水化学类型以 $Ca-HCO_3$ 型为主，97% 的地下水方解石饱和指数大于 –0.5，溶蚀性较低。从研究区水化学特征来看，其对隧道工程的影响不明显。

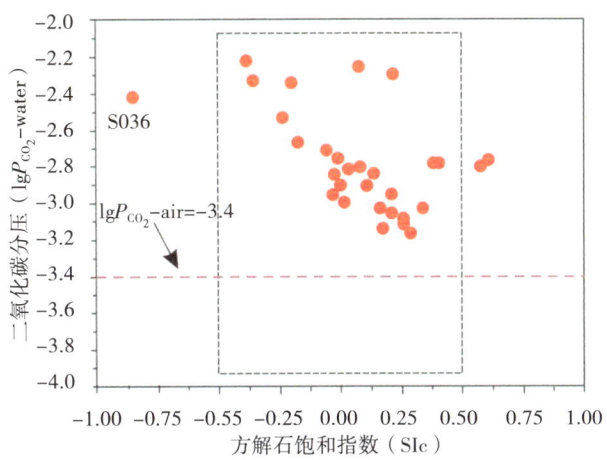

图 13–57　研究区地下水方解石饱和指数和二氧化碳分压特征

13.7.2　地下水流特征及地下水分水岭位置

图 13–58 中，由图 13–58（c）可知，在荧光素钠投放后约 6.25h，S022 检测出荧光素钠，15.75h 达到峰值 89.3 μg/L，此后荧光素钠浓度逐渐降低。罗丹明 B 投放后 10.3h 在 S022 检出，并在 21.75h 达到峰值 188.5 μg/L。根据公式计算，荧光素钠的回收量为 0.98kg，回收率为 65.3%；罗丹明 B 的回收量为 1.39kg，回收率为 69.5%。经计算地下水平均流速为 0.037m/s，流速快，与研究区地下水低 TDS 特征一致。

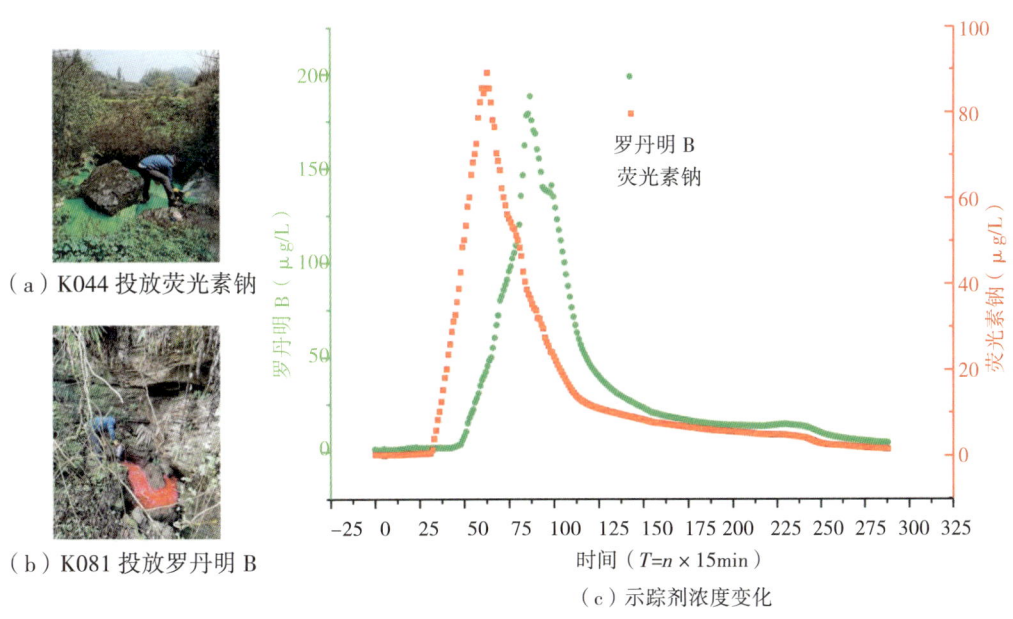

（a）K044 投放荧光素钠

（b）K081 投放罗丹明 B

（c）示踪剂浓度变化

图 13–58　S022 监测点示踪剂浓度曲线

示踪试验结果表明：①泉水 S018 和 S032 与落水洞 K011 和 K081 无连通性，但存在一条连通 K011、K081 和 S022 的地下河管道；②大湖村及附近洼地的地下水流向隧道选线的西侧（图 13–59）；③隧址区地下水分水岭位置如图 13–60 所示。

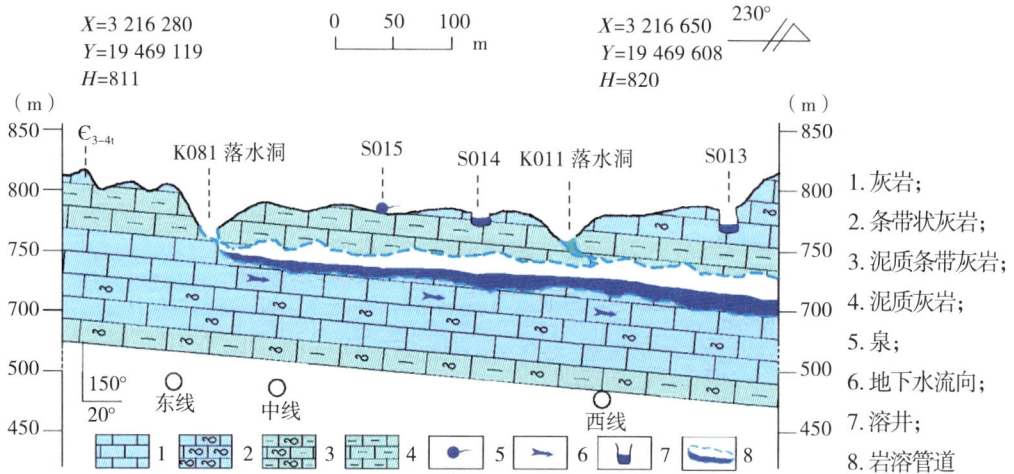

图 13–59　大湖村洼地地下水径流特征

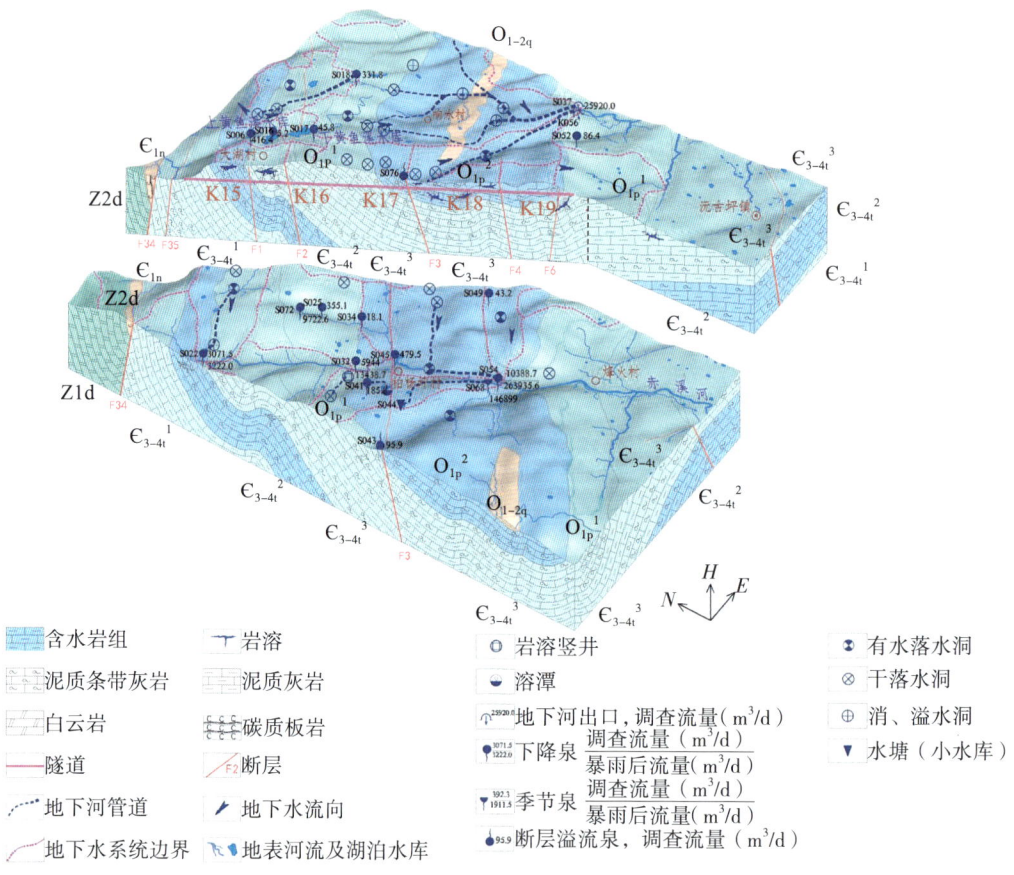

图 13–60　沅古坪隧道地质结构三维结构模式图

以上研究表明，研究区地下水具有低 TDS 的特征，地表水地下水转化迅速，地下水径流集中，地下水分水岭位置清晰。

13.7.3 经验法涌水量预测

在进行分段评估涌水量时，入渗系数 α 和涌入系数 N 根据每段地层岩性、岩溶发育程度取值，补给面积 F 在 1∶10 000 水文地质图上量算，径流模数 M 根据枯水期流域内出露的泉水、地下河水流量取值，隧道底板以上含水层厚度 H 和疏干时间 d 根据隧道埋深取值，最大降雨周期为 1 天。近十几年张家界地区日降雨量大于 100 mm 的极端降雨事件多次出现，因此日降雨量分别取 50mm、100mm 和 150 mm。

通过经验法计算，隧道在枯水期的涌水量经评估为 $6.035\ 4 \times 10^4\ m^3/d$，日降雨量为 50 mm、100mm 和 150mm 时涌水量分别为 $12.585\ 4 \times 10^4\ m^3/d$、$19.758\ 4 \times 10^4\ m^3/d$ 和 $26.930\ 4 \times 10^4\ m^3/d$，计算成果详见表 13-6 和图 13-61。

表 13-6　涌水量预测（$\times 10^4 m^3/d$）

区段编号	里程桩号	静储量	非雨期动储量	雨期动储量			隧道涌水量			
				降水(50mm)	降水(100mm)	降水(150mm)	最大(50mm)	最大(100mm)	最大(150mm)	最小
II1-1	K14+150~K14+680	—	0.013 4	0.013 4	0.013 4	0.013 4	0.013 4	0.013 4	0.013 4	0.013 4
I4-1-1	K14+680~K15+590	—	0.241 9	1.140 0	2.280 0	3.420 0	1.140 0	2.280 0	3.420 0	0.241 9
I4-1-2	K15+590~K16+000	—	0.017 6	0.767 0	1.535 0	2.302 0	0.767 0	1.535 0	2.302 0	0.017 6
I1-4-1	K16+000~K17+170	—	0.011 6	0.600 0	1.200 0	1.800 0	0.600 0	1.200 0	1.800 0	0.011 6
I4-1-3	K16+800~K17+020	—	0.013 5	0.675 0	1.350 0	2.025 0	0.675 0	1.350 0	2.025 0	0.013 5
I1-4-2	K17+170~K17+490	—	0.069 1	1.260 0	2.520 0	3.780 0	1.260 0	2.520 0	3.780 0	0.069 1
I4-1-4	K17+490~K18+360	5.4	—	1.350 0	2.700 0	4.050 0	6.750 0	8.100 0	9.450 0	5.400 0
I4-2	K18+360~K18+940	—	0.259 0	0.980 0	1.960 0	2.940 0	0.980 0	1.960 0	2.940 0	0.259 0
I1-3	K18+940~K19+320	—	0.009 3	0.400 0	0.800 0	1.200 0	0.400 0	0.800 0	1.200 0	0.009 3
合计							12.585 4	19.758 4	26.930 4	6.035 4

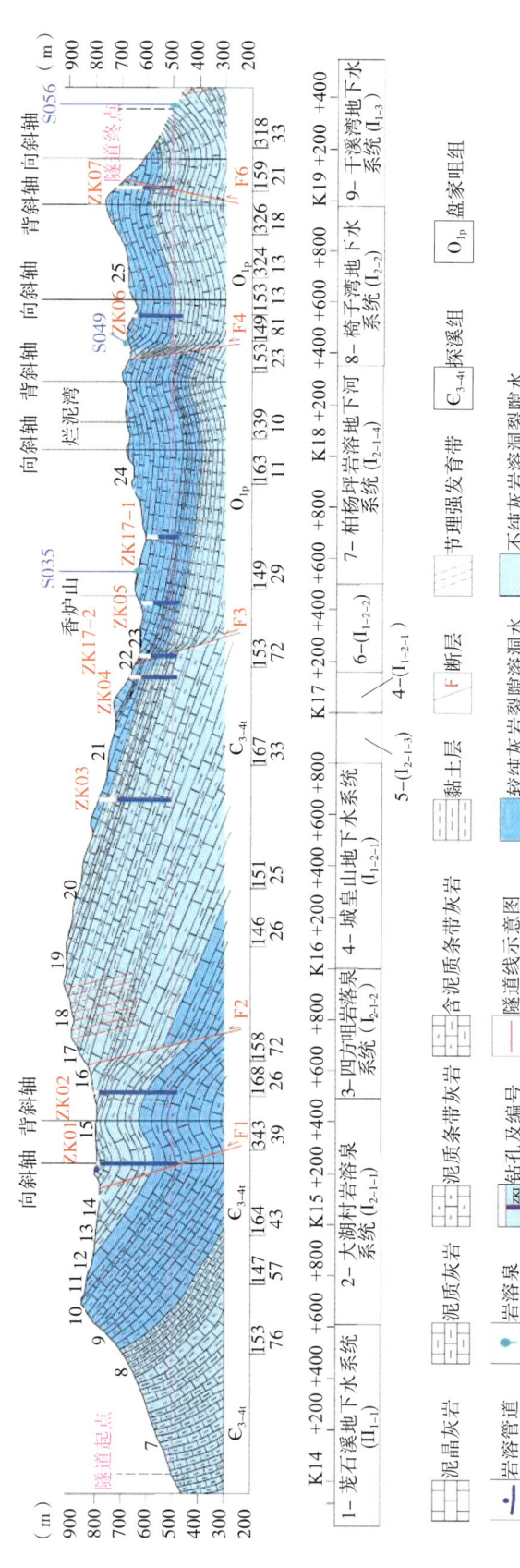

图13-61 隧址区水文地质剖面图

13.7.4 涌水风险评估

通过综合分析隧址区水文地质条件，将隧道分为9个地下水系统，分别为茏石溪地下水系统、大湖村岩溶泉系统、四方咀岩溶泉系统、城隍山地下水系统、竹儿湾地下水系统、飞沙洞地下水系统、柏杨坪岩溶地下河系统、干溪湾地下水系统和椅子湾地下水系统。根据各段计算出的风险分值，对风险等级进行划分，<0.2为低风险，0.4~0.5为中等风险，>0.5为高风险（表13-7）。

表13-7　涌水风险评估表

隧道里程段	C1	C2	C3	C4	C5	C6	C7	C8	C9	C10	综合	风险性
K14+150~K14+680	0.137	0.096	0.067	0.061	0.094	0.355	0.019	0.046	0.037	0.091	0.188	低
K14+680~K15+660	0.081	0.057	0.04	0.049	0.076	0.526	0.022	0.052	0.042	0.058	0.714	高
K15+660~K16+000	0.054	0.038	0.026	0.243	0.128	0.121	0.054	0.126	0.101	0.115	0.485	中
K16+000~K16+800、K17+020~K17+170	0.022	0.044	0.031	0.171	0.171	0.26	0.064	0.049	0.037	0.149	0.388	中
K16+800~K17+020	0.092	0.064	0.045	0.050	0.077	0.546	0.013	0.031	0.025	0.058	0.197	低
K17+170~K17+490	0.100	0.070	0.049	0.054	0.084	0.498	0.014	0.034	0.027	0.074	0.224	中
K17+490~K18+360	0.101	0.07	0.049	0.084	0.054	0.078	0.044	0.033	0.025	0.46	0.639	高
K18+360~K18+940	0.1	0.07	0.049	0.054	0.084	0.498	0.014	0.034	0.027	0.074	0.176	低
K18+940~K19+320	0.104	0.073	0.051	0.056	0.087	0.468	0.017	0.039	0.029	0.077	0.184	低

利用层级分析法对这9个系统的涌水风险进行评估，评估结果显示，存在高风险的为大湖村岩溶泉系统在隧道K14+680~K15+660里程段和柏杨坪岩溶地下河系统在隧道K17+490~K18+360里程段。其中，K14+680~K15+660里程段高风险为高水头导致，K17+490~K18+360高风险则主要由向斜蓄水构造导致地下水储量丰富引起的；此外，四方咀岩溶泉系统在隧道K15+660~K16+000里程段为中风险，城隍山地下水系统在隧道K16+000~K16+800和K17+020~K17+170里程段为中风险，该里程段的风险主要来自在隧道东侧发育6个串珠状的落水洞，且高水头也对隧道有一定的威胁。飞沙洞地下水系统隧道K17+170~K17+490里程段也为中风险，该

隧道段的岩溶较为发育，较多的钻孔位置岩性较为破碎。其余里程段隧道涌水风险值均表现为低风险。

第14章 主要认识及研究成果

本书围绕深埋越岭隧道勘察的重点与难点，分析了目前深埋越岭隧道勘察技术研究的现状，重点介绍了地震勘探、电磁探测、钻探与孔内测试等勘探技术和隧道塌方、岩爆、突泥涌水等地质灾害预测方法。结合邵怀高速公路雪峰山隧道、雅泸高速公路双螺旋隧道、张官高速公路沅古坪隧道等工程实例，分析了岩层及断裂陡立区、高地应力区、地震高烈度区、岩溶强发育区等复杂深埋越岭隧道勘察的要点，优化了地震波法、高频大地电磁测深法、钻孔地质雷达法、地应力测量等勘察技术，对岩爆预测、围岩稳定性分析、岩溶发育规律分析、隧道涌水量预测等深埋越岭隧道重要工程地质问题进行了深入探索。这些工程实践与研究成果，对深埋越岭隧道综合勘察与工程地质问题分析评价具有一定的指导作用。

1.进行隧道地层岩性勘察、地质构造勘察、地下水勘察以及岩溶勘察，不同地球物理探测方法的有效性不同。

（1）地层岩性勘察：岩石的风化程度划分建议选用地震波法和高密度电阻率法；灰岩区覆盖层厚度、基岩埋深和起伏探测建议选用高密度电阻率法，其他沉积岩地区的覆盖层厚度、基岩埋藏和起伏的探测建议选用地震波法；产状平缓的岩性界面探测建议选用高密度电阻率法或地震波法，陡倾岩性界面探测建议选用高频大地电磁测深法及本书中优化后的地震波法。

（2）地质构造勘察：勘察褶皱建议选用地震反射波法，断层勘察建议选用瞬变电磁法或高频大地电磁测深法，也可选用地震波法。

（3）地下水勘察：孔隙水和风化裂隙水勘察建议选用钻孔地质雷达法和高密度电阻率法，构造裂隙水的勘察宜选用高频大地电磁测深法，岩溶水勘察建议选用高密度电阻率法或高频大地电磁测深法。

（4）岩溶勘察：建议选用高密度电阻率法、可控源音频大地电磁法或钻孔地质雷达法。

地球物理探测能够得到很丰富的地下介质信息特征，但需要勘察人员结合地质调查测绘、钻探及孔内测试等成果进行综合分析，挖掘其中最有价值的信息，才能有效识别不良地质体，降低工程建设的风险。

2.针对雪峰山隧道地形陡、地层陡的勘察区，定义并设计了新的工程地震反射波法的理论模型。开发了一种不同于常规（地表接收边界与地下反射界面近于水平）的地震反射波法观测系统，并基于新的模型进行资料处理及静校正。开发并应用了高分辨率人工地震震源激发技术，复杂地形和地质构造条件下共排列双向变偏移距宽频高分辨率反射波多次覆盖技术，环保型地震反射波与折射波法野外同步勘察技术。经钻探与隧道开挖验证，物探解译成果与实际地质情况吻合较好。

3.雪峰山隧道 EH-4 电磁测深研究成果主要有：

（1）分析总结了隧址的高频大地电磁信号规律特征；

（2）详细研究了风、50Hz 工业电流干扰对高频大地电磁信号的影响，并提出了具体的压制技术；

（3）进行了标量——张量测量分析，说明采用张量测量分析技术更符合实际地质情况；

（4）通过分析对比不同空间滤波窗口系数压制数据的分散性结果，说明空间滤波窗口系数 $s=0.8$ 的情况下，反演的结果符合实际；

（5）通过采用 EMAP 技术能够压制 EH-4 电磁测深静态效应；

（6）减小测量电极距的长度能够提高横向分辨率。经雪峰山隧道开挖验证，说明 EH-4 电磁测深法是一种比较有效、实用的大地电磁测深法。

4.地质岩心钻探是直接获取地下实物样品的唯一技术方法，也是验证地质认识和地球物理探测成果的最直观的勘探手段。根据地形地质条件及勘探重点，可选择绳索取芯钻探、水平定向钻探及空气潜孔锤钻探。为最大程度地发挥隧道勘探深孔的作用，尽可能获取更丰富的信息，有必要进行综合测井。

5.在勘察阶段，采用水压致裂法及 Kaiser 效应测试两种方法测量原地应力，二者各有利弊，可相互验证补充。运用二维有限元数值模拟的方法，可模拟隧址区岩体应力场的形成演化过程；施工期间，可采用三孔交汇孔径变形法现场测试初始地应力。通过以上方法，可基本查明隧址区地应力场特征，为岩爆预测奠定基础。

6.通过单轴压缩试验、直接拉伸全过程试验及抗拉强度测试、三轴全过程试验、岩爆倾向性指数试验深入研究围岩力学特征，通过工程验证，对前人的岩爆预测评价体系及判据作出了补充和完善，主要补充了岩爆性能的各向异性判据，即：

（1）当结构面与洞壁平行或小角度相交（小于 30°），且各向异性指数小于 0.9（$V_{cp}=V_c/V_p < 0.9$）时，R_b 应乘以 0.8 的修正系数；

（2）当结构面与隧道洞壁交角大于 30°，并且各向异性指数小于 0.9（$V_{cp}=V_c/V_p < 0.9$）

时，岩爆预测评价等级应降低一个级别。

7. 采用地质调绘、钻探、孔内摄像等多种方法查明岩体结构面特征，通过 Dips 等软件统计分析优势结构面，利用 Unwedge 等软件进行围岩稳定性分析。实践证明，以上资料采集及分析评价方法可操作性强，评价结果可靠度高。

8. 通过分析地形地貌、地层岩性、地质构造对岩溶发育的影响，以及地下水动力模式对岩溶规模及岩溶通道的影响，可以有效地对隧道区域的岩溶发育程度进行等级划分，降低施工风险。

9. 对地下水的化学特征进行分析，同时采用示踪试验确定地下水分水岭位置，结合经验法对隧道区域的涌水量进行预测，可以对隧道分区段进行涌水风险评估。

10. 目前隧道地质预报的重点局限于工程地质条件的预报，而对施工中的地质灾害，特别是岩爆及大变形等成因机理较复杂的灾害涉及甚少或根本不纳入超前预报的范畴。今后发展的趋势应该是以地质分析为主线，以便捷测试为主要手段，合理运用多种预测技术方法和手段进行综合分析预报。

本书中所涉及的勘察技术方法较多，重要的工程地质问题较多，因著者自身水平的原因，很多内容不够全面和深入，不足之处敬请谅解。

参考文献

［1］王梦恕.中国隧道及地下工程修建技术［M］.北京：人民交通出版社，2010.

［2］洪开荣.近 2 年我国隧道及地下工程发展与思考（2017—2018 年）［J］.隧道建设（中英文），2019，39（5）：711–723.

［3］王兰生，李天斌，李永林，等.二郎山隧道高地应力与围岩稳定问题［M］.北京：地质出版社，2006.

［4］许再良，赵建峰，王子武，等.太行山特长隧道综合勘察技术的应用与效果［J］.铁道工程学报，2007（10）：53–57.

［5］高玉生，张宏，赵国斌，等.深埋长隧洞岩爆机理研究及防治实践［M］.北京：中国水利水电出版社，2014.

［6］孟祥连.秦岭特长隧道地应力综合测试方法及其应用［J］.交通工程科技，1999（3）：18–25.

［7］霍明.山区高速公路勘察设计指南［M］.北京：人民交通出版社，2003.

［8］侯云廷.隧道地质调查中综合地球物理探测方法的应用研究［D］.北京：中国地质大学，2006.

［9］何现启.EDA 介质中地震波传播特征及参数反演研究［D］.长沙：中南大学，2010.

［10］王振东.浅层地震勘察应用技术［M］.北京：地质出版社，1988.

［11］王俊茹.工程与环境地震勘察技术［M］.北京：地质出版社，2002.

［12］冯恩信.电磁场与波［M］.西安：西安交通大学出版社，2000.

［13］杨瞩.矢量分析与张量计算［M］.北京：国防工业出版社，1987.

［14］戴振铎.电磁理论中的并失格林函数［M］.武汉：武汉大学出版社，1996.

［15］A.A.考夫曼，G.V.凯勒.频率域和时间域电磁测深［M］.王建谋，译.北京：地质出版社，1987.

［16］A.A.考夫曼，G.V.凯勒.大地电磁测深法［M］.刘国栋，晋光文，邓前辉，等译.北京：地质出版社，1987.

［17］刘国栋，陈乐寿.大地电磁测深法研究［M］.北京：地震出版社，1984.

［18］何继善 . 可控源音频大地电磁法［M］. 长沙：中南工业大学出版社，1990.

［19］李祺 . 地球物理探测数值方法导论［M］. 北京：地质出版社，1991.

［20］王沫然 .MATLAB 6.0 与科学计算［M］. 北京：电子工业出版社，2001.

［21］张文鑫 .AMT 在山区隧道地质勘察中的研究与应用［D］. 成都：成都理工大学，2019.

［22］马跃 .CSAMT 法在高速公路隧道勘察中的应用与研究［D］. 成都：成都理工大学，2013.

［23］许伟 .CSAMT 在深埋长隧道勘察中的研究与应用［D］. 成都：西南交通大学，2011.

［24］魏士俊 .EH-4 高频大地电磁测深法在隧道勘察中的应用研究［D］. 成都：成都理工大学，2013.

［25］张娟 .V8 多功能电法工作站在广西长大深埋公路隧道勘察中的应用研究［D］. 桂林：广西大学，2015.

［26］谭建秋 . 电法勘察在隧道勘察中的研究及应用［D］. 成都：成都理工大学，2016.

［27］赵虎 . 复杂地质条件下深埋公路隧道全深度电磁勘察关键技术研究及应用［D］. 成都：成都理工大学，2020.

［28］孙忠辉 . 高密度电阻率法在复杂岩溶区公路勘察中的应用效果研究［D］. 成都：西南交通大学，2014.

［29］刘飞 . 高密度电阻率法正反演数值模拟研究［D］. 北京：中国地质大学，2012.

［30］孙刘洋 . 高频大地电磁法在隧道勘察与探测中的应用研究［D］. 成都：西南交通大学，2011.

［31］牛之琏 . 时间域电磁法原理［M］. 长沙：中南大学出版社，2007：1-6.

［32］蒋邦远 . 实用近区磁源瞬变电磁法勘察［M］. 北京：地质出版社，1998.

［33］李建慧，刘树才，李富，等 . 大定源瞬变电磁法矩形发射回线激发的电磁场［J］. 物探化探计算技术，2008，30（2）：155-157.

［34］翁爱华，刘云鹤，陈玉玲，等 . 矩形大定源层状模型瞬变电磁响应计算（英文）［J］. 地球物理学报，2010（3）：649-650.

［35］XI Z, LONG X, HUANG L, et al. Opposing-coils transient electromagnetic method focused near-surface resolution［J］.Geophysics, 2016, 81（5）：

E279-E285.

[36] 赵云威.矩形回线源瞬变电磁法三维有限差分正演模拟[D].长沙:中南大学,2012.

[37] 刘昭军.瞬变电磁法隧道超前地质预报正演模拟及应用实例[D].桂林:广西大学,2015.

[38] 王益腾,王川婴,邹先坚,等.基于钻孔摄像技术的孔壁剖面线形貌特征描述方法及其应用研究[J].岩石力学与工程学报,2020,39(增刊2):3 412-3 420.

[39] 谢玉萍,王颂,杨鸣,等.绳索取芯钻进技术在深埋隧道勘察孔中的应用[J].人民长江,2015(21):58-60.

[40] 吴纪修,尹浩,张恒春,等.水平定向勘察技术在长大隧道勘察中的应用现状与展望[J].钻探工程,2021(5):1-8.

[41] 马保松,程勇,刘继国,等.超长距离水平定向钻进技术在隧道精准地质勘察的研究及应用[J].隧道建设(中英文),2021,41(6):102-108.

[42] 朱自强,李华,鲁光银,等.页岩发育区浅埋隧道超前地质预报方法研究[J].地球物理学进展,2007(1):250-254.

[43] 孟宪波,冯彦谦.地球物理测井技术在铁路隧道勘察中的应用探讨[J].铁道勘察,2010(1):62-65.

[44] 张志龙,王兰生,王跃飞,等.雪峰山高速公路隧道F2断层带的综合超前地质预报[J].岩石力学与工程学报,2007(增刊1):3 311-3 315.

[45] 蒋欢.弱胶结地层重复采动裂隙演化与氡气响应特征研究[D].徐州:中国矿业大学,2022.

[46] 郑刚,程雪松,周海祚,等.岩土与地下工程结构韧性评价与控制[J].土木工程学报,2022,55(7):1-38.

[47] 全国公共安全基础标准化技术委员会.安全与韧性 应急管理 滑坡灾害社区预警体系实施指南[S].北京:中国标准出版社,2022.

[48] 赵鑫龙.建筑场地抗震韧性评价指标的建立和评价方法[D].三河:防灾科技学院,2022.

[49] 刘四新,佐藤源之.时间域有限差分法(FDTD)对井中雷达的数值模拟[J].吉林大学学报(地球科学版),2003,33(4):547-550.

[50] 张鹏,潘晓东,任坤,等.岩溶台地深埋特长隧道岩溶水流特征及涌水评

估[J].公路，2022，67（2）：337-345.

[51]张鹏，李振兴，骆伟，等.岩溶台地高压富水特长隧道勘察的精细化探索[J].
科学技术与工程，2022，22（16）：6 408-6 420.

图书在版编目（ＣＩＰ）数据

　　深埋越岭隧道勘察技术研究与实践 ／ 胡惠华等编著. — 长沙 ：
湖南科学技术出版社，2023.8
　　ISBN 978-7-5710-2253-2

　　Ⅰ．①深… Ⅱ．①胡… Ⅲ．①深埋隧道－山岭隧道－隧道工程－
工程地质勘察－研究 Ⅳ．①U459.9

　　中国国家版本馆 CIP 数据核字(2023)第 091910 号

SHENMAI YUELING SUIDAO KANCHA JISHU YANJIU YU SHIJIAN
深埋越岭隧道勘察技术研究与实践

编　　著：胡惠华　王跃飞 彭凌星　张志龙
出 版 人：潘晓山
责任编辑：缪峥嵘
出版发行：湖南科学技术出版社
社　　址：长沙市芙蓉中路一段 416 号泊富国际金融中心
网　　址：http://www.hnstp.com
邮购联系：0731-84375808
印　　刷：长沙玛雅印务有限公司
　　　　　（印装质量问题请直接与本厂联系）
厂　　址：长沙市雨花区环保中路 188 号国际企业中心 1 栋 C 座 204
邮　　编：410007
版　　次：2023 年 8 月第 1 版
印　　次：2023 年 8 月第 1 次印刷
开　　本：787mm×1092mm　1/16
印　　张：16.5
字　　数：286 千字
书　　号：ISBN 978-7-5710-2253-2
定　　价：128.00 元